인물로 보는 우리 역사 ❷

명재상 이야기

박윤규

1963년 경남 산청에서 태어나 중앙대학교에서 문예창작을 공부했다. '오월문학상'에 소설이, '세계일보 신춘문예'에 시가 각각 당선되어 문단에 나온 뒤, '계간 아침햇살'에 동화를 발표하면서 동화작가로 본격적인 활동을 시작했다. 우리 역사에 깊은 애정을 가지고 잘못 알려졌거나 숨겨진 우리 역사를 바른 시각에서 바라볼 수 있도록 쉽고 재미있게 풀어 쓰는 일에 주력하고 있다. 『첫 임금 이야기』, 『명재상 이야기』, 『전쟁영웅 이야기』 등 총 다섯 권으로 이루어질 〈인물로 보는 우리 역사〉 시리즈를 비롯해 역사서 『재상』, 고전 『운영전』, 『우리 조상들은 어떻게 사랑을 했을까?』, 동화 『산왕 부루』, 『버들붕어 하킴』, 청소년소설 『내 이름엔 별이 있다』, 『황금나무』, 『천년별곡』, 동화창작이론서 『태초에 동화가 있었다』 등 다양한 장르의 책을 펴냈다.

인물로 보는 우리 역사 ❷

명재상 이야기

초판 1쇄 2008년 4월 10일 | 초판 2쇄 2009년 7월 30일
지은이 박윤규 | **펴낸이** 신형건 | **펴낸곳** (주)푸른책들 | **등록** 제321-2008-00155호
주소 서울 서초구 양재동 115-6 푸르니빌딩 (우)137-891 | **전화** 02-581-0334~5
팩스 02-582-0648 | **이메일** prooni@prooni.com | **홈페이지** www.prooni.com
ISBN 978-89-6170-022-1 44910
ISBN 978-89-6170-020-7 44910 (전5권 세트)

ⓒ 박윤규, 2008

＊잘못된 책은 구입한 곳에서 바꾸어 드립니다.
＊이 책 내용의 일부 또는 전부를 재사용하려면 반드시 저작권자와 (주)푸른책들 양측의 서면 동의를 얻어야 합니다.

이 도서의 국립중앙도서관 출판시도서목록(CIP)은 e-CIP 홈페이지(http://www.nl.go.kr/cip.php)에서 이용하실 수 있습니다. (CIP제어번호: CIP2008000549)

보물창고는 (주)푸른책들의 유아, 어린이, 청소년 도서 전문 임프린트입니다.

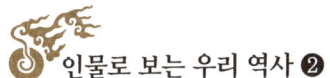 인물로 보는 우리 역사 ❷

명재상 이야기

박윤규 지음

명림답부 / 을파소 / 거칠부 / 성충 / 김양 / 최승로 / 김부식 / 최충헌
이제현 / 정몽주 / 정도전 / 황희 / 유성룡 / 최명길 / 채제공 / 김홍집

보물창고

 시작하는 글

재상, 고기를 나누어 주는 소경의 지팡이 같은 사람

　재상을 '일인지하 만인지상'이라고 해. 위로는 오직 임금 한 분만 있고, 만백성이 그 아래 있다는 말이야. 벼슬로 치자면 가장 높은 직책이지. 그런 재상은 과연 어떤 사람들이었을까?

　역사는 대개 임금을 중심으로 한 왕조사로 씌어져 있어. 하지만 실질적으로 나라를 다스리고 이끌었던 사람은 재상들이었단다. 이번에는 바로 그 재상들을 통해 우리 역사의 흐름을 이야기하려고 해. 그러기 위해서는 우선 재상의 뜻부터 정확히 아는 것이 순서겠지.

　재상宰相의 '재宰'는 '요리를 하는 사람' 혹은 '고기를 나누어 주는 사람'이란 뜻을 품고 있어. 그렇다고 재상이 요리사나 푸줏간 주인은 아니야. 고대에 고기를 나누어 주던 사람은 바로 제사장이었어. 하늘에 제사를 지낸 다음 그 고기를 여러 부족에게 공평하게 나누어 주는 역할을 제사장이 했는데, 후에는 이 일을 재상이 맡게 되었다고 할 수 있지.

　또 '상相'이란 글자를 풀어 보면 '눈目과 같은 나무木'라는 뜻임을 알 수 있지. 그건 곧 소경의 지팡이와 같은데, 남을 바른 길로 이끌어 준다는 뜻으로 풀이할 수 있어. 즉 '상'은 임금과 백성이 올바른 길로 가도록 돕는 사람이라는 뜻이야.

　그러므로 재상은 '백성을 잘 먹여 살리고 올바른 길로 인도하는 관리'라고 할 수 있겠지. 여기에는 공평무사한 마음 자세와 지혜와 덕이 필요해. 이 모든 걸 갖춘 사람이 재상이 되어 위로는 임금을 모시며 가르치고, 아래로는 널리 백성을 이롭게 하는 거지. 그 일이 바로 다스림의 핵심이니 재상은 곧 정치를 주관하는 중심 인물임을 알 수 있단다.

 우리 나라의 재상은 나라와 시대에 따라 명칭이 달랐어.
 고구려에선 처음엔 국상이라 불렸고, 중기에는 대대로, 말기에는 막리지라고 했지. 백제는 관리의 열여섯 계급 가운데 좌평이 가장 높은 재상이었어. 신라에는 이벌찬, 상대등, 시중이 재상이었는데 삼국을 통일한 후에는 아예 '재상'이라는 호칭을 쓰기도 했어.
 고려시대엔 종2품 이상 관리를 모두 재상이라고 불렀는데, 모두 22명이나 되었어. 그들은 모두 문신이었고, 그 가운데 으뜸은 문하시중이라고 불렀단다.
 조선에서도 종2품 이상을 재상으로 불렀는데, 6조의 판서와 각 도 관찰사와 병마절도사 그리고 의정부의 고관을 합해 모두 59명이나 되었어. 하지만 이들보다 더욱 높은 정1품 재상이 있었으니 바로 영의정, 좌의정, 우의정이야. 그러므로 조선의 진짜 재상은 정승이라 할 수 있지.
 대한제국 땐 재상을 총리대신이라 했어. 그게 오늘날까지 이어져 국무총리가 된 거야.

재상은 임금과 더불어 나랏일의 방향을 결정하고, 각 부서 관리들에게 지시를 내리고 감독도 해. 그러므로 뛰어난 재상이 나오면 임금은 성군이 되고 백성은 태평성대를 누리곤 했지.

그런데 역사를 곰곰 살펴보면 임금과 재상이 조화를 이루지 못한 경우가 많아. 임금의 권한이 너무 세면 재상의 권한이 약해져 일을 소신껏 못하고, 재상의 권한이 너무 세지면 임금을 허수아비로 만들고 자기 욕심을 채우는 경우도 많았단다. 그래서 '집안이 어려우면 어진 아내가 생각나고, 나라가 어려우면 어진 재상을 그리워한다.'는 말이 생기기도 했지.

우리 조상들에게 재상은 가장 큰 꿈이기도 했어. 임금은 한 집안에서 대를 이어야 하지만, 재상은 능력 있는 사람이라면 누구나 될 수 있었거든. 그래서 공부하는 선비라면 누구나 재상이 되어 가문을 빛내고 명예로운 이름을 남기고자 했지. 하지만 재상이 되는 건 쉬운 일이 아니었어. 왕은 때때로 좀 부족한 사람이 될 수도 있었지만, 재상은 당대에 가장 뛰어난 인재들이었거든.

그런 재상들의 이야기 속으로 들어가면 그 시대의 문제를 알게 되고, 어느덧 재상들처럼 큰 꿈을 갖게 될 거야. 이 시대와 미래가 필요로 하는 꿈 말이야.

신시 개천 5904(서기 2008)년 봄, **아빠가**

차 례

제❶장 최초의 국상 명림답부 …11

제❷장 재상이 된 농부 을파소 …37

제❸장 신라 중흥의 초석 거칠부 …59

제❹장 백제의 마지막 등불 성충 …73

제❺장 귀환한 평동장군 김양 …99

제❻장 고려 문화의 터전을 닦은 최승로 …113

제❼장 배짱과 패기의 독불 재상 김부식 …133

제❽장 칼올 든 공작새 최충헌 …155

제❾장 홀로 원나라와 싸운 민족의 자존심 이제현 …175

제⑩장 대나무로 피어난 일편단심 정몽주 ...191

제⑪장 조선의 새 아침을 연 풍운아 정도전 ...215

제⑫장 조선의 용광로 황희 ...235

제⑬장 하늘이 내린 재상 유성룡 ...261

제⑭장 길은 달라도 마음은 하나 최명길 ...291

제⑮장 다시 피는 꽃 채제공 ...317

제⑯장 황혼녘의 마지막 영의정 김홍집 ...335

시작하는 글 ...5
찾아보기 ...355

제1장 최초의 국상 명림답부

명림답부가 수천의 기병을 거느리고 추격하여 좌원에서
한나라 군대를 크게 무찌르니 단 한 필의 말도 돌아가지 못했다.
신대왕은 크게 기뻐하며 답부에게 좌원과 질산 땅을 상으로 주었다.

- 「삼국사기」

호랑이 꼬리를 문 표범

고구려 6대 임금은 태조야. 대개 나라를 처음 세운 임금을 '태조太祖'라고 하거든. 그렇다면 태조가 고구려 시조인 동명성왕 못지않게 큰 인물임을 짐작할 수 있겠지? 또한 태조는 왕위에 가장 오래 있었고, 가장 오래 살았던 왕이기도 해. 향수는 장장 119세였고, 재위 기간만 해도 무려 93년이야. 그런 태조가 대체 어떤 인물이었는지 궁금하지 않니?

태조는 서기 47년에 태어났는데 이름은 대궐을 뜻하는 궁宮이야. 아버지는 유리명왕의 6남인 고추가* 재사이고, 어머니는 부여 왕실의 여인으로 짐작돼. 53년, 5대 모본왕이 신하에게 살해되는 정변이 일어났고 궁은 일곱 살 어린 나이로 왕위에 올랐어. 하지만 궁은 어려서부터 비범한 기상이 드러났나 봐. 『후한서』에 "태어나면서부터 눈을 열어 능히 세상을 꿰뚫어 볼 수 있었다."라고 할 정도니 지

*고추가_ 고구려의 왕족 또는 귀족을 부르는 호칭이며, 귀인·귀족을 뜻한다. 고구려 5부 중 왕을 배출한 계루부의 대가(大加), 전 왕족인 소노부의 부족장, 왕비족인 절노부의 대가를 칭하는 말이다. 그러므로 이 칭호를 사용한 계루부·소노부·절노부는 5부족 중 세력이 가장 막강했음을 짐작할 수 있다. 그러나 4세기 이후에는 5부의 세력이 약화되어 왕실 내의 제한된 범위에만 고추가라는 칭호가 주어졌다.

***갈사부여**(21년~68년)_ 동부여의 대소왕이 죽은 뒤, 내분이 일어나자 대소왕의 아우 갈사왕이 나라가 망할 것을 예감하고 빠져나와 세운 나라이다. 갈사국이라고도 한다.

혜와 용맹이 대단했겠지.

백성들은 성군이 나타났다며 큰 기대를 했지. 그리고 태조는 그 기대를 저버리지 않고 고구려를 동북아시아에서 가장 강한 나라로 만들었어. 동옥저, 갈사부여*를 정복하고 한나라가 다스리던 요동 땅까지 차지한 거야. 고구려의 땅을 압록강에서부터 만주와 요동을 거쳐 양자강 남쪽의 바닷가까지 넓힌 거지. 단군 할아버지가 다스리던 땅을 되찾으려던 동명성왕의 소망을 절반쯤은 이룬 셈이었어. 이렇게 나라를 크게 키웠으니, 후세들이 그를 마치 고구려의 시조처럼 여기고 '태조'라는 묘호를 지어 바친 거란다.

고구려를 반석 위에 올려놓은 태조는 나이가 팔순에 이르자 나랏일을 동생 수성에게 맡겼어. 그리고 수성이 맘대로 하는 걸 막기 위해 재상으로 좌보와 우보를 두어 보좌하게 했지.

태조보다 스물네 살이나 어린 수성은 여러 전쟁에서 공을 세운 실력자였어. 그런데 나랏일을 맡게 되자 더 큰 욕심이 생긴 거야. 왕의 대리자가 아니라 진짜 왕이 되고 싶었던 거지. 냄새가 나는 곳에는 파리가 꼬이는 것처럼, 그런 수성에게 간신들이 하나둘 모여들었어.

어느 가을 날, 사냥을 마친 수성이 잔치를 열었어. 한창 흥이 무르익자 미유, 어지류, 양신 같은 신하들이 은근히 말했지.

"폐하께서는 이미 늙으셨는데도 자리를 물려 주실 뜻이 없습니다. 공께서는 능력이 있고 공로도 높으신데 언제까지 대리 임금 노릇만 하시렵니까?"

처음에 수성은 속내와는 다르게 손사래를 치며 반대했어.

"임금 자리는 장남에게 이어지는 게 나라의 예법이다. 조카인 막근 태자가 있는데 어찌 임금 자리를 넘보겠느냐?"

수성의 속내를 눈치챈 간신들은 이미 불붙은 수성의 욕심에 부채질을 해 댔어.

"아우가 뛰어난 재주가 있으면 형의 뒤를 잇는 건 당연합니다. 힘과 능력이 있는데도 맏아들이 아니라 해서 임금 자리를 포기한다면, 그 나라 백성들은 불행할 것입니다."

수성은 간신들의 부추김에 욕심을 점점 더 키웠지. 그러다가 기어이 임금이 될 결심을 굳히기에 이르렀어.

이 때 수성에게, 어머니가 다른 동생 백고가 찾아와 충고했어.

"형님은 간신들에게 둘러싸여 향락과 욕심에 빠져 있습니다. 이미 백성의 우두머리가 되었는데 뭘 더 바라십니까? 대왕께 충효를 다하고 덕을 길러 민심을 얻도록 하십시오. 더 큰 욕심은 버리셔야 합니다."

속내를 들킨 수성은 발끈했지.

"무엇이라고! 내가 그 동안 세운 공이 얼마인데 그 따위 소리를 하느냐. 썩 꺼져라!"

수성은 화를 내며 백고를 쫓아 내 버렸어. 그러고는 점점 더 많은 신하를 자기 편으로 끌어들이는 물밑작업을 계속했어.

이런 낌새를 뒤늦게 알아챈 태조는 고민이었지. 실질적으로 가장 큰 권력을 가진 수성을 함부로 할 수도 없고, 그렇다고 왕위를 물려 주면

아들인 막근 태자가 위험할 뿐만 아니라 나라 법도가 무너지겠거든. 그래서 하루는 꿍꿍이를 내 신하들을 불러 놓고 이런 이야기를 들려주었어.

"내가 경들을 부른 것은 이상한 꿈 때문이오. 꿈에 표범 한 마리가 범의 꼬리를 물어, 이를 풀이하는 사람에게 물으니 참 이상한 소리를 하지 뭐요. 범은 왕이요 꼬리는 그 자손인데, 표범이 범의 꼬리를 물었으니 왕족 가운데 누군가 내 자손을 해치고 왕위를 차지하려 한다지 뭐요. 듣고 보니 몹시 걱정이 되어 이렇게 경들에게 얘기하는 것이오. 지금 나라에 무슨 험한 일이라도 있소이까?"

머리와 수염이 온통 허연 태조가 신하들을 둘러보며 물었지.

수성은 찔끔해 아무 말도 못 하고 바닥만 내려다보았어. 이미 모든 권력은 수성이 쥐고 있으니 그가 맘만 먹으면 언제든지 태조를 몰아낼 수는 있었어. 하지만 명분도 까닭도 없이 그랬다가는 백성들이 따르지 않을 게 뻔했거든. 또한 그 자리에는 아직도 태조를 받드는 충신들이 적지 않았어.

태조가 수성의 이름을 직접 들먹이기라도 하면 당장 무슨 일이 벌어질지도 모르는 상황이었지. 수성을 갑작스레 위기로 몰면 반란이 일어날 테고, 그러면 고구려는 크게 혼란스러워질 테니까. 그건 태조도 수성도 신하들도 바라지 않는 일이었어. 그래서 모두들 간을 졸이며 태조와 수성의 눈치를 살피기만 하는데, 이 때 우보 고복장이 말했어.

"나쁜 일을 꾸미면 복도 재앙이 되고, 착한 일을 하면 재앙도 복으로 변하는 법입니다. 아직 대왕께서 이처럼 정정하시어 나랏일을 걱정하시는데, 무슨 나쁜 일이 생기겠습니까?"

고복장의 말은 아직 태조가 건강하고 그를 따르는 충신들이 있으니 염려 말라는 말이었지. 태조는 안심이 된 듯 고개를 끄덕였어.

"허허허, 내가 충성스런 신하들 앞에서 공연한 걱정을 했구려."

태조의 웃음소리에 모든 신하가 안도의 숨을 내쉬었어.

그 날 이후 수성은 한동안 잠자코 있었어. 이미 90세가 넘은 태조가 곧 죽을 줄만 알고 기다리기로 한 거야. 그런데 태조는 100살이 되도록 죽지 않지 뭐야. 기다리다 지친 수성은 마침내 일을 꾸미기에 이르렀어.

146년 가을, 부하들과 사냥을 하던 수성이 드디어 칼을 빼 들고는 이렇게 명을 내렸어.

"내 나이도 이미 칠순을 넘겼다. 이렇게 마냥 기다리다가는 대왕보다 내가 먼저 늙어 죽지 않겠느냐? 그대들은 서둘러 일을 시작하라!"

수성을 지지하던 신하들이 한달음에 궁궐로 달려가려고 일어섰지.

이 때 딱 한 사람이 수성을 말리고 나선 거야.

"모두들 기다렸다는 듯 공의 말을 따르는데, 제가 바른 소리를 해도 되겠습니까?"

"원래 좋은 약은 입에 쓴 법, 그대의 말이 나에게 약이 될 테니 꺼림 없이 말하라."

수성은 인상을 일그러뜨리면서도 짐짓 너그러운 척 대답했어.

"우리 대왕은 덕이 높고 현명하신 까닭에 아무도 반역할 마음을 품지 않았습니다. 그런데 아첨하는 무리들이 공의 주변에 있어 나쁜 일을 꾸미는 것입니다. 이는 실로 바위를 매어 놓고 잡아당기려는 것처럼 어림도 없거니와 그럴 만한 명분도 없습니다. 공께선 이미 오래 전부터 나랏일을 해 오셨습니다. 충효와 공손함으로 대왕을 섬기신다면, 틀림없이 대왕께서 공께 자리를 물려 주실 것입니다. 조금만 더 기다려 보시옵소서."

부하는 담담하게 자기 뜻을 밝혔지.

그 부하는 수성이 왕이 되는 건 반대하지 않겠으나 명분이 올바르지 않으니 때를 기다리라고 충고한 거야. 하지만 이미 마음이 급해진 수성은 얼굴을 붉히며 화를 냈지.

"이미 우리 계획을 아는 저 자를 그냥 두어서는 안 됩니다."

다른 부하들도 반대하는 자를 성토했어.

수성은 부하들의 말에 고개를 끄덕였고, 수성의 부하들은 바른 소리를 한 신하를 곧장 죽여 버렸지.

이 소식을 들은 우보 고복장이 태조에게 다급히 보고했어.

"수성이 반란을 일으키려 하니 한시바삐 그를 처형하소서."

"나는 이미 늙었고, 수성은 나라에 공이 많으니 그에게 자리를 물려 주면 조용해질 것이다."

태조는 고개를 가로저었어.

"아니 되옵니다. 수성은 어질지 못하고 잔인합니다. 만일 자리를 물려 주신다면 마마의 자손들을 해칠 것이옵니다!"

고복장은 큰 소리로 아뢰었어.

이미 기력이 떨어진 태조는 고복장의 말을 듣지 않았어. 자손도 중요하지만 형제와 싸우는 것도 싫었던 거야. 그래서 반란을 일으킨 수성을 오라 하여 이렇게 말했어.

"내가 이미 늙었으니 하늘의 운이 너에게 있는 듯하다. 너는 제위에 올라 부디 백성을 위해 아름다운 일을 하라."

결국 태조는 왕위를 수성에게 물려 주고 별궁으로 물러났지.

146년 12월, 비로소 수성이 왕위에 오르니 그의 나이 76세였어.

막막한 어둠을 걷어 내고

왕좌를 차지한 수성이 고구려의 7대 임금 차대왕이야. 고복장의 염려는 곧 현실로 나타났어.

차대왕은 보좌에 앉자마자 권력을 자기 마음대로 휘둘렀어. 자신을 지지한 미유를 좌보에 앉히고, 반대파인 우보 고복장은 사형시켜 버렸어. 조카들에게도 사정을 두지 않았어. 밤에 자객을 보내 막근 태자를 죽였고, 이 소식을 들은 막근의 아우 막덕은 스스로 목숨을 끊었어.

임금이 나쁜 짓을 일삼자 이상한 일들이 생겼어.

하루는 차대왕이 사냥을 갔는데, 흰 여우가 울면서 따라오지 뭐야. 차대왕이 활을 꺼내 쏘았지. 여우는 바람처럼 빠르게 피했어. 그리곤 도망치지도 않고 따라다니며 서럽게 울어 댔어.

"이게 대체 무슨 해괴한 일이냐?"

차대왕이 분통을 터뜨리며 점치는 신하 사무에게 물었어.

"원래 여우는 요망스러운 짐승이지만, 빛깔이 희니 보통 여우가 아닐 것입니다. 이는 대왕께서 하늘을 두려워하고 어진 정치를 베풀어 큰 덕을 쌓으라는 하늘의 뜻으로 생각됩니다."

올바른 정치를 하라는 말에 차대왕은 불같이 화를 냈어.

"무엄하다! 좋은지 나쁜지만 말하면 될 텐데, 네 놈의 말이 여우보다 더 요망하구나!"

차대왕은 그 자리에서 사무를 칼로 베어 버렸어.

나쁜 기운을 물리치기 위한 '짐승얼굴무늬 수막새'. 고구려시대 유물로 주술적인 장식이나 건축, 무덤 등에서 나타난다.

이와 같이 차대왕은 누구든지 거슬리면 가차 없이 죽여 버렸어. 그리고 사관들로 하여금 역사 기록조차 못 하게 했나 봐. 『삼국사기』 「고구려 본기」의 기록을 살펴보자.

겨울 12월에 얼음이 얼지 않았다. 여름 6월에 서리가 내렸다. 겨울 12월에 우레와 지진이 있었으며 그믐에 객성일시적으로 나타나는 별이 달을 범했다. 13년 봄엔 혜성이 북두에 나타났다. 여름 5월 갑술일 그믐에 일식이 있었다. 20년 봄 정월 그믐에 일식이 있었다.

이게 차대왕 4~20년까지 16년간의 기록이란다. 날씨가 이상한 건

왕이 정치를 잘 못했다는 은유이고, 일식이나 떠돌이 별이 침범하는 건 반란에 대한 상징적인 표현이거든. 차대왕의 폭정에 신하와 백성들의 반발이 심했음을 알 수 있지.

별궁으로 물러나 이런 상황에 가슴을 치던 태조는 165년에 숨을 거두었어. 그러자 민심은 더욱 흉흉해졌고, 이를 틈타 동한이 요동 땅을 침범했어.

"저 오랑캐들은 예전에 다 내게 굴복해 쫓겨 간 놈들이다. 소리만 질러도 도망칠 테니 가서 무찔러라!"

차대왕은 자신만만하게 명을 내렸지만, 고구려의 군대는 이미 태조 시절과는 달랐어. 사냥과 잔치에 푹 빠진 차대왕의 군사들은 싸우는 족족 패배를 거듭했지. 그에 따라 기껏 태조가 넓혀 놓았던 땅도 점점 줄어들었어. 그래도 차대왕은 정신을 차리지 못했어. 고구려의 앞날은 점점 더 어두워졌고, 백성들의 한탄소리는 커져만 갔지.

이런 가운데 고구려의 앞날을 가장 걱정하는 무리는 조의들이었어. 조의는 평소에는 정치에 나서지 않고 국조신인 삼성(환인, 환웅, 단군)을 모시며 수도를 하고 공부를 하는 사람들이야. 그런데 나라가 위기에 빠지면 언제든지 목숨을 내던지고 싸우는 용사들이지. 그들은 벼슬이 높지는 않았지만 항상 사심 없이 나라를 위해 싸우기 때문에 백성들의 지지를 받고 있었어.

그런 조의는 고구려의 5부족*마다 있었는

*고구려 5부_ 고구려 형성에 중심이 된 다섯 부족을 말한다. 명칭은 중국의 역사서에는 소노부 · 절노부 · 순노부 · 관노부 · 계루부로 표기되어 있고, 『삼국사기』에는 비류부 · 지나부 · 환나부 · 관나부 등으로 표기되어 있다. 처음에는 5부족 중 가장 우세한 소노부에서 왕위를 계승했으나 6대 태조왕 때부터 계루부의 고씨가 왕위를 이었으며, 절노부는 왕실과 혼인을 통해 왕비족이 되었다. 전왕족(前王族)인 소노부, 왕족인 계루부 · 절노부의 대가(大加)에게는 고추가라는 칭호를 주었다.

데, 연나부_{절노부}의 지도자 명림답부가 가장 나이도 많고 존경을 받았어. 그는 어느 날 하늘을 보며 이렇게 한탄했어.

"흰 여우가 우는 것은 하늘이 임금을 나무람이요, 마른하늘에 벼락 역시 하늘이 꾸짖는 것이다. 그런데도 우리 임금은 눈이 멀고 귀마저 먹었구나!"

명림답부는 태조 15년_{서기 67년}에 태어났어. 차대왕보다도 네 살이 많으니 그 동안 일어났던 일을 잘 알고 있었어. 태조가 고구려 땅을 넓히는 것도 보았고, 수성이 태조를 밀어 내고 임금이 되는 것도 보았어. 차대왕 수성이 나쁜 짓을 얼마나 많이 하는지도 잘 알고 있었겠지.

"아, 누가 이 어둠을 걷어 내고 새 세상을 밝히랴!"

명림답부는 왕으로 세울 새 인물을 찾고 있었어. 태조의 아들들이 이미 죽고 없으니 누구를 다음 임금으로 세워야 할지 고민이었던 거야. 짚이는 왕족이 있긴 한데, 그도 차대왕의 칼날을 피해 숨어 버렸거든. 그래서 부하에게 그 왕족을 찾으라고 했는데, 마침내 그 부하가 돌아왔어.

"공께서 찾는 분이 어디 계시는지 알아 냈습니다."

"오, 그래. 어디 계시던가?"

"깊은 산 속에 숨어 지내고 계십니다."

"건강은 어떠하시던가?"

"차림새가 누추하긴 했지만 얼굴빛은 건강해 보이셨습니다."

"됐다. 너는 부하들을 거느리고 사냥꾼으로 변장해 아무도 모르게 그 분을 보호하도록 하라. 내가 모셔 오라고 하면 곧바로 모셔 와야 한다."

"예. 목숨을 걸고 지키겠습니다."

명림답부가 애써 찾은 사람은 바로 수성의 이복동생 백고였어. 그는 일찍이 수성에게 욕심을 버리라고 충고하고는 어딘가에 숨었던 거야.

명림답부는 백고를 임금으로 세울 작정이었어. 욕심 없고 강직한 백고만이 어지러운 나라를 바로잡을 덕이 있다고 믿은 거지.

"하늘이 무심치 않아 대군을 보호하셨도다. 이제 동지를 모아야겠다."

명림답부는 먼저 환나부의 패자^{고구려 초기의 벼슬로 10관등 중 3관등에 해당}이며 좌보인 어지류를 찾아갔어.

어지류는 수성을 대왕으로 만든 공신이었지만, 차대왕의 폭정이 심해지자 경계하는 중이었거든. 어지류도, 나이가 들수록 포악해지는 차대왕이 언제 죽음을 내릴지 몰라 겁을 먹고 있었던 거지.

"요즘 들어 자주 일식이 일어나고, 마른하늘에 우레가 울고 땅이 심하게 흔들립니다. 이는 곧 임금의 덕이 땅에 떨어져 백성의 마음이 그만큼 어둡다는 뜻이오. 백성의 마음은 곧 하늘의 마음이니 이제 때가 다다른 것 같지 않소?"

눈치 빠른 어지류가 그 말뜻을 모를 리 없었지.

"좋소. 연나부에서 힘을 보탠다면 내가 다른 부족은 설득할 수 있을 것이오. 대왕은 지금 제 마음대로지만 진정으로 그를 따르는 사람은 얼마 없소. 우리가 힘을 합한다면 어렵지 않게 몰아 낼 수 있을 것이오."

명림답부는 어지류를 설득해 함께 군사를 일으킬 것을 약속했는데,

당시 그의 나이가 99세였어. 남이 보기에는 아무런 힘도 쓰지 못할 노인에 불과했지만 그에게는 아직도 힘과 패기가 넘쳤지.

165년 겨울, 명림답부는 은빛 수염을 휘날리며 말을 몰았어. 대장기가 펄럭이고 수많은 군사들이 그를 따랐지. 그의 군대는 아무런 저항도 받지 않고 고구려의 도읍 위나암성까지 들이닥쳤어. 왕궁이 발칵 뒤집혔지.

"대왕 마마, 반란이옵니다!"

내시가 부리나케 달려와 아뢰었어.

"뭐야, 누가 감히 나에게 대든단 말이냐?"

술을 마시던 차대왕이 눈살을 찌푸리며 고함을 질렀어.

"명림답부가 군사를 일으켰다 하옵니다!"

차대왕은 가소롭다는 듯 웃어 젖혔지.

"여봐라. 명림답부가 누구냐?"

아첨하기 좋아하는 신하가 대답했어.

"연나부의 조의인데 백 살이나 된 늙은이랍니다. 감히 군사를 일으키다니, 아마 노망이 들어 정신이 돈 모양입니다."

아첨꾼의 말에 차대왕은 웃음을 터뜨렸어.

"감히 늙은 조의 따위가 나를 넘보다니, 그 늙은이 용기가 가상하구나. 내가 직접 나설 것도 없다. 좌보 어지류에게 평정하라고 하라!"

차대왕은 아무 일도 아니라는 듯 계속 술을 들이키려 했어.

"그, 그런데 명림답부 뒤에는 어지류도 있다 하옵니다. 게다가 순노부는 물론 절노부 군사도 있사옵니다."

내시가 발을 동동 구르자 차대왕은 술잔을 바닥에 팽개치고는 벌떡 일어섰어.

"뭣이! 이놈들이 모조리 작당해 나를 치려 한단 말이냐!"

차대왕은 칼을 들고 밖으로 나갔어.

성은 이미 명림답부가 이끄는 군사들에 의해 겹겹이 포위된 상태였지.

"저 역도들에게 활을 쏘아라!"

술에 취한 차대왕이 고래고래 고함을 질렀어.

하지만 그의 명령을 따르는 사람은 아무도 없었어. 오히려 성 안에 있는 군사들마저 명림답부 쪽으로 달려가 힘을 보태는 거야.

"어허, 어허, 이런 일이! 어떻게 이런 일이. 제 놈들이 누구 덕에 패자가 되고 권력을 얻었는데……."

사방을 둘러본 차대왕은 저 혼자 칼을 빼 들고 서 있는 걸 깨달았어. 아첨꾼들마저 이미 도망치고 없었거든. 그제야 사태를 알아차린 차대왕은 허둥지둥 도망치기 시작했어.

"와아!"

명림답부의 군사들은 물밀듯이 성 안으로 들어왔어. 성 안의 군사들이 환영하듯 문을 열어 주었기 때문에 싸울 것도 없었지.

명림답부는 차대왕의 목을 베는 것으로 반정을 마무리지었어. 그리고 산 속에 숨겨 보호하던 백고를 모시고 와서는 옥새를 전해 주었지. 이리하여 백고가 고구려의 8대 임금이 되니, 곧 신대왕이야.

부족의 지지를 얻어 연나부의 패자가 된 명림답부는 국상에 임명되었어. 국상이란 좌보와 우보의 권력을 다 갖는 재상이야. 게다가 병마사 직책까지 받아 병권까지 쥐었단다.

이런 명림답부의 힘은 대왕보다도 셌어. 하지만 그는 권력을 마음대로 휘두르지 않았어. 차대왕에게 아첨을 하던 무리까지 용서해 주고, 차대왕의 가족들에게도 땅과 벼슬을 주었지. 이리하여 흩어진 백성들의 마음을 하나로 모아 다시 고구려를 튼튼한 반석 위에 세우려 했던 거야.

빛나는 좌원대첩

100세가 넘은 국상 명림답부는 충성으로 임금을 받들고 자비롭고 세심하게 나랏일을 보살폈어. 고구려는 빠르게 안정되어 갔고, 군사력도 되살아났지.

그러자 이를 안 동한이 대군을 일으켜 먼저 공격을 해 왔어. 고구려가 더 힘이 강해지기 전에 선수를 치자는 거였지. 당시 동한의 조정은 권력 다툼으로 소란스러웠는데, 전쟁을 일으켜 그 관심을 바깥으로 돌리자는 뜻도 있었던 거야.

172년 겨울, 신대왕은 모든 신하를 모으고 회의를 열었어.

"한족 오랑캐들이 대군을 이끌고 쳐들어왔소. 이를 어떻게 물리쳐야 할지 경들은 의견을 말해 보오."

"저들은 우리를 깔보고 겁 없이 덤비려 합니다. 여기서 물러서면 더욱 우리를 업신여기고 더 자주 쳐들어올 것입니다. 처음부터 코를 납작하게 눌러 놓아야 합니다."

"이번 전쟁은 국경 지대의 땅을 뺏으려던 지난 일과는 다릅니다. 대군을 일으켰으니 우리 나라 전체를 삼키려 할 것입니다. 처음부터 힘껏 대항해야 그 뜻을 돌릴 수 있을 것입니다."

"아닙니다. 우리 나라는 산이 많고 길이 좁으니 길목만 잘 지키면 됩니다. 공연히 그들과 마주 싸웠다가는 우리 백성들의 피해도 클 것입니다."

신하들은 저마다 의견이 달라 소란스러웠어.

"국상께서는 어찌 생각하오?"

신대왕은 국상 명림답부의 생각을 물었어.

깊은 생각에 잠겨 있던 명림답부가 마침내 입을 열었어.

"한나라 군대는 오랫동안 싸움에 단련되어 매우 용맹스럽습니다. 게다가 단번에 이길 생각으로 대군을 끌고 왔습니다. 이번에 이기지 못하면 다시는 기회가 없을 거라고 생각하는 모양입니다."

"그럼, 우리가 어떻게 싸우면 좋겠소?"

"모름지기 힘이 세면 공격을 하고, 힘이 약하면 지키는 것이 병법의 기본입니다. 지금 우리는 힘이 약하니 성문을 굳게 닫고 저들이 지칠 때까지 지켜야 합니다. 멀리서 군사들의 양식을 날라 와야 하는 저들은 오래지 않아 굶주리게 될 것입니다. 그 때 성문을 열고 나가 치면 우리가 틀림없이 이길 것이옵니다."

명림답부의 생각은 아주 현실적이고 치밀했어.

"좋은 생각이오. 모두들 국상의 뜻에 따르도록 하오."

신대왕의 얼굴에 안도의 웃음이 그려졌고, 신하들도 고개를 끄덕이며 국상을 우러러보았지. 그 때 명림답부가 모두들 놀라 입을 다물지

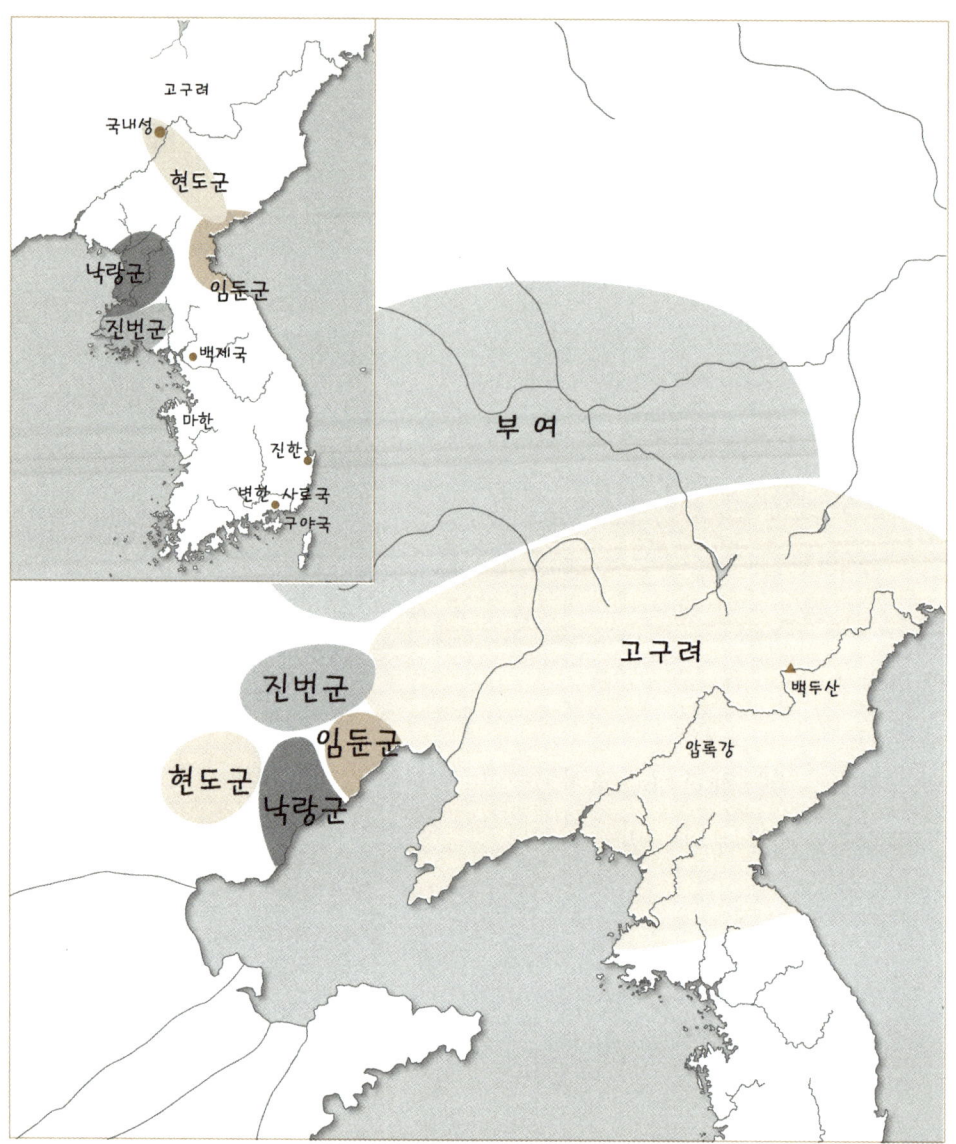

통설에 따른 한사군도(왼쪽 위) / 비정(比定) 연구에 의한 한사군도(오른쪽 아래) 기원전 108년 한나라의 공격으로 고조선이 무너지고, 한나라는 4군을 설치했다. 하지만 그 위치는 명확하지 않은데, 최근 연구에 의해 반도사관에 따른 통설보다는 새로운 비정지가 점차 인정받는 추세이다. 비정지가 맞다면 한나라의 통치가 한반도까지 미치기 어렵지 않았을까?

못할 말을 던졌어.

"이번 전쟁은 나라의 운명이 걸렸습니다. 소신이 직접 나가 한족의 무리를 물리치겠사옵니다."

"경의 춘추가 벌써 백 살이 넘었는데, 어찌 직접 칼을 든단 말이오. 부디 참으시어 몸을 보존하시오."

신대왕이 손을 가로저으며 말렸지. 그도 이미 여든 줄에 들어선지라 명림답부가 없으면 곧 쓰러질 것만 같았거든. 그래도 명림답부는 뜻을 꺾지 않았어.

"하늘과 조상 선령이 살펴 주시어 아직 소신에게는 힘이 있고 정신이 맑사옵니다. 대왕께서는 너무 걱정하지 마시옵소서."

명림답부의 목소리는 쇠북처럼 우렁차고, 눈에는 번개처럼 강한 빛이 어려 있었어.

결국 106세 노장인 그는 갑옷과 투구를 갖추고 배꼽까지 내려오는 은빛 수염을 휘날리며 전쟁터로 간 거야.

한나라 군사들은 거침없이 고구려의 국경을 넘어 쳐들어왔어. 아무런 저항도 없었지. 들판에도 마을에도 사람이라고는 찾아볼 수 없었거든.

"고구려 군사들은 악착스럽고 용감하다더니 말짱 헛말이구나. 벌써 꼬리를 감추고 생쥐 한 마리도 보이지 않으니 말이다. 하하하하!"

그들은 벌써 고구려의 도읍이라도 빼앗은 듯 기세가 등등했지.

하지만 그것은 큰 착각이었어. 명림답부는 한나라와 가까이 있는 모든 성의 백성들을 성 안으로 불러들였거든. 가축들도 끌어들이고, 집에도 들판에도 곡식 한 톨 남겨 두지 않았어. 그리고 성을 에둘러 도랑을 파고 둑을 쌓아 더욱 튼튼하게 한 거야. 이런 걸 바로 청야전술淸野戰術이라고 해. 그것도 모르고 한나라 군대는 의기양양했지.

"한족의 용사들이여! 너구리처럼 성 안에 숨어 꼼짝 않는 고구려 겁쟁이들에게 한나라 군대의 용맹을 보여 주어라!"

북 소리와 나팔 소리가 울리고 함성이 천지를 뒤흔들었어. 한나라 군사들이 개미 떼처럼 달려들었지.

고구려의 성주는 성문을 굳게 닫고 내다보지도 않았어. 한나라 군사들은 헛되이 화살만 날려 보냈지.

"대장군, 아무래도 성주가 백성들까지 이끌고 도망을 친 모양입니다. 화살을 낭비할 것 없이 사다리를 대고 넘어가 성문을 열면 되겠습니다."

비장의 말에 한나라 대장군이 명을 내렸어.

"성을 타 넘어 성문을 열어라!"

멀찍이 활을 쏘던 궁수들이 물러나고 칼을 찬 군사들이 사다리와 널빤지를 메고 사방에서 우르르 몰려들었어.

그 때까지 고구려 성 안에 잠잠히 있던 군사들이 함성을 지르며 화살 세례를 퍼부었어. 다리를 놓던 한나라 군사들이 비명을 지르며 쓰러지거나 사다리를 놓고 줄행랑을 쳤지. 그렇게 한차례 공격을 퍼붓고는 또 잠잠한 거야. 약이 오른 한나라 군사들은 고구려군을 성 밖으로 끌어 내리고 안달이 났지.

"고구려의 겁쟁이들아! 비겁하게 숨어 있지 말고 나와서 당당히 겨루어 보자!"

한나라 장수들이 성 앞까지 달려와 비아냥거렸지만, 성 안에서는 아무런 대꾸조차 없었어. 참다 못한 한나라 군사들이 성으로 몰려오면, 고구려군은 그제야 일제히 화살을 퍼부어 댈 뿐이야.

이렇게 공격을 되풀이하던 한나라 군사들은 제풀에 맥이 빠지고 말았어. 게다가 겨울이 닥쳐 와 얼음이 얼고 눈보라가 치기 시작했지. 식량마저 떨어진 한나라군은 지쳐 가기 시작했어. 성 안에서는 밥 짓는 연기가 피어오르고, 고기 굽는 냄새가 한나라 군사들의 코에까지 밀려오니 미칠 지경이었지.

"아, 이번에야말로 고구려의 항복을 받고자 했건만, 어떻게 빈손으로 돌아가 황제를 뵙는단 말인가!"

한나라군은 결국 지칠 대로 지쳐 후퇴를 하고 말았지. 무기를 들 힘조차 없어 버리고 가는 자가 수두룩했어. 수많은 군사들이 다치거나 동상에 걸려 절룩거렸어.

"올 때는 마음대로 왔지만 갈 때는 마음대로 되지 않을 것이다!"

마침내 명림답부는 총공격 명을 내렸어. 말발굽 소리가 땅을 울리고 고구려 군사의 기세가 하늘을 찌를 듯했지.

"다시는 우리 나라를 넘보지 못하게 하라! 한 놈도 돌려 보내지 마라!"

명림답부의 목소리가 천둥처럼 울려 퍼졌어.

이미 전의를 상실한 한나라 군사들은 싸울 엄두도 내지 못하고 도망치기에 바빴어. 자기들끼리 뒤엉켜 넘어지고 고꾸라지고 짓밟곤 했지.

정신없이 도망치던 한나라 군사들은 넓디넓은 좌원 들판에 이르렀어. 훤히 트여 도망치거나 숨을 수도 없었어.

"한족의 용사들이여! 칼을 들어라!"

한나라 대장군이 목청껏 외쳤지만 별 효과가 없었어. 이미 군사는 절반 이상 줄었고, 그나마도 굶주려 눈빛마저 풀려 있었던 거야. 애써 대들어도 명림답부가 이끄는 고구려군을 당할 재간이 없었지.

전투는 고구려의 일방적인 승리로 끝났어. 얼마나 철저한 패배였고 부끄러웠는지, 한나라는 이 전쟁을 기록조차 하지 않았어. 하지만 『삼국사기』에는 다음과 같이 적혀 있단다.

명림답부가 수천의 기병을 거느리고 추격해 좌원에서 한나라 군대를 크게 무찌르니 단 한 필의 말도 돌아가지 못했다. 신대왕은 크게 기뻐하며 답부에게 좌원과 질산 땅을 상으로 주었다.

명림답부는 역사 기록상으로 최초의 국상이야. 대개 재상은 두세 사람이 함께 왕을 보좌하는데, 그는 홀로 그 일을 했어.

하지만 권력을 맘대로 휘두르지 않았고, 왕조시대에 신하의 권한을 강화시켜 재상의 역할이 얼마나 중요한지 증명했지.

정말 대단하지 않니? 99세란 늦은 나이에 분연히 떨쳐 일어나 나라를 바로잡고, 한나라의 대군을 물리쳤어.

그리고 고구려 최초의 국상이 되어 나라의 터전을 굳게 다져 놓고 숨지니, 그의 나이 113세였단다.

신대왕은 명림답부의 죽음을 크게 슬퍼해 7일 동안이나 아침 회의를 하지 않았대. 그리고 신대왕도 그 해 12월에 숨을 거두었어.

제2장
재상이 된 농부
을파소

지금 왕이 뭇사람의 말에 흔들리지 않고 결단을 내려
바닷가의 을파소를 등용해 모든 관리의 머리를 삼았으며,
또 추천자에게 상을 주었으니 옛 어진 임금의
다스림을 실현했다 할 만하다.

-「삼국사기」

외척들의 반란

우리 역사상 가장 지혜로운 재상은 누구였을까?

뛰어난 재상이 많았지만, 역사가들은 첫 번째로 을파소를 들곤 해. 을파소가 어떤 인물인지 알려면 먼저 고국천왕에 대해 알아야 한단다.

명림답부의 추대로 왕이 된 신대왕에게는 아들 5형제가 있었어. 그 가운데 둘째 남무가 일찌감치 태자로 책봉되었지. 그리고 신대왕이 죽자 태자가 왕위를 이었는데, 그가 바로 고구려의 9대 임금 고국천왕이야.

신대왕이 장남인 발기를 제쳐 두고 둘째에게 자리를 물려 준 데는 그만한 까닭이 있었겠지? 자세한 내막은 알 수 없지만 둘째 남무가 그만큼 뛰어났거나, 전쟁에서 공을 세웠을 가능성이 높아. 그가 얼마나 대단했는지는 『삼국사기』 「고구려 본기」를 보면 잘 알 수 있단다.

키가 9척이나 되며 생김새가 웅장하여 넉넉히 큰 솥을 들고, 일을 할 때는 생각이 깊으면서도 날카롭고, 너그러움과 용맹함을 두루 갖추었다.

키가 9척이면 지금 미터법으로 환산해 270cm나 되는 거인이야. 아마도 다소 과장되었을 가능성이 크지만 하여튼 덩치가 대단히 웅장했음을 알 수 있지. 게다가 지혜와 용맹까지 갖추었다니 빼어난 인물임에 틀림없었겠지.

그런데 동생에게 태자 자리를 빼앗겼던 장남 발기는 불만이 컸던 모양이야. 동생이 임금이 되자 발기는 자기 무리를 데리고 한나라로 귀순해 버렸지 뭐야. 이러니 고국천왕이 올바른 다스림을 펴기는 처음부터 어려움이 컸어.

귀족들도 매우 비협조적이었는데, 왕의 명도 잘 듣지 않을 정도였어. 차대왕을 몰아 내고 신대왕을 세우는 데 공로가 컸던 부족들은 막강한 힘을 갖고 있었거든. 그들은 왕실과 혼인 관계까지 맺고 있어서 왕도 함부로 할 수가 없었던 거야. 이런 차에 명림답부와 신대왕이 죽자 그들은 거칠 것 없이 유세를 부렸지.

이런 상황에서 새 임금 고국천왕은 무엇보다도 왕권을 안정시키는 게 급했어. 그는 우선 연나부 우소의 딸을 왕비로 맞아들였어. 그런데 그게 오히려 연나부의 힘만 더 키워 준 꼴이 되고 말았지. 왕비 우씨 또한 권력을 좋아하는 사람이었거든.

이렇게 고구려 조정이 흔들리자 복수의 칼을 갈던 동한이 고구려 국경을 넘보기 시작했어. 184년, 동한이 요동 태수를 앞세워 쳐들어온 거야.

"폐하, 소신이 나가 지들을 물리치겠습니다."

고국천왕의 막내 동생 계수가 자청해서 나섰어. 그는 이미 여러 자례 전쟁에 나가 공을 세운 뛰어난 장수였거든.

"다시는 오랑캐들이 우리를 넘보지 못하도록 하라!"

고국천왕은 계수를 대장군에 임명해 출전시켰지.

그런데 요동 태수 공손도는 만만한 인물이 아니었어. 뛰어난 전략을 가진 계수조차 당해 내지 못하고 밀리는 거야. 한나라 군사는 계수가 이끄는 고구려군을 무너뜨리고 요서 지역까지 몰려왔어. 그러자 고국천왕은 직접 군사를 이끌고 요서로 달려갔지.

"저 못된 오랑캐에게 고구려의 위엄을 보여 주리라!"

한나라와 고구려는 다시 좌원 벌판에서 맞붙었어. 임금이 직접 전쟁을 지휘하자 고구려 병사들의 사기는 하늘을 찔렀지. 그리하여 고구려는 좌원에서 다시 한 번 한나라를 통쾌하게 물리쳤단다. 자세한 기록은 전해지지 않지만, 『삼국사기』에는 "적의 머리가 산더미처럼 쌓였다."라고 적혀 있어.

좌원에서 고구려에게 두 번이나 크게 진 동한은 다시는 고구려를 넘보지 못하고 오히려 나라가 흔들렸어. 그러다가 결국 조조*에게 권력을 넘겨 주고 겨우 명맥만 유지하다가 220년에 망하고 말았지.

*조조(155~220)_ 삼국 시대 위나라의 시조로, 황건의 난을 평정해 공을 세우고 동탁을 벤 후 실권을 장악했다. 208년에 적벽대전에서 유비와 손권의 연합군에게 크게 패해 중국이 삼분된 뒤, 216년에 위왕(魏王)이 되었다. 권모에 능하고 시문을 잘 지었다.

좌원의 승리로 고국천왕의 자리는 어느 정도 탄탄해졌는데, 그래도 외척들의 횡포는 여전했어. 신대왕 때부터 큰 힘을 가졌던 그들은 온갖 나쁜 짓을 일삼았는데, 『삼국유사』에서 이렇게 적어 놓을 정도야.

황해남도 안악군에 위치한 고구려 고분벽화인 '안악 3호분 행렬도'

　　중외대부 패자 어비류와 평자 좌가려가 모두 왕후의 친척으로 나라의 권력을 잡았다. 그 자제들도 아울러 세도를 믿고 교만하고 사치했으며, 함부로 남의 집과 논밭 그리고 남의 아내까지 빼앗았다. 이에 모든 백성이 분개하고 원망했다. 이를 듣고 왕이 화를 내 저들을 벌 주고자 하니, 좌가려가 연나부와 더불어 반란을 일으켰다.

　　190년 겨울, 고국천왕이 외척들을 제거하려 하자 좌가려와 어비류가 먼저 군사를 일으켰어. 반란군의 힘은 중앙군이 상대하기 버거울 정도로 만만치가 않았지. 고국천왕을 따르던 연나부가 일으킨 반란이라 더욱 그랬어. 반란군은 먼 지방에서부터 천천히 성을 빼앗고 점차 군사를 늘리며 장기전을 폈어. 그리하여 난을 일으킨 이듬해 봄에는 도읍까지 들이닥친 거야. 고국천왕에게 가장 큰 위기가 찾아 온 셈이었지.

"고구려의 시조 동명성왕과 하늘의 뜻을 받들어 저 역도들을 벌 주리라!"

고국천왕은 다시 직접 군사를 이끌고 반란군과 맞닥뜨렸어. 임금이 몸소 칼을 들고 앞장서 나오자 반란군들은 겁에 질려 주춤거리는 거야. 9척이나 되는 우람한 풍채로 한나라 장수들을 개구리 잡듯 해치우는 고국천왕의 힘을 익히 보았던 병사들은 덤빌 엄두를 내지 못했어. 반란군이 흐트러지기 시작하자 고국천왕은 곧장 밀어붙였어.

"역적들을 쳐라!"

반란군은 고국천왕의 함성과 돌팔매질에 놀란 참새 떼 같았어. 부귀영화를 누리려는 꿈에 부풀어 도읍으로 쳐들어왔던 반란군은 뿔뿔이 흩어지고 말았지. 고국천왕은 좌가려를 비롯한 반란군의 우두머리들을 모두 처형시키고 마침내 반란을 잠재웠단다. 이렇게 외침과 반란을 손수 평정한 고국천왕은 왕권을 안정시키고 고구려에 새 바람을 일으킬 계획을 짜기에 이르렀어.

이름 없는 바닷가의 노인

왕권은 안정되었지만 고국천왕은 만족하지 않았어. 나라의 제도를 바꾸지 않으면 언제든지 비슷한 일이 또 일어날 거라고 생각했거든. 그래서 아예 나라의 편제를 바꾸었어. 다섯 부족이 연합해 나랏일을 하던 제도를 없애고 지역에 따라 동부, 서부, 남부, 북부로 나누었어. 서로 다른 부족이 같은 부에 속하게 만들어 부족들 간의 경쟁을 없애고, 외척들의 힘을 줄이기 위한 묘수였지. 그리고 나라를 새롭게 이끌어 갈 인재를 찾았어.

"지금까지는 사사로운 정에 따라 벼슬을 주고, 승진도 덕망과는 거리가 멀었다. 그리하여 그 독소가 백성들에게로 흘렀다. 이제부터는 전혀 다르게 나라를 다스리려고 한다. 경들은 덕망이 높고 지혜로운 선비를 찾아라. 내 그에게 새 일을 맡기리라."

고국천왕의 명을 받은 신하들은 서둘러 인재를 찾아 나섰어.

그리고 얼마 뒤, 신하들이 한목소리로 아뢰었어.

"동부에 사는 안류가 새 인물로 적당합니다. 그는 학식이 풍부하고 덕이 있어 백성들이 우러러봅니다."

고국천왕은 안류를 불렀어.

하지만 안류는 벼슬하기를 원하지 않았어.

"소인은 재주가 볼품 없고 어리석어 큰일을 맡을 수가 없습니다. 용서하십시오."

"모든 신하가 경을 추천했고, 공의 학문이 이미 경지에 이르렀음을 짐이 아는데 어찌하여 나라의 부름을 거절한단 말인고?"

"저보다 훨씬 공부가 깊고 덕망이 높은 분이 있사옵니다."

왕의 물음에 안류가 새로운 인재를 추천했어.

"그가 누구인고?"

대왕이 반겨 물었지.

신하들도 궁금증에 입맛을 다시며 안류를 바라보았어.

"압록곡 서쪽 좌물촌지금의 평안북도 선천 지역에 사는 을파소입니다."

안류의 말에 모두들 어리둥절했지. 압록곡은 아주 먼 벽촌이고 을파소란 이름은 처음 들었거든. 눈짓을 하며 서로 물어 보았으나 아무도 아는 사람이 없는 거야.

"을파소는 어떤 사람인가?"

고국천왕의 물음에 안류가 대답했어.

"을파소는 유리명왕 때 대신을 지낸 을소의 손자입니다."

그제야 대신들은 고개를 끄덕였어.

"을파소는 지금 무슨 일을 하고 있는가?"

"지금은 그저 바닷가에서 농사를 지어 생계를 이어가고 있사옵니다."

이 말에 대신들이 술렁거렸지.

"한갓 바닷가 농사꾼에게 어찌 나랏일을 맡긴단 말인가?"

"쯧쯧, 책상머리에 앉아 공부만 하더니 나랏일을 우습게 보는군."

안류는 여전히 담담하게 아뢰었어.

"비록 이름 없이 시골에서 농사를 지으며 살지만 을파소는 예사 인물이 아닙니다. 위수 강가에서 낚싯대를 드리우고 때를 기다리던 태공망 강여상과 같은 빼어난 선비이옵니다. 그는 욕심이 없을 뿐 아니라, 성격이 강직하고 지혜와 덕은 따를 이가 없습니다. 을파소에게 나랏일을 맡기신다면 폐하와 백성들의 고통을 두루 덜게 될 것입니다."

대신들은 인상을 찡그리며 고개를 가로저었어. 그들은 새로운 인물이 나랏일을 맡는 걸 좋아하지 않았거든. 그러면 자기들의 힘이 줄어들 게 뻔하니까.

고국천왕도 의아하기는 했지만 나라에서 꼽아 주는 학자 안류의 말을 듣기로 했지.

"속히 좌물촌으로 사람을 보내 을파소를 도성으로 데려오라!"

서압록곡 좌물촌은 도성에서 몇 백리나 떨어진 먼 곳이었어. 압록강이 골짜기를 휘감으며 돌아 흘러 황해 바다로 빠지는 벽촌이야. 그 곳은 왜구나 오랑캐도 너무 멀어 발길을 하지 않았어. 그러니 권력을 차지하려고 온갖 꾀를 내고 반란을 일으키는 도성의 일도 까맣게 몰랐지. 길매기가 고깃배를 따라 다니며 날고, 저녁노을이 홍시처럼 붉은 아름다운 동네일 뿐이야. 동네 사람들도 한가로이 고기를 잡거나, 논밭을 일구어 식구들끼리 오순도순 먹고사는 평화로운 곳이었지.

그런 벽촌에 왕이 보낸 화려한 행렬이 나타난 거야. 깃발을 앞세우고 가마와 말이 따라오고, 알록달록한 옷을 입은 사람들은 나팔을 불며 고개를 넘어 오자 동네 사람들은 그저 의아할 뿐이었지.

"어느 부잣집 아들이 장가를 가나, 딸이 시집을 가나. 대단한데!"

"구경이나 가 보세."

"에이, 높은 벼슬아치 같은데 괜히 갔다가 혼이라도 나면 어떻게 해."

낚시를 하던 사람들은 겁을 내면서도 조금씩 다가갔어.

"여봐라!"

무리 가운데 말을 탄 관리가 낚시꾼들을 불렀어.

촌사람들은 얼른 다가가 허리를 굽혔지.

"나는 대왕의 명을 받고 온 사신이니라. 이 고을에 을파소라는 노인이 있다던데, 어디 사느냐?"

한 낚시꾼이 고개를 들고는 산비탈 쪽을 가리켰어.

"저기 산비탈 맨 꼭대기에 있는 집이 을파소 어른 댁입니다요. 마침 어르신께서 밭을 매고 계시네요."

사신이 고개를 끄덕이며 손짓을 하자 악사들은 북과 나팔을 더 요란하게 울리면서 산비탈을 오르기 시작했어.

"을파소 어른을 대왕의 사신이 대체 왜 찾는 거야? 혹시 벌을 주려는 게 아닐까?"

"예끼, 이 사람아! 어디 을파소 어른이 티끌만 한 죄라도 지을 분인가? 상을 주시려는 게야. 그러니까 악사들이 풍악을 울려 대지."

"그 어른이 학식이 좀 있고 어질다는 건 알지만, 전쟁에 나간 적도 없고 벼슬을 맡은 적도 없는데 무슨 상이람?"

"낸들 아나. 우리도 따라가 보세."

동네 사람들은 낚싯대를 버려 둔 채 엉금엉금 뒤를 따랐어. 그 뒤를 여기저기서 모여든 마을 사람들도 줄을 이었지.

"을파소는 대왕의 명을 받으시오!"

사신이 초라한 초가 마당에서 소리쳤어.

집 뒤 밭에서 괭이질을 하던 을파소는 황급히 달려와 땅에 엎드렸어.

사신이 대왕의 명을 읽어내려 갔어.

"바야흐로 나라는 새로운 때를 맞이해 재주 있고 덕이 높은 선비를 찾고 있노라. 그대 좌물촌 을파소는 서둘러 도성으로 와 나랏일을 맡아 정성을 다해 주기를 바라노라!"

한갓진 시골의 농부를 대왕이 직접 찾다니, 마을 사람들이 벌린 입을 다물지 못했어.

"폐하의 뜻은 영광되고 감격스러우나, 이 시골 늙은이는 아무런 힘도 없고 재주도 없으니 사양하더라고 아뢰어 주시오."

을파소는 놀라기는커녕 담담하게 입을 열었어.

"그게 무슨 겸손의 말씀이오. 어른을 추천한 분은 우리 나라에서도 학문이 으뜸이라는 안류 공이시오. 사양하더라도 대왕께 직접 아뢰시오. 나는 명을 받았으니 꼭 어른을 모셔 가야만 하오."

사신이 놀라 펄쩍 뛰었어.

을파소는 할 수 없이 자리에서 일어났어. 산골짜기 맑은 샘으로 가서 목욕을 하고 옷을 갈아입은 다음, 금과 구슬로 장식된 가마에 올랐지.

"쥐구멍에 해 뜬다더니, 세상에 이런 일도 다 있구나!"

마을 사람들은 여전히 어리둥절한 표정으로 고갯마루까지 따라왔어. 그들은 무슨 일이 벌어지는지도 모른 채 그저 동네 어른이 먼 길을 가니 을파소를 태운 행렬이 보이지 않을 때까지 손을 흔들어 주었지. 을파소는 자기 동네에서조차 자신이 얼마나 대단한지 모를 정도로 겸손하게 살았던 거야.

을파소는 무엇으로 나라를 다스렸을까?

 을파소가 도착하자 고국천왕은 용상에서 내려와 반겨 맞았지.
 "어서 오시오. 온 백성이 짐과 더불어 그대를 기다리고 있었소."
 을파소는 큰절을 하고 다시 엎드려 아뢰었어.
 "이름 없는 시골 늙은이가 폐하를 뵈오니 몸 둘 바를 모르겠사옵니다."
 고국천왕이 을파소의 손을 잡아 일으키고는 말했어.
 "짐이 선대왕을 이어 나라를 다스리고는 있지만, 덕이 없고 재주가 부족해 올바른 다스림을 펴지 못하고 있소. 선생은 재능과 총명을 가지고도 시골에 묻혀 지낸 지 오래되었으니, 참으로 안타까운 일이오. 이제 인연을 맺게 되었으니 짐에게는 행운이요, 만백성에겐 기쁨이 될 것이오. 내 몸소 가르침을 받고자 하니 부디 성의를 다해 주시오."
 이름 없는 시골 늙은이를 선생이라 부르며 가르침을 청하는 임금의 태도를 신하들은 못마땅한 눈초리로 지켜보았어. 을파소 때문에 자신들의 힘이 줄어들 것 같아 시샘을 부리는 거였지.

고국천왕은 기꺼운 얼굴로 다시 용상에 앉아 명을 내렸어.

"을파소에게 우태 작위를 주고, 중외대부 직책을 내리노라! 경들은 모두 을파소와 의논하여 나랏일에 정성을 다하라!"

모든 신하가 고개를 조아리며 "예!"하고 길게 대답했지. 촌 늙은이를 대신으로 받아들일 마음은 없었지만 임금의 명이니 어쩌겠어. 그런데 뜻밖의 사태가 벌어졌어. 을파소가 벼슬을 거절하고 나서지 뭐야.

"성은이 바다처럼 넓고 감사하나 명을 거두어 주시옵소서."

을파소의 태도는 예의상 겸손을 떠는 게 아니었어. 정말로 벼슬살이가 싫은 표정이었지. 고국천왕이 거듭 벼슬을 맡아 달라고 청했으나, 을파소의 태도는 변함이 없었어.

고국천왕이 자리에서 벌떡 일어났어.

"선생처럼 현명한 분이 나라와 백성의 부름을 거절하는 데는 분명 까닭이 있을 것이오. 대체 왜 그러는지 말해 보시오."

"소인은 성품이 어질지 못해 감히 큰일을 맡을 수가 없사옵니다. 부디 대왕께서는 더욱 현명한 사람을 찾아 그에게 더 높은 벼슬을 주시어 일을 맡기시옵소서. 그러면 바라는 일을 이루실 수 있을 것이옵니다!"

을파소가 엎드린 채 아뢰었지.

을파소의 말에 웅성거리던 신하들이 다투어 아뢰었어.

"머리카락이 하얗게 새도록 시골에만 살던 사람이 어찌 나랏일을 제대로 보살피겠사옵니까? 그의 학문이 아무리 높다 해도 나라에는 별 쓸모가 없으리라 생각됩니다. 명을 거두시고 고향으로 돌려 보내심이 옳은 줄 아뢰옵니다."

"처음부터 중외대부 벼슬을 감당하기는 어려울 것입니다. 벼슬을 낮추어 내리시는 게 마땅하옵니다."

한술 더 떠 벌을 주자는 신하도 있었어.

"을파소는 감히 폐하의 명을 어기고 또한 위엄을 깎아 내리고 있습니다. 이는 폐하와 나라를 업신여김이오니 마땅히 벌을 주어야 할 것입니다."

하지만 고국천왕은 신하들과 생각이 달랐어. 그는 힘도 세지만 지혜롭기까지 했거든. 을파소의 속내를 알아챈 고국천왕은 다시 명을 내렸어.

"선생의 말이 옳소이다. 지금까지 있었던 잘못된 일을 바로잡고, 또 새로운 일을 펼치려면 중외대부 벼슬로는 어려울 것이오. 짐은 을파소를 국상에 임명하노라! 짐의 마음이 이미 굳어졌으니 선생은 더 이상 거절하지 말고, 경들은 새 국상의 말을 짐의 말처럼 따르라!"

고국천왕의 우렁찬 고함이 터져 나왔어. 그 누구도 어길 수 없는 위엄이 서린 말에 신하들은 불만스러워 하면서도 따를 수밖에 없었지.

이번에는 을파소도 기꺼이 명을 따랐어. 사실 그는 처음부터 대왕의 뜻을 거스를 마음은 없었어. 중외대부 벼슬로는 드센 귀족들을 이끌어 나갈 수 없었기에 거절한 거야. 이런 을파소의 마음을 『삼국사기』「고구려 본기」에는 이렇게 적어 놓았단다.

을파소는 비록 나라를 위해 몸을 바칠 각오는 되어 있었으나 받은 직책이 나랏일을 처리해 나가기에 부족한지라 (임금의 뜻을) 거절했다.

이리하여 시골 농부가 대제국 고구려의 국상이 된 거야. 정말 어떤 전설에나 나올 법한 믿기 힘든 일이었지. 우리 역사상 이처럼 파격적인 일은 없었대. 궁금하지 않니? 도대체 고국천왕은 을파소의 어떤 점을 보고 국상으로 삼은 것일까?

을파소가 어떤 사람인지 자세히 알 수는 없어. 유리명왕 때 대신을 지낸 을소의 자손이라고는 했지만, 언제 태어났는지도 몰라. 그저 서압록곡 촌에서 이름 없이 농사로 생계를 이어가던 사람이라는 것밖엔 말이야.

하지만 을파소가 정말로 농사나 짓던 농부는 아니었을 거야. 그는 나라 안에서 으뜸이라는 학자 안류가 추천한 사람이잖아. 적어도 을파소의 학문은 안류보다 높다는 짐작을 할 수 있지. 그런 실력을 갖춘 채로 때를 기다리며 농사일을 했던 거야.

그럼, 을파소는 어떻게 고국천왕을 도와 고구려를 다스렸을까?

이에 대해서도 자세한 기록은 없어. 다만 새로운 선비들을 많이 등용해 귀족들이 권력을 휘두르는 것을 막고 새로운 정책을 많이 시행했을 거라는 걸 짐작할 수 있어. 그런데 귀족들은 그것을 싫어해 을파소를 모함하기도 했지.

"을파소가 새로운 신하들과 패거리를 이루어 구신_{귀족과 외척}과 왕실 사이를 이간질하고 있사옵니다."

고국천왕은 불만을 가진 귀족들의 마음을 잘 알고 있었어. 그래서 다시는 허무맹랑한 말이 안 나오도록 귀족들에게 강다짐을 놓았지.

"국상의 말을 따르지 않는 자는 귀하고 천함을 따지지 않고 멸족_{집안}

제2장 • 재상이 된 농부 을파소

무덤에 넣기 위해 만들어진 것으로 추정되는 '집토기'. 평양에서 출토된 것으로 고구려시대 대표적 유물이다.

사람을 모두 죽임시키리라!"

고국천왕이 을파소를 얼마나 아끼고 믿었는지 잘 알 수 있는 말이지. 그러자 불만을 가졌던 귀족들은 그만 입을 꾹 다물고 말았어.

사실 을파소는 여러 번 모함을 받았던가 봐. 그는 벼슬을 내놓고 다시 고향으로 돌아갈 생각까지 했거든. 그런데 대왕의 뜻이 굳은 걸 알고는 다시 마음을 다잡았어.

"때를 만나지 못하면 이름 없이 지내고, 때를 만나면 나아가 벼슬을 하는 것이 선비로서 마땅한 일이다. 임금께서 이처럼 두터운 예로써 나를 대하니 어찌 다시 물러날 생각을 하겠는가."

을파소는 소신과 확신을 가지고 힘껏 나랏일을 해 나갔어. 상과 벌을 신중하게 하고, 인재를 고루 뽑아 썼어. 또 아주 큰 죄를 지은 자를 뺀 나머지 죄인들은 풀어 주었지.

이렇게 나라가 안정되어 가던 어느 가을이었어. 사냥을 나갔던 고국천왕은 길에서 통곡하는 사람을 보게 되었어. 왕은 그를 앞으로 불러와 까닭을 물었지.

"너는 어찌하여 길에서 목 놓아 우느냐?"

왕의 물음에 백성이 대답했어.

"저는 그 동안 힘써 농사를 지어 늙으신 부모를 모셨는데, 올해는 흉년이 들어 먹을 것도 없고 일할 곳도 없어 부모님을 봉양하기 어렵게 되었습니다. 그게 서럽고 한탄스러워 울고 있사옵니다."

이에 고국천왕은 그 백성에게 양식을 주라 명하고는 즉시 사냥을 그만두고 왕궁으로 돌아왔어. 그리고 이런 문제를 해결하기 위해 을파소에게 명을 내렸겠지.

"재난은 항상 있는 것이지만 그 고통에서 백성을 구할 방도를 찾아보시오."

고구려는 아주 큰 나라여서 지방마다 차이가 컸어. 동부에는 가뭄이 들어도 서부에는 홍수가 날 수도 있고, 남부에는 풍년이 들어도 북부에는 흉년이 들 수도 있었어. 그래서 나라에서 조절을 해 주지 않으면 언제든지 어려운 백성이 있게 마련이었지. 따라서 백성들이 안심하고 살 수 있는 복지 정책이 필요했어.

을파소는 먼저 과부와 고아와 병든 자를 세밀하게 조사했어. 먼저 그들이 먹고살 수 있도록 돌봐 주기 위해서였지. 그런 다음 나라의 곡식 창고를 든든히 채우고는 이런 제안을 했어.

"나라 창고가 가득하니 이제 춘궁기인 봄에 곡식을 빌려 주고 가을 걷이를 해 갚게 하면 당장 굶어 죽는 백성은 생기지 않을 것입니다."

이게 바로 환곡 제도인 진대법이야. 이 제도가 성공하니 백성들은 흉년이 들어도 굶어 죽지 않게 되었지. 그래서 을파소의 이름이 더욱 높아졌는데, 훗날 고려나 조선에서도 비슷한 제도를 본받아 의창, 상평창을 운영하기도 해.

이리하여 을파소는 가장 지혜로운 재상으로 불리게 된 거야. 하지만 여전히 궁금하지? 어떻게 바닷가 노인이 이런 지혜를 갖게 되었는지. 아무래도 그에겐 남다른 무언가가 있을 것만 같잖아. 아닌 게 아니라 을파소에게는 어떤 비결이 있었어. 백성을 교화하고 가르쳐서 나라를 안정시키고 고구려를 더욱 강대하게 만든 무언가가 있었던 거야.

이건 『삼국사기』에도 나오지 않는데, 20세기에 들어오면서 알려지기 시작했어. 일제 강점기 때 민족 종교인 대종교가 일어나고, 대종교의 경전으로 『참전계경』이란 것이 나왔거든.

『참전계경』은 사람이 배우고 지켜야 할 도리 366가지를 적은 경전이야. 이는 곧 『삼국유사』에 기록된 환웅이 하늘에서 내려와 '백성을 다스리던 360여 가지 일'이라고 대종교에서는 주장하지. 을파소는 바로 이 『참전계경』을 백성들에게 가르쳤다는 거야.

『환단고기』의 「소도경전본훈」*에는 다음과 같은 내용이 있어.

*「환단고기」「소도경전본훈」_ 「환단고기」는 삼성기와 단군세기, 북부여기 그리고 태백일사의 네 사서를 하나로 묶어 놓은 것이다. 이 중 태백일사는 연산군과 중종 때 학자인 이맥이 전한 책인데, 이 태백일사에 포함되어 있는 「소도경전본훈」은 우리 민족의 종교와 철학 및 문자를 소개하고 있다. 이 책의 내용을 보면, 우리 민족의 시작은 고조선부터가 아니라, 그보다 훨씬 이전으로(약 일 만년) 거슬러 올라가야 한다. 그리고 우리의 영토는 한반도가 아닌 아시아 대륙 전역을 대상으로 삼고 있다. 각 시대를 나열해 보면, 한국시대-신시 배달국시대-단군조선-북부여-고구려, 대진국-고려라고 말한다.

을파소 선생이 일찍이 백운산에 들어가 하늘에 기도하고 천서天書:하늘의 책를 얻어 세상에 전하니 이를 『참전계경』이라 했다.

「소도경전본훈」에는 을파소의 다음과 같은 말도 덧붙여져 있어.

신시이화환웅이 나라를 다스리던 때의 세상은 가르침이 크게 펼쳐져 참전이 이루어지지 않음이 없었다. 지금 사람들이 이 전계참전계경를 스스로 배우려 힘쓴다면 백성을 잘살게 하는 일이 어찌 어렵기만 하겠는가?

을파소는 환웅시대와 단군시대의 360여 가지 가르침을 고구려시대에 다시 부활시킨 거야. 『환단고기』의 이 말이 얼마만큼 사실인지는 더 연구해야 할 부분이지만, 을파소가 국상이 되고부터 고구려는 나라 안팎이 안정되고 백성들은 평안했다고 해. 부여보다도 작은 나라였던 고구려가 결국 부여를 합병하고 고조선의 전통을 이은 대제국으로 성장한 데는 정치적·문화적인 역량이 그만큼 컸을 텐데, 을파소가 그 토대를 튼튼하게 닦았음을 짐작할 수 있지. 그래서 고국천왕은 을파소를 추천한 안류에게 상을 주고 대사자 작위를 내리며 이렇게 말했어.

"만일 그대의 한 마디가 없었더라면 나는 을파소와 함께 나라를 다스리지 못하였을 것이다. 이렇게 나라가 안정된 것은 그대의 공이 크도다."

참 아름다운 일이지. 지혜로운 지도자는 나라를 이끌 새 인재를 찾았고, 안류는 명예와 권력을 사양하고 자신보다 더 나은 인물을 추천했어. 이에 을파소 같은 무명의 실력자가 등장해 나라를 중흥시켰고, 왕은 그 공로를 추천자인 안류에게 돌렸잖아. 이를 두고 『삼국사기』에서는 다음과 같이 찬사를 했단다.

옛날 명철한 임금은 어진 이에 대해 기존의 예법에 의존하지 않고 의심을 품지 않았다. 이는 은나라 고종이 부열을, 촉나라 유비가 제갈공명을 등용한 것과 같은 일이다. 그런 후에야 어진 이가 제자리에 있고, 능력 있는 자가 직책을 맡으면 바른 정치가 펼쳐지고 국가가 보존되는 것이다. 지금 왕이 뭇사람의 말에 흔들리지 않고 결단을 내려 바닷가의 을파소를 등용해 모든 관리의 머리를 삼았으며, 또 추천자에게 상을 주었으니 옛 어진 임금의 다스림을 실현했다 할 만하다.

이렇게 고구려를 반석 위에 올려놓은 고국천왕은 197년에 숨을 거두었어. 그래도 을파소는 물러나지 않고 나랏일을 보았어. 그 때는 아무도 그를 시샘하지 않았고, 그를 반대하던 귀족들마저 을파소의 인품에 고개를 숙였거든.

국상을 맡은 지 12년 만에 을파소도 숨을 거두었는데, 그가 얼마나 나라를 잘 다스렸던지, 『삼국사기』는 그의 죽음을 이렇게 적어 놓았단다.

(산상왕) 7년 가을 8월에 국상 을파소가 죽으니, 온 나라 사람들이 울며 슬퍼했다.

제3장
신라 중흥의 초석
거칠부

지금은 비록 작으나 장차 신라가 크게 일어나 고구려, 백제와 힘을 다툴 것이다.
너는 매의 눈에 제비턱을 가졌으니 훗날 용맹스런 장수가 될 것인데,
그 때 나를 만나게 되더라도 해를 끼치지 말아라.

- 「삼국사기」「열전」

한밤의 약속

신라의 재상은 누구를 들 만할까?

역사가 천 년이나 되는 신라인데도 재상으로 뚜렷한 업적을 남긴 사람은 별로 없어. 그건 신라 왕조의 특성 때문인데, 왕권과 신권이 별로 구분이 안 된 까닭이야. 신라의 주요 귀족인 왕족이 재상인 상대등이나 시중을 맡았고, 그 가운데 왕으로 승격된 사람도 많았거든. 재상이 정치를 잘하거나 힘을 얻으면 왕이 되기도 하는 나라는 신라뿐이었어. 이런 신라에서 출현한 뛰어난 재상을 소개하자면 거칠부를 들 만해. 그럼 거칠부가 활약하던 현장으로 가 볼까?

때는 6세기 초, 한반도 동남쪽에 자리한 작은 나라 신라가 백제와 고구려의 틈새에서 살아남기 위해 고군분투할 때였지. 고구려 최 남쪽 국경선 근처에 제법 큰 절이 있었어. 한낮의 산사는 고요하기 짝이 없었지. 가끔씩 소소리바람이 불어 나뭇잎들을 가볍게 어루만지고, 투명하리만큼 맑은 물이 골짜기를 감싸고돌며 햇살에 거울처럼 반짝거릴 뿐이야. 이런 고요함을 깨뜨리는 고함소리에 숲이 울렸어.

"그대들은 진정 속세를 떠나왔는가!"

소리가 터져 나온 곳은 아담한 절이었어. 건물은 그리 크지 않았지만 뜰은 꽤 넓었지. 거기에는 백 명에 가까운 젊은 승려들이 모여 눈을 반짝이며 귀를 쫑긋 세우고 있었어. 강당이 좁아 뜰에서 공부를 하는 거야.

"그대들은 지금 어디에 있는가?"

다시 소리를 친 사람은 맨 앞 너럭바위에 걸터앉은 큰스님 혜량이었어. 그의 제자가 되고자 몰려온 고구려 젊은이들에게 부처님의 가르침을 전하는 중이었던 거야.

주장자_{붉은 칠이 된 큰 지팡이}를 쥔 혜량은 맨 땅에 무릎을 꿇고 앉은 젊은 승려들을 뚫어져라 노려보았어. 공중에 뜬 매가 먹이를 찾듯 매서운 눈빛이었지.

젊은이들은 바짝 긴장해 눈을 크게 떴어.

한동안 꾸짖듯 노려보던 혜량이 다시 입을 열었어.

"머리를 깎고 산 속에 들어와 있다고 해서 누구나 깨달음을 얻는 건 아니니라. 깨달음의 길은 멀고도 험하니, 때로는 목숨을 걸어야 해. 그런데 어찌 아직도 속세에 대한 미련이 그대들의 마음에 가득하단 말인가? 모두 개울로 가 몸을 씻고, 또한 마음을 씻도록 하라. 그리하여 내일부터는 허공처럼 텅 빈 마음으로 부처님의 가르침을 받아들이도록 하라."

혜량은 지팡이로 땅을 쿵 치고는 일어섰어. 젊은 스님들이 일제히 일어나 두 손을 모으고 절을 했지. 그리고 혜량이 장삼 자락을 펄럭이며 법당 안으로 들어가자 제자들은 고개를 갸웃거리며 개울로 갔어.

"마음의 때를 씻으라는 말씀인데, 대체 마음이 어디 보여야 씻든지 말든지 할 거 아냐."

"딴 생각을 말라는 말씀이지."

"세상에 대한 미련을 버리라는 말씀이야."

승려들은 투덜거리며 벌거벗고 목욕을 했어. 더러는 물장구를 치고, 더러는 서로 물을 끼얹으며 장난을 치면서. 고향에 대한 그리움도, 깨달음에 대한 욕망도 잠시 잊은 한가로운 시간이었지.

모두들 몸을 씻거나 물장난에 여념이 없는데, 키가 큰 한 젊은이는 목욕도 하지 않고 가부좌를 틀고 앉아 있는 거야.

"우리는 모두 몸을 씻는데, 자네 혼자 마음을 씻는가?"

누군가 빈정거려도 키 큰 젊은이는 대꾸조차 하지 않았어. 다시 누군가 물을 끼얹자 천천히 눈을 뜨고 먼 남쪽 하늘을 바라볼 뿐이야. 뭔가 깊은 고민에 빠진 표정이었어.

그 날 밤, 모두들 깊은 잠에 빠진 시간에 법당에는 촛불이 켜져 있었어. 법당 안에는 주지 혜량이 눈을 감은 채 불경을 외고, 그 앞에는 키 큰 젊은 승려가 무릎을 꿇고 앉아 있었지.

마침내 혜량이 염주를 돌리던 손을 멈추고 눈을 떴어. 키 큰 젊은이는 입이 마른지 혀로 입술을 적시고는 침을 꿀꺽 삼켰어.

"이제 그만 네 갈 곳으로 돌아가거라."

혜량의 말에 젊은이는 까닭을 몰라 눈을 씀벅거렸어.

"저는 한갓진 시골에서 태어나 공부를 하고자 여기로 왔습니다. 그런데 어디로 가라 하십니까?"

혜량이 매서운 눈초리로 노려보았어.

"내가 비록 늙어 총명이 흐려졌으나, 사람을 몰라보지는 않는다. 또한 내가 아니라도 고구려에는 인재가 많으니라. 누군가 곧 너를 알아보고 잡으려고 할 것이다. 어서 바른 대로 대지 못할까?"

혜량의 호통에 머뭇거리던 젊은이가 넙죽 허리를 숙였어.

"저는 신라에서 온 거칠부라고 합니다."

혜량은 짐작한 대로라는 듯 고개를 끄덕거렸지.

"너는 지금 비록 머리를 깎고 먹물을 들인 옷을 입고 있지만, 네 마음은 전혀 딴 곳에 있다. 그렇지 아니 하냐?"

이미 속내를 환히 들여다보는 듯한 눈빛에 거칠부는 속일 수 없음을 깨닫고 순순히 고백했어.

"제 성은 김이며, 신라 17대 임금이신 내물왕의 5대 손입니다. 우리 신라는 먼 동남쪽 바닷가의 작은 나라입니다. 저는 신라를 고구려, 백제에 버금가는 나라로 만들고 싶은 꿈이 있습니다. 그래서 백제와 고구려의 사정을 알아보기 위해 떠돌아다니는 중입니다. 그런 한편 스님처럼 크게 깨우치고 싶은 욕심도 있습니다. 스님의 명성을 익히 들어 꼭 배우고 싶었습니다. 결코 일부러 스님을 속인 건 아니니 용서하십시오."

혜량은 거칠부의 마음을 다 안다는 듯 두 손을 잡았어.

"내가 너를 꾸짖는 것은 고구려 사람이 아니어서가 아니다. 네 몸에

흐르는 기운으로 보나 생김생김으로 보나 너는 산 속에서 공부만 할 사람이 아니라는 말이다. 그러니 서둘러 네 나라로 돌아가라는 것이다. 정체가 밝혀지면 너는 신라의 첩자로 몰려 살아남기 어려우니라."

"욕심이 많은 몸이라 무슨 일부터 해야 할지 몰랐습니다. 그런데 스님께서 어리석은 저를 깨우쳐 주시니 고맙기 짝이 없습니다. 제 나라로 돌아가 할 일을 찾아보겠습니다. 안녕히 계십시오."

거칠부는 큰절을 올린 다음 돌아섰어.

문 밖까지 따라 나온 혜량은 거칠부에게 한 가지 약조를 받아 냈어.

"삼국의 앞날이 예사롭지 않구나. 지금은 비록 작으나 장차 신라가 크게 일어나 고구려, 백제와 힘을 다툴 것이다. 너는 매의 눈에 제비턱을 가졌으니 훗날 용맹스런 장수가 될 것인데, 그 때 나를 만나게 되더라도 해를 끼치지 말아라."

신라의 앞날을 희망적으로 예견하는 혜량의 말에 거칠부는 기꺼이 약조를 했지.

"제가 비록 온전히 부처님의 제자가 되지는 못 했지만, 스님께 큰 가르침을 받았습니다. 만일 제가 스님의 말씀처럼 장수가 된다 해도 스님께는 털끝만큼도 해를 입히지 않겠습니다. 지금 우리를 비춰 주는 저 달과 내일 아침 떠오를 밝은 해를 두고 맹세합니다."

"조심해서 잘 가거라."

혜량이 어깨를 떠밀자 거칠부는 재빠르게 어둠 속으로 사라졌어.

『국사』를 펴내고 땅을 넓히다

신라로 돌아온 거칠부는 중노릇을 그만두고 벼슬길로 나아갔어. 원래 귀족인 그는 17등급* 가운데 다섯 번째인 대아찬이 된 거야.

이즈음 신라는 한창 성장하기 위해 몸부림치던 때였어. 내물왕 때부터 다져 온 강한 왕권을 바탕으로 법흥왕은 나라의 제도를 바로잡았고, 뒤를 이은 진흥왕은 영토를 넓혀 가는 중이었지. 이 때 큰 활약을 한 장수가 바로 이사부야.

이사부는 지증왕 때 울릉도 우산국을 정벌했고, 그 후에도 거칠부와 더불어 신라의 영역을 넓히는 많은 전쟁에서 승리를 거두었지. 그리하여 국방장관 격인 병부령이 되었는데, 진흥왕 6년 545 가을에 이사부가 왕에게 이렇게 아뢰었어.

"이제 우리 신라는 백제와 화친을 맺을 만큼 힘을 길렀습니다. 안으로 법이 세워지고 밖으로는 영토가 넓어져 아무도 우리를 계림

*17등급_ 신라시대 신분제도인 골품제는 성골, 진골, 6두품, 5두품, 4두품으로 나뉘며, 이런 혈연에 따른 신분은 승진의 상한선 결정, 집의 크기, 장식물, 복색, 수레 등 정치 활동뿐만 아니라 일상생활의 범위까지 제한했다. 성골은 근친혼이므로 도중에 사라지고, 왕실과 귀족이 결합한 진골이 왕위를 계승하게 된다. 관직이 높은 순서대로 살펴보면 진골은 이벌찬, 이찬, 잡찬, 파진찬, 내아친, 6두품은 아찬, 일길찬, 사찬, 급벌찬이고, 5두품은 대나마, 나마이며, 4두품은 대사, 사지, 갈사, 대오, 소오, 조위 이렇게 총 17등급으로 나뉜다.

이나 금성이라고 얕보지 않습니다. 시조이신 혁거세 거서간께서 나라를 세우신 지도 어언 600년이나 되었습니다. 이런 때에 마땅히 나라의 역사를 기록하여 책으로 엮어 내는 것이 옳을 것입니다."

영토를 넓히려던 생각에만 빠져 있던 진흥왕도 고개를 끄덕였지.

"진실로 경의 말이 옳소이다. 역사야말로 우리의 뿌리를 심는 중요한 일이오. 누가 이 일을 맡으면 좋겠소?"

북한산 진흥왕순수비

"대아찬 거칠부는 어려서부터 학문이 높고 총명했습니다. 게다가 많은 지방을 여행해 보고 들은 것도 많다고 하니 그가 적당하다고 생각됩니다."

"거칠부는 나라의 인재를 모아 역사책을 펴내도록 하라!"

진흥왕이 명을 내렸어

"삼가 명을 받들겠나이다."

거칠부가 기꺼이 대답했지.

그 뒤 거칠부는 나라 안의 빼어난 학자들과 귀중한 책들을 모았어. 그리고 아직 책으로 쓰이지 않은 이야기를 수소문해 적었지. 이렇게 박혁거세 때부터 시작된 신라의 역사가 처음 정리된 거야. 그 책이 바로 『국사』인데, 안타깝게도 오늘날 전해지지 않는단다.

신라는 밖으로는 영토를 넓히고 안으로는 문화적 기반을 닦아 갔어. 시나브로 신라의 힘이 강해지자 한반도는 점점 더 큰 전쟁의 소용돌이에 휘말리기 시작했어. 백제는 신라와 싸우기도 하고, 연합군이 되어 고구려에 대항하기도 했지. 그럼에도 대제국 고구려는 신라 정도는 대수롭지 않게 여기고 주로 백제와 다투었고, 그 틈에 신라는 점점 더 힘을 키워 갔어.

그러던 551년, 진흥왕은 고구려에 대한 공격 명령을 내렸어. 이 때 선봉장은 거칠부였고, 총사령관은 이사부였어.

신라군이 쳐들어간 곳은 오늘날 충청북도 충주, 괴산, 진천 지역이었어. 거기는 원래 백제 땅인데 고구려가 점령한 곳이거든. 백제와 연합해 먼저 고구려군을 물리친 이사부는 힘이 약해진 백제군마저 몰아내고 그 곳을 신라 땅으로 만들었어. 그런 한편 거칠부는 군사를 동쪽으로 몰아 고구려 성 열 개를 빼앗았지.

때마침 고구려는 북쪽에서 돌궐의 침략을 받은 터라 군사를 남쪽으로 보낼 겨를이 없었어. 그 덕에 신라군은 어렵지 않게 열 개의 성을 차지했어. 이 전쟁을 전환점으로 신라는 고구려, 백제와도 다툴 만하게 성장하는 발판을 마련한 거야.

승자가 된 거칠부는 군사를 이끌고 가다가 어느 산길에서 이상한 풍경에 길을 멈추었어. 승려들이 길게 늘어서서 환영해 주었거든. 그들은 분명히 고구려 승려들이었는데, 그 가운데 한 노승이 나서더니 아는 체를 하는 거야.

"어서 오시오, 장군."

노승은 바로 혜량이었고, 늘어선 승려들은 그의 제자들이었어.

"아, 큰스님!"

얼른 말에서 뛰어내려 절을 올린 거칠부는 까마득히 잊었던 약속을 떠올렸어.

"과연 스님은 앞날을 훤히 내다보는 신령한 분이시옵니다. 스님의 절은 물론이거니와 마을에도 아무런 피해를 끼치지 않겠습니다. 엎드려 부탁드리오니, 다시 한 번 가르침을 주시옵소서."

혜량은 거칠부의 손을 잡고 반가움을 나눈 뒤 슬픈 목소리로 말했어.

"초승달이 차면 보름달이 되고, 보름달은 다시 그믐달이 된다오. 이처럼 세상일이란 모두 일어날 때와 사그라질 때가 있소. 지금 신라는 한창 자라는 중이고 고구려는 앞날이 어둡다오. 때마침 그대의 나라가 부처님의 가르침을 높이 받든다고 하니 나도 거기로 가서 살고 싶소."

혜량 같은 덕망 높은 승려가 신라로 오겠다는 말에 거칠부는 대환영이었지.

"스님이 신라로 오신다면 모든 백성이 복을 얻는 일이지요. 주저하지 마시고 말에 오르십시오."

거칠부는 혜량을 말에 태워 신라로 돌아왔어. 진흥왕은 그런 혜량을

경주에 위치한 황룡사지. 신라의 사찰인 황룡사는 553년 짓기 시작해 569년 완공되었다. 고려 때 몽골의 침입으로 소실됐고, 지금은 터만 남아 있다.

예를 다해 반겨 맞았지.

"우리 신라는 아직 부처님의 가르침이 널리 퍼지지 못했습니다. 부디 스님께서 백성들에게 복된 가르침을 주십시오."

진흥왕은 혜량에게 승통이란 직책을 주었어. 승통이란 승려의 우두머리로 모든 승려를 다스릴 수 있는 자리야.

그 후 신라는 황룡사를 짓는 등 크게 불교를 일으켜 백성들의 마음을 하나로 모았어. 그리고 밖으로는 가야마저 정복해 통일의 기반을 마련한 거야.

신라는 이렇게 점점 성장해 갔어. 그 성장의 배경에는 『국사』를 펴내고, 불교를 중흥시키고, 몸소 전쟁에 뛰어들어 땅을 넓힌 거칠부가 있었지. 거칠부는 그 공로를 인정받아 진지왕 때 재상인 상대등*이 되었단다.

*상대등_ 신라의 17등급을 초월한 최고 관직으로, 국사를 관장하며 귀족의 대변자이기도 했다. 실제적으로는 왕권을 제약하는 성격을 가지고 있었다.

제4장
백제의 마지막 등불
성충

부여성충은 백제의 왕족이었으며, 어릴 때부터 지혜와 재주가 뛰어났다.
일찍이 예濊:동예의 군사가 침략해 오자 고향 사람들을 거느리고 나가
산성에 머물며 지켰는데, 늘 기묘한 꾀로 많은 적을 무찔렀다.

-『조선상고사』

지혜로운 북문두

백제에서는 재상을 북문두北門頭라고 했어. 그게 직책은 아니고 왕이 남쪽을 보고 앉으니까 신하는 그 반대인 북쪽을 보고 서거든. 그렇게 북쪽을 보고 선 신하들 가운데 우두머리란 뜻이지. 직책으로는 좌평이라고 했는데, 각 부족의 우두머리들이 대개 6좌평을 맡았고 그들은 정사암*이란 곳에서 나라의 큰일을 결정하곤 했어. 마치 신라의 화백제도와 비슷하지.

6좌평은 각각 맡은 임무가 있었어. 내신좌평은 왕명을 전달하고 정치를 주관하는 일을 했고, 내두좌평은 나라 경제를 맡았고, 내법좌평은 법 집행과 예식을 담당했고, 위사좌평은 도성 수비와 치안을, 조정좌평은 형벌을, 그리고 병관좌평은 군사를 맡았으니 국방장관 격이야. 그 가운데 내신좌평이 북문두이고 총리에 해당한단다. 그러다가 진지왕 이후에는 상좌평상대등을 두어 6좌평 위에 두었으니 상좌평을 진짜 북문두라고 할

*정사암_ 『삼국유사』의 기록에 의하면, 백제 수도였던 사비 부근 호암사에 정사암이라는 바위가 있었는데, 국가에서 재상을 선정할 때 해당 자격자 3, 4명의 이름을 봉함해 이 바위 위에 두었다가 얼마 뒤 이름 위에 인적(印跡)이 있는 자를 재상으로 삼았다고 한다. 이는 귀족연합적인 삼국시대의 성격을 잘 보여 주는 예이다.

*신채호(1880~1936)_ 일제 강점기 때의 사학자·독립운동가·언론인으로, 호는 단재(丹齋)·단생(丹生)·일편단생(一片丹生)이다. 성균관에서 공부했으며, 〈황성신문〉과 〈대한매일신보〉 등에 논설을 발표해 독립 정신을 북돋우는 데 힘썼다. 국권을 빼앗긴 뒤에는 중국으로 망명해 독립운동과 국사연구에 힘쓰다가 일본 경찰에 체포되어 옥사했다. 민족사관을 수립했으며, 지은 책으로 『조선 상고사』, 『조선사연구초』 등이 있다.

*『조선상고사』_ 신채호가 1931년에 〈조선일보〉 학예란에 연재한 것을 1948년에 단행본으로 출간한 것이다. 단군시대부터 백제의 멸망과 부흥운동까지 담겨 있다. 신채호는 이 책에서 '아(我)와 비아(非我)의 투쟁으로서의 역사'를 파악하고 있으며, 사대주의적인 시각으로 역사를 서술한 유학자들과 당시 식민주의 사가들을 비판하고 대단군조선·고조선·부여·고구려 중심의 역사인식을 수립했다.

수 있지.

그런 부여의 북문두 가운데 가장 큰 명예를 얻어 훗날까지 칭송되는 사람은 단연 부여성충을 들 만해. 성씨가 '부여'인 걸로 보아 백제의 왕족임을 알 수 있지. 언제 태어났는지, 어떤 사람인지 『삼국사기』에는 기록되어 있지 않은데, 신채호*의 『조선상고사』*에는 자세하게 적혀 있어.

부여성충은 백제의 왕족이었으며, 어릴 때부터 지혜와 재주가 뛰어났다. 일찍이 예滅·동예의 군사가 침략해 오자 고향 사람들을 거느리고 나가 산성에 머물며 지켰는데, 늘 기묘한 꾀로 많은 적을 무찔렀다.

그럼, 성충의 뛰어난 지혜를 증명하는 이야기를 해 볼까?

동예*는 고구려의 속국이었을 거야. 그러니 고구려군과 합세하거나 고구려의 명을 받아 백제에 쳐들어왔겠지. 그런데 번번이 성충의 꾀에 속아 지기만 하자 동예의 장군은 나름대로 꿍꿍이를 짜 냈어. 사신을 보내 성충과 그 부하들의 마음을 떠보려고 한 거야. 사신은 선물이 든 궤짝을 가져와서는 동예 장군의 편지를 크게 소리 내어 읽었어.

"군인이 아니면서도 이토록 용맹스럽게 싸우는 그대들의 충절을 갸륵하게 여겨 약간의 음식을 내리니 즐기기 바라오."

백제 사람들은 궁금증이 일어 저마다 한 마디씩 했지.

"저 속에 무슨 음식이 있을까?"

"예에는 해산물이 많이 난다니 온갖 진귀한 음식이 있을 거야."

"술도 들었을 테지?"

예의 사신이 돌아가자 백성들이 서둘러 궤짝을 뜯으려고 했어. 그러자 성충이 백성들을 말리고는 명을 내렸지.

"저 궤짝을 불 속에 던져 넣어라."

백성들은 입맛을 다시며 궤짝을 불 속에 던져 넣었지. 그러자 불 속에서 앵앵거리는 소리가 나더니 벌이 몇 마리 날아오르다가 불에 타 죽지 뭐야. 거기는 진귀한 음식과 술이 든 게 아니라 독을 가진 벌이 가득 들어 있었던 거야.

첫 번째 작전이 실패하자 동예의 장군은 다시 사자를 통해 선물을 보냈어.

"이것도 불 속에 던져 넣을까요?"

부하의 말에 성충은 고개를 가로저었어.

"같은 짓을 두 번 되풀이할 리가 있겠느냐. 이번에는 열어 보는 게 좋을 것이다."

궤짝을 여니 거기에는 염초와 기름이 가득 들어 있었어. 불에 넣었다가는 폭발해 많은 사람이 죽을 게 뻔한 거였어.

또 실패한 동예는 세 번째 선물을 보냈어.

＊동예_ 고구려와 같은 족속으로 기원전 3세기 이전~3세기경에 한반도 동해안 일대에 자리 잡았던 초기 고대국가 중 하나다. 동예엔 왕이 없고 군장이 통치했으며, 함부로 남의 구역을 침범하면 책화라 하여 노예·소·말 등으로 보상하게 했고, 사람을 죽이면 죽음으로써 죄를 갚게 했다. 또한 같은 성끼리는 결혼하지 않는 족외혼이란 풍습도 있었다. 호랑이를 신으로 섬겼으며 해마다 10월이면 하늘에 제사를 지냈는데 이를 무천이라 한다.

"그 동안 그대들의 지혜를 시험해 보았는데 도무지 당할 수가 없소. 따라서 우리는 그만 물러갈까 하니, 그대들은 이 음식으로 잔치를 벌이기 바라오."

선물을 내려놓은 사신은 바삐 사라졌어.

산 아래를 보니 동예의 군사들은 정말 철수 준비를 하고 있었지.

"야, 우리가 이겼다!"

"만세! 우리가 외적을 물리쳤다!"

성충을 따르는 백성들이 덩실덩실 춤을 추며 소리쳤지.

"이제 정말 잔치를 벌이셔야지요?"

"설마 이번에는 벌도 염초나 화약도 아니겠지."

백성들이 침을 꿀꺽 삼키며 궤짝으로 모여들었어.

"물러서라! 저 궤짝을 톱으로 썰어라!"

성충은 이번에도 의심하고는 백성들을 어리둥절하게 만드는 명을 내렸어. 백성들은 영문도 모른 채 고개를 갸웃거리며 톱질을 했지.

그러자 궤짝 속에서 비명과 함께 피가 흘러나오지 뭐야. 궤짝 속에는 동예의 자객이 성충을 죽이기 위해 단도를 품고 숨어 있었던 거야. 이렇게 모든 작전이 실패하자 동예는 하는 수 없이 물러가고 말았지.

그 후 성충의 지혜와 용맹은 백제에 쫘하게 소문이 났어. 백제 무왕은 그런 성충을 도성으로 불러 높은 벼슬을 내렸어. 그리고 무왕의 아들 의자왕은 왕이 되자마자 성충에게 자신을 가르쳐 줄 것을 청했어.

"지금 고구려와 신라와 백제가 서로 다투고 있는데, 특히 신라는 우리와 이웃해 서로 원수가 되었소. 우리가 신라를 멸하지 못하면 신라가 반드시 우리를 멸할 터이니 이는 큰 근심이오. 어떻게 하면 우리 백제가 이 근심을 털어 내고 강국이 될 수 있겠소?"

성충은 이렇게 대답했어.

"고구려는 연개소문이 내란을 일으킬 듯합니다. 당분간 우리와 대적하는 일은 없을 테니 걱정하지 않으셔도 됩니다. 신라는 진흥왕 이래 문득 강국이 되어 우리와 원한을 많이 맺었는데, 지금 폐하께서 어린 나이로 왕이 됨을 가벼이 보고 침략해 올 공산이 큽니다."

"신라가 침공한다면 어디로 오겠소?"

"한때 그들이 차지했던 가잠성 괴산으로 쳐들어올 것입니다."

"그렇다면 가잠성에 군사를 보내야겠소."

의자왕의 말에 성충은 전혀 다른 대답을 내놓았어.

"아닙니다. 가잠성 성주 계백은 지혜와 용기를 겸비했으니 신라가 깨뜨리지는 못할 것입니다. 오히려 우리는 가잠성을 구원하는 척 군사를 일으켰다가 저들의 남쪽 길목인 대야성을 치는 것이 한 수 위의 계책입니다."

"아하, 그대의 지략은 고금에 짝이 드물겠소!"

성충의 지혜에 탄복한 의자왕은 곧바로 성충을 북문두인 상좌평에 임명하고는 모든 일을 그와 상의했단다.

과연 성충의 예감은 적중했어. 신라의 대장군 김유신이 3만 군사를 이끌고 가잠성으로 쳐들어온 거야. 백제의 왕이 바뀌었을 때 기선을 제압하려는 의도였지.

하지만 뜻대로 되지 않았어. 계백이 성을 굳게 잠그고 조금도 밀리지 않았거든. 신라군은 가잠성에서 한 걸음도 더 못 나가고 공방전만 벌였어. 그러자 성충은 미리 짜 놓은 작전대로 가잠성을 구하러 간다고 소문을 내고는 군사를 준비했지.

이 때 백제군의 총사령관은 윤충 장군이었는데, 바로 성충의 아우였어. 윤충은 군사를 이끌고 가잠으로 향하다가 밤에 별안간 방향을 바꾸어 대야성 합천으로 내달렸어.

합천은 원래 가야 땅인데 신라가 차지한 곳이야. 그 곳 성주는 김품석이란 자로 곧 신라의 왕이 될 김춘추의 사위였어. 그런데 원래 가야 사람들의 반발이 있는 데다 김품석이 술과 사치로 인심을 크게 잃었거든. 그리고 자신의 장인이 곧 왕이 될 걸 믿고 아주 오만방자했어. 그런 대야성을 갑자기 들이치니 김품석은 제대로 저항도 못해 보고 성을 내 주고는 목이 떨어지고 말았지.

성충의 작전은 아주 완벽했어. 계백은 신라의 정예 대병을 막아 내고, 윤충은 신라로 가는 중요한 요새를 차지한 거야. 그리고 그 기세를 몰아 신라의 성 40개를 빼앗아 백제가 강국임을 우뚝 드러냈지.

새내기 왕이라고 얕잡아 보고 덤볐던 신라는 큰 위기감을 느끼고 살아날 방법을 찾느라 큰 고민에 빠지고 말았지. 김유신과 김춘추는 한 목소리로 한탄했어.

"의자왕보다 성충 형제가 더 무섭구나!"

위기에 빠진 신라는 헤어날 방법을 찾기에 골몰했어. 특히 김춘추는 딸과 사위의 복수를 위해 어떻게 해서든지 백제를 무너뜨리려고 했지. 그래서 목숨을 걸고 적국인 고구려에 사신으로 갔어. 고구려의 힘을 빌어서라도 백제를 이겨 보려고 말이야.

　이 때 고구려에는 연개소문이 반정을 일으켜 권력을 장악한 참이었거든. 김춘추는 연개소문과 담판 외교를 벌여 동맹을 맺고 백제를 치려고 했어. 그런데 이 정보를 알아챈 성충도 서둘러 고구려로 달려갔어. 이리하여 삼국의 재상이자 실권자들이 한 자리에서 만나게 되었지.

　"우리는 다 같은 조선의 후손으로서 지금 삼한을 이루고 있소. 지금 우리가 힘을 합한다면 서토의 당나라를 물리치고 능히 옛 조선의 영광을 되찾을 수 있을 것이오. 삼국이 하나 되어 큰일을 도모함이 어떠하오?"

　연개소문은 호탕하게 말했어.

　성충은 기꺼이 연개소문의 뜻을 받아들이려 했어. 하지만 김춘추는 뜻이 달랐어. 그는 홀로 연개소문을 만나 고구려와 신라가 동맹해 먼저 백제를 치자고 했어. 연개소문은 선뜻 결정을 못하고 망설였지. 이런 낌새를 눈치챈 성충은 연개소문에게 편지 한 통을 보냈어.

　공연개소문이 당과 싸우지 않으면 모르지만, 만일 당과 싸우고자 한다면 먼저 백제와 화친하지 않으면 안 될 것이오. 만일 백제가 당과 화친한다면 당은 율로인 요동으로부터 고구려를 치는 동시에 백제로 군사들이 배를 타고 와 백제의 쌀을 먹어 가면서 남으로부터 쳐 올라가 남북 양면에서 적을 맞게 될 텐데, 그 위험이 어떠하겠소?

　신라는 일찍이 백제와 동맹해 고구려를 치다가 백제를 속이고 죽령 밖의

10성을 함부로 점령한 것은 잘 아실 것이오. 이처럼 오늘은 신라가 고구려와 동맹한다 하더라도 내일은 신라가 당과 연합해 고구려 땅을 빼앗지 않으리라 어떻게 보증하겠소?

『조선상고사』에 실린 이 편지를 보면, 은근히 연개소문을 협박하는 동시에 신라는 믿을 수 없는 나라라는 점을 강조하고 있어.

이 편지를 받은 연개소문은 즉시 백제와 동맹을 맺었어. 그리고 김춘추를 감옥에 가두고는 말했어.

"원래 고구려 땅이었던 죽령 일대의 성 열 개를 돌려 주지 않으면 그대는 여기서 벗어날 수 없을 것이오."

김춘추는 성충의 기지에 밀려 외교전에서 참패해 볼모가 되고 만 거야. 김춘추는 여기서 벗어나려고 온갖 꿍꿍이를 냈지.

그러자 연개소문의 부하 가운데 선도해*라는 자가 감옥에서 심심풀이로 책이나 읽으라며 『귀토지설』이란 책을 몰래 전해 주었어. 바로 그 유명한 '토끼와 거북 이야기'야. 자신의 신세가 졸지에 '용궁에 간 토끼' 신세가 되었음을 깨달은 김춘추는 그 책을 읽고 꾀를 냈어.

"죽령 인근의 성은 내가 돌아가야만 돌려 줄 것이오."

김춘추는 마치 간을 육지에 빼놓고 온 토끼처럼 말했지. 외교 사절을 죽이는 부끄러운 일을 하기 싫었던 연개소문도 이쯤에서 김춘추를 풀어 주었어. 백제에 대한 복수를 맹세

*선도해_ 선도해는 고구려 제27대 영류왕의 총신이다. 신라가 선덕여왕 11년에 백제를 치려고 고구려에 김춘추를 보내 도움을 청했으나, 오히려 갇히는 몸이 되었다. 이 때 선도해가 김춘추로부터 뇌물로 받고 '귀토지설(龜兎之說)'로 귀띔을 해 주어 무사히 탈출하도록 도운 이야기가 『삼국사기』 「김유신전」에 실려 있다. 이 귀토지설 이야기는 후에 「별주부전」, 「수궁가」 등의 소재가 된다.

하며 적국에 왔던 김춘추는 용궁에서 빠져 나가는 토끼처럼 부랴부랴 신라로 돌아갔지.

충신 형제를 죽여라!

 여·제동맹을 성립시킨 백제는 일본과도 화친을 맺었어. 한데 다스림을 편 지 10년이 지나면서부터 의자왕이 점차 나랏일을 등한시하고 사치를 부리기 시작했어. 하지만 백제는 큰 흔들림 없이 안정을 누렸지. 국방은 윤충과 계백이 튼튼히 지켰고, 내정은 성충과 흥수 같은 재상들이 잘 다스렸거든.

 힘을 잃고 고립된 신라의 김춘추는 이번엔 당나라로 갔어. 그리고 신하를 자처하며 백제를 함께 칠 것을 호소했어. 하지만 당나라는 거드름만 피우며 그러겠다고 하면서도 실제로는 아무 도움도 주지 않았어. 고구려와 백제가 동맹을 맺고 있으니 함부로 건드릴 수가 없었던 거지.

 "백제와 고구려가 동맹을 맺어 우리를 압박하니 도무지 어떻게 해 볼 도리가 없소. 대체 어찌 하면 좋겠소?"

 김춘추의 말에 그의 처남인 김유신이 대답했어.

 "백제를 무너뜨리려면 먼저 성충과 같은 충신들을 제거해야만 합니다."

"지당한 말씀이오. 신라가 고통을 겪는 건 모두 성충의 계략 때문이오. 성충을 제거할 방법이 있소?"

"좀 더디고 어렵긴 하지만, 방법이 아주 없지는 않습니다."

"그게 뭐요?"

"이간계입니다."

김유신은 백제의 약점을 정확히 간파하고 있었어. 점점 사치와 방탕에 물들어가는 의자왕을 이용하기로 한 거야.

먼저 김유신은 백제의 대신 가운데 좌평 임자에게 뇌물을 듬뿍 보내고는 이렇게 제의했어.

"장차 백제가 망하면 내가 그대를 구해 주고, 신라가 망하면 그대가 나를 구해 주시오."

뇌물에 마음을 빼앗긴 임자는 그 제의를 받아들였어. 그러자 김유신은 2단계로 미인계를 썼어. 어여쁜 무당 금화를 임자에게 보냈고, 임자는 금화를 의자왕에게 소개했어.

이 계획은 매우 성공적이었어. 의자왕은 어여쁜 데다 말도 잘하는 금화에게 흠뻑 빠지고 말았거든. 성충과 흥수 같은 충신이 아무리 무당을 멀리하라고 말해도 의자왕은 듣지 않았어. 이미 의자왕은 처음의 총명함을 잃고 방탕의 늪에 깊이 빠진 상태였거든. 금화는 그런 의자왕을 더욱 어지럽게 만들었지. 날마다 잔치를 벌이고 궁궐도 화려하게 지어 나라 살림을 거덜나도록 만들었어.

특히 망해정 건축은 백제를 망하게 한 상징적인 사건이었어.

"폐하와 저를 위하여 바다가 보이는 언덕에 큰 정자를 짓되, 천년 만년 가도록 무쇠로 짓는 게 어떻겠습니까?"

이런 금화의 말에 의자왕은 아무 생각 없이 따랐어. 그 무쇠 정자를 짓기 위해 병사들의 무기를 녹여 사용했지. 그래서 백제 사람들은 금화를 쇠를 잡아먹는 전설의 괴물인 '불가사리*'라고 불렀어.

이렇게 나라가 점점 기울어 가던 어느 날, 의자왕은 무당인 금화에게 점을 쳐 보라고 했어.

"백제의 앞날이 어찌 될 것 같으냐?"

금화는 눈을 감고 주문을 외며 기도하는 척하다가 눈을 번쩍 뜨고는 말했어.

"충신 형제를 죽이지 않으면 나라가 망할 것이요, 그들을 죽이면 천년 만년 나라가 이어지리라!"

의자왕은 깜짝 놀랐지.

"지난 역사를 통틀어 보건대 충신을 죽이고 망하지 않은 나라가 없다. 그런데 어찌 충신을 죽이고 나라가 잘 될 수 있단 말이냐?"

금화는 생긋 웃으며 대답했어.

"이는 신의 말씀입니다. 보통 사람의 말처럼 여기면 오해하기 십상이지요. 여기서 충신이라 함은 그 이름은 충신이지만 실은 충신이 아닌 자를 가리키는 것입니다."

"그렇다면 충신 형제가 누구란 말이냐?"

의자왕이 물었지만 금화는 이쯤에서 말을

*불가사리_ 불가사리는 닥치는 대로 쇠를 먹어치운다는 전설의 동물이다. 곰의 몸, 코뿔소의 눈, 코끼리의 코, 소의 꼬리, 호랑이의 다리를 닮았다고 한다. 우리 전설에 "불가사리가 나타났다!"는 이야기가 두 번 있는데, 고려가 망하고 조선이 건국한 무렵 그리고 일제 강점기 끝 무렵이다. 쇠붙이란 쇠붙이는 죄다 먹어 버리는 이 괴물에게 '죽일 수 없는 녀석'이란 뜻의 불가살이(不可殺伊)란 이름이 붙였는데, 이는 '불로 죽일 수 있는 녀석'이란 뜻의 불가살이(不可殺伊)이기도 하다. 몸이 쇳덩이니 불로 녹아야 한다는 뜻이다. 쇠를 미구 먹어치우던 일본 불가사리도 불로 망한다. 도쿄는 공습으로 불바다가 되고, 히로시마와 나가사키는 미군의 원자폭탄에 맞아 폐허가 됐다.

얼버무렸어.

"백제에 온 지 얼마 되지도 않은 제가 그것까지 어떻게 알겠습니까? 저는 다만 신의 말씀을 전할 뿐이오니, 대왕께서 헤아려 잘 처리하셔야지요."

의자왕이 생각해 보니 과연 이름에 '충忠' 자가 들어가는 형제가 있거든. 바로 상좌평인 부여성충과 장군인 부여윤충 형제였지. 성충은 정치를 잘했고, 윤충은 용맹스런 장수였어. 충성심도 의심할 바가 없었지. 그런데 금화의 말을 듣고부터 의자왕은 성충 형제를 의심하기 시작했어.

씨알만 하게 싹이 튼 의심은 곧 독풀처럼 자랐어. 의자왕은 자나 깨나 성충 형제를 감시했지. 그들이 공을 세우고 백성들의 우러름을 받는 것조차 못마땅해했어. 결국 자신을 몰아 내고 임금 자리를 차지할까 두려워했어. 물론 이 모든 건 방탕한 생활로 인해 이미 총기를 잃은 탓이었지.

이런 의자왕의 심중에 불을 지핀 자가 있었어. 김유신에게 뇌물을 받은 임자가 이렇게 말한 거야.

"백제의 인심이 온통 부여성충과 부여윤충 형제에게 모이고 있습니다. 성충은 나랏일을 틀어쥐고 있으며, 성충은 군사를 쥐고 있습니다. 이들 형제가 마음만 먹으면 나라를 통째로 삼킬 수도 있을 것입니다. 이들을 벌 주어 백제의 앞날을 편안하게 하소서."

의자왕은 이 말을 듣고 곧장 윤충을 파면해 버렸어. 신채호의 연구에 따르면 그 때 윤충은 당나라 해안 지역을 차지하고 있었는데, 파면

충남 부여에 있는 백제의 충신 성충, 흥수, 계백을 기리기 위한 '삼충사'

되는 바람에 그 땅이 당나라에게 넘어가 버렸대. 윤충은 그 울분을 참지 못하고 스스로 목숨을 끊고 말았지. 이로써 썩어 가던 백제의 기둥이 빠지기 시작한 셈이었지.

백제 궁궐에는 풍악 소리가 그칠 날이 없었어. 궁녀들이 호사스럽게 화장을 하고 춤을 추었고, 대신들은 술에 취해 비틀거렸지. 의자왕은 이런 광경을 보고 즐기며 백성을 돌보는 일은 아주 제쳐 놓았어.
물론 왕의 총명함을 되찾도록 간언을 하는 신하도 많았지. 그런데 의자왕은 자신을 나무라는 신하는 모두 귀양 보내거나 죽여 버렸어. 642

년에는 왕족과 귀족을 40명이나 섬으로 귀양살이를 보냈을 정도야.

그 뒤로는 나랏일에 간섭하는 사람도 없고, 모두들 그를 무서워했어. 충신은 멀리하고 의자왕 주변에는 임자와 같은 간신만 득실거렸지. 그러자 의자왕의 방탕은 도를 넘어섰어. 하늘과 조상신에게 제사 지내던 제기들마저 방탕한 잔치에 사용하는 거야.

상좌평 성충과 내신좌평 흥수는 머리를 맞대고 고민했지.

"하늘과 조상님들께 제사 올릴 때 쓰는 악기를 저렇게 함부로 굴리다니, 이러다가는 하늘이 노하겠습니다."

흥수의 말에 성충이 한탄했어.

"고구려는 연개소문이 권력을 잡아 더욱 강한 군대로 만들었고, 신라에는 김유신과 김춘추가 우리에게 복수의 칼을 갈고 있소. 이런 판에 당나라마저 신라와 가까워지고 있소. 그런데 대왕께서는 사치와 향락에 마음을 빼앗겼으니 참으로 큰일이오."

"임금이 아무리 모자라도 신하가 바르면 비뚜로 가지 않는 법이요. 더구나 우리 대왕께서는 원래 슬기롭고 너그러우시니 간곡히 아뢴다면 마음을 돌이키지 않겠습니까?"

흥수가 죽을 작정을 한 듯 말했어.

"옳소이다. 모든 일에는 때가 있는 법, 더 늦기 전에 같이 가서 아뢰어 봅시다."

성충과 흥수는 서둘러 망해정으로 갔어.

망해정은 아주 엉망진창이었어. 왕과 궁녀, 대신들이 술에 취해 뒤섞여 뒹굴고, 의자왕은 무당 금화의 치마폭에 드러누워 있는 거야.

"흥, 잔소리꾼들이 또 오셨군. 경들은 또 내게 무슨 꾸짖음을 주려고 왔는가?"

성충과 흥수를 본 의자왕이 이맛살을 찌푸리며 말했지.

성충과 흥수가 무릎을 꿇고 큰소리로 아뢰었어.

"대왕 마마, 이제 그만 잔치를 거두시고 나라와 백성을 돌보시옵소서!"

"이 잔치에 나온 고기와 술은 모두 백성의 피와 살이옵니다. 백성들의 아픔을 굽어 살피옵소서!"

의자왕은 술상을 발로 걷어차며 자리에서 일어섰어.

"대왕인 내가 이깟 잔치를 좀 즐기기로서니 땅이 흔들리는가 하늘이 무너지는가! 어찌하여 그대들은 사사건건 시비를 건단 말인가?"

성충과 흥수는 더욱 간절하게 소리쳤어.

"바라옵건데, 밝고 어진 마음을 되찾아 나라를 살피소서!"

"고구려는 더욱 강해졌고, 신라는 힘을 기르며 때를 기다리고 있사옵니다. 밝은 눈으로 나라와 백성을 살펴 주소서!"

의자왕은 칼을 뽑아 두 사람을 향해 겨누었어.

"그대들은 나를 미친개로 취급하는구나. 죽음이 두렵지 않으냐!"

의자왕의 협박에도 성충과 흥수는 끄덕도 하지 않았어. 더욱 큰 소리로 임금의 마음을 돌이키기 위해 눈물로 부르짖었지.

"다시는 네 놈들의 잔소리를 듣고 싶지 않다. 죽는 게 소원이라면 그렇게 해 주마."

의자왕이 칼을 치켜들었어. 궁녀들과 대신들은 문득 술이 깬 듯 파

랗게 질려 벌벌 떨었어. 오직 한 사람, 금화만이 입가에 웃음을 띠고 핏줄기가 솟구치기를 기다렸지.

이미 죽음을 각오한 두 사람은 눈도 꿈쩍하지 않았어. 오히려 더 큰 소리로 의자왕이 나라를 제대로 다스려 주기를 빌었어. 그러자 의자왕도 결국 칼을 휘두르지 못하고 내팽개치며 소리쳤어.

"성충은 감옥에 집어 넣고, 흥수는 외딴 곳으로 귀양을 보내라!"

결국 성충은 성 안의 감옥에 갇혔고, 흥수는 고마미지 지금의 전라도 장흥 로 귀양을 가게 되었어.

"마마, 마음을 돌이키소서! 백성들을 돌보소서!"

성충은 감옥 안에서도 임금의 마음을 돌이키려고 간언을 멈추지 않았어. 밥도 먹지 않고 목이 타도록 외쳤지만, 아무런 효과가 없었어.

성충은 마지막으로 붓을 들었어. 『삼국사기』에 기록된 그 편지는 이렇단다.

충신은 죽어도 임금을 잊지 않는다 했으니, 한 말씀 올리고 죽겠습니다. 신이 늘 때가 변하는 것을 살펴보았는데, 머지않아 반드시 큰 전쟁이 있을 것입니다. 모름지기 군사를 쓸 때는 반드시 땅의 모양새를 잘 살펴 높은 곳에서 적을 맞아야 지킬 수 있습니다. 다른 나라 군사가 쳐들어오면, 땅으로는 탄현 또는 침현을 지나지 못하게 하고, 물길로는 지벌포의 언덕으로 들어오지 못하게 막아야 이길 수 있습니다.

하지만 이 편지도 소용없었어. 의자왕은 편지를 제대로 보지도 않고 던져 버렸거든.

"하늘이시여, 이 나라를 굽어 살피소서!"

결국 성충은 마지막까지 간언을 하다가 감옥 안에서 숨을 거두었어. 끼니조차 끊고 나라를 위해 기도한 지 28일 만의 말이야.

불타는 사비성

성충이 죽고 나자 백제에는 이상한 일들이 꼬리를 물고 일어났어. 오늘날의 상식으로는 이해되지 않는 일들이 『삼국사기』에 수두룩하게 적혀 있어.

의자왕 19년 봄 2월, 여우 무리가 궁중에 들어왔고, 흰 여우 한 마리가 상좌평의 책상에 앉았다. 8월에 여자의 시체가 생초진에 떴는데 길이가 18척 약 540cm이었다. 9월에 궁중의 홰나무가 사람처럼 울고, 밤에 궁궐 남쪽에서 귀신이 울었다. 20년 2월에는 왕도의 우물물이 핏빛 같았고, 사비하의 물이 붉어 핏빛이었다. 여름 4월에는 개구리 수만 마리가 나무 위에 모여들었다.

이상한 일은 꼬리를 물고 이어졌어. 가뭄이 들고 흉년이 이어져 먹고살 양식조차 바닥을 드러냈어.
의자왕 20년 6월에는 이런 일도 있었어.

"저게 대체 뭐야?"

성벽 위에서 파수를 서던 병사 하나가 하늘을 가리키며 고개를 갸웃거렸어. 처음엔 그냥 비가 오려고 먹구름이 몰려드는 건가 했는데, 그게 아니었어. 용처럼 긴 먹구름 두 개가 하늘 가운데서 서로 물고 뜯으며 싸우지 뭐야. 구름이 짐승 소리를 내기도 하고, 번개와 우레도 터뜨리면서 말이야.

그 광경을 쳐다보는 병사들은 겁에 질려 부들부들 떨었어.

밤에도 이상한 일은 이어졌어.

"백제가 망한다! 백제가 망한다!"

누군가 크게 고함을 지르며 궁궐 안으로 날아들었어.

"웬 놈이냐! 잡아라!"

병사들이 소리 나는 곳으로 우르르 몰려갔지.

"이히히히!"

푸른 불빛이 공중으로 치솟으며 허연 치맛자락이 날렸어.

"귀, 귀신이다!"

병사들은 서로 얼싸안고 와들와들 떨었어.

"백제가 망한다! 하하하하! 백제가 망한다! 으흐흐흐흐……!"

웃다가 울기도 하는 그것은 귀신이었어. 귀신은 한바탕 소란을 피우고는 땅 속으로 사라졌어.

이 일이 의자왕에게도 알려졌어.

"귀신이 사라진 곳을 파 보아라!"

임금의 명에 따라 병사들이 땅을 파 보았지. 땅을 세 자쯤 파 들어가자 엉뚱하게도 거북 한 마리가 나왔는데, 그 등판에 글씨가 씌어져 있지 뭐야.

"백제동월륜百濟同月輪, 신라여월신新羅如月新이라. 백제는 보름달과 같고, 신라는 초승달 같다니, 이게 무슨 소리인가?"

의자왕이 점치는 무당에게 물었어.

"보름달은 가득 찼으니 곧 기운다는 뜻이요, 새로 나온 달은 점차 커진다는 말입니다."

얼굴이 흙빛이 된 무당은 벌벌 떨면서 아뢰었어.

"그 말은 곧 백제는 망하고 신라는 흥한다는 뜻이냐?"

의자왕이 눈을 치뜨며 물었지.

무당은 턱을 덜덜 떨며 간신히 고개를 끄덕거렸어.

"이 요망한 무당을 당장 끌어 내 목을 베라!"

임금의 말이 떨어지기 무섭게 병사들이 무당을 끌고 나갔어.

그 때 한 신하가 웃으며 말했어.

"백제가 보름달이라 함은 그 밝은 빛이 두루 비치는 것처럼 나라가 크게 일어난다는 말이요, 신라가 초승달이라 함은 아직 어려서 볼품이 없다는 뜻으로 생각됩니다."

의자왕은 이 말을 기특하게 여기고 기뻐했지.

"옳은 말이로다. 어찌 어린 신라 따위가 우리 백제와 비교가 되겠는가! 하하하하······."

때는 660년, 이 소식을 들은 김춘추는 김유신에게 명을 내렸어.

"드디어 백제를 칠 시기가 되었소. 당나라에 연락해 군사를 함께 출동시키도록 하시오."

이렇게 나라가 위험에 빠졌는데도 의자왕은 충신의 말도 하늘과 땅의 꾸짖음도 듣지 않았어. 그러는 동안 신라와 당나라 군사들은 힘을 모아 사비성 지금의 충청도 부여 을 향해 쳐들어왔어. 연합군은 모두 18만 명이나 되는 대군이었어.

"뭐, 뭐야! 신라와 당나라가 한 패가 되어 쳐들어온다고?"

매일같이 술에 절어 있던 의자왕이 퍼뜩 정신을 차렸어.

"성충을 불러 오라. 흥수는 어디 갔느냐?"

의자왕은 갈팡질팡했지. 대신들도 어떻게 싸워야 할지 방향조차 잡지 못하고 말다툼만 벌였어.

"흥수에게 사람을 보내 대책을 물어보라."

사신이 먼 외딴 곳에서 귀양살이를 하는 흥수에게 갔어.

흥수는 미리 짐작한 듯 대책을 일러 주었는데, 성충의 말과 똑같았어.

"탄현과 백강 백마강 은 우리의 요새입니다. 그 곳을 지키면서 성문을 굳게 닫고 버티면 적군은 곧 지칠 것입니다. 그 때 밀고 나가면 적을 물리칠 수 있을 것입니다."

말을 전해 들은 의자왕은 고개를 끄덕였어. 그런데 임자와 같은 대신들의 의견은 달랐어.

"흥수는 오랫동안 옥중에 있어서 나라와 임금님을 원망하고 있습니다. 이는 틀림없이 나라를 망하게 하려는 잔꾀입니다. 백상과 탄현의 길은 좁습니다. 적들을 이 좁은 길로 들어오게 하고서는 갑자기 치면

신라와 당나라 연합군에게 함락되자 백제 궁녀 삼 천 명이 뛰어 내린 '낙화암'

마치 그물 속의 고기를 잡는 것과 같을 것입니다."

　나라가 망하려면 임금이 간신의 말에 더 귀를 기울이나 봐. 이미 판단력마저 흐려진 의자왕은 그렇게 하라고 명을 내리고 말았어. 스스로 적에게 길을 열어 준 셈이지.

　소정방*이 이끄는 당나라군은 순식간에 사비성을 포위해 버렸어. 계백 장군의 결사대는 황산벌(연산)에서 최후 일인까지 싸웠으나 결국 김유신의 신라군에게 무너지고 말았어.

　'아, 내가 어찌하여 성충과 흥수의 말을 듣지 않았던가!'

　의자왕은 피눈물을 흘리며 후회했지만, 이

*소정방(592~667)_ 중국 당나라의 무장으로, 태종 때 동돌궐과 서돌궐을 항복시켜 중앙아시아 여러 나라를 모두 안서도호부에 예속시켰다. 신라군과 연합해 백제를 멸망시키고 고구려 평양성을 공격했으나 불리해지자 철군했다.

미 소용없는 일이었지. 그는 검은 연기를 무럭무럭 피워 올리며 불타는 사비성을 뒤로 하고 도망쳤지만, 얼마 못 가 붙잡혀 항복하고 말았어. 그리고는 당나라로 끌려가서는 병이 들어 죽었단다.

　이렇게 백제는 역사의 무대에서 영원히 사라지고 말았어. 마지막까지 나라를 위해 충성을 바쳤던 성충의 충고를 듣지 않은 결과였지.

　성충은 참으로 빼어난 지략을 가졌던 백제의 마지막 재상이었어. 비록 기백으로는 연개소문에 미치지 못했고, 술책으로는 김유신을 따르지 못했지만 앞날을 내다보는 지혜와 충성심은 당대 제일로 칠 만했지. 그럼에도 『삼국사기』에 그의 열전 한 편 없는 건 그가 망한 나라의 재상인 까닭이겠지. 하지만 성충은 그 후로도 백제인들의 가슴에 오래도록 칭송과 숭모의 대상으로 남았어. 오늘날까지도 부여의 충렬사와 삼충사에서는 성충을 기리는 향불이 타오르고 있단다.

제5장
귀환한 평동장군
김양

김양은 뛰어난 재주를 보여 흥덕왕 3년에 고성군 태무가 되었고,
얼마 안 있어 중원 대윤에 임명되었다가 잠깐 무주 도독이 되었는데,
가는 데마다 정치를 잘한다는 칭찬을 들었다.

- 『삼국사기』 「열전」

앵무새가 죽고 난 후의 정변

결국 신라가 당나라의 힘을 빌려 삼국을 통일했어. 그 이후의 우리 역사를 대개 통일신라라고 하는데, 그건 정확한 표현이 아니야. 고구려의 횃불은 꺼지지 않고 대진국 발해로 이어져 계속 타올랐거든. 청천강 이남에는 통일신라가 있었고, 그 이북에는 대진국이 있었으니 남북국시대라고 하는 게 맞지. 다행히 요즘은 그렇게 부르는 경우가 많더구나.

그런데 대진의 역사는 거의 사라져서 열전을 세울 만한 재상을 발견할 수 없고, 통일신라에서도 뚜렷하게 활약한 재상이 보이지 않아. 신라의 재상인 시중이나 상대등이 왕이 된 경우가 많아서 그래. 그래도 찾아보면 김양이란 인물의 열전을 『삼국사기』에서 찾아볼 수 있단다.

김양은 통일신라 중기에서 후기로 넘어가는 9세기 초에 상당한 활약을 했던 인물이야. 그런데 그의 이야기를 하려면 먼저 소개해야 할 위인이 몇 있구나.

먼저 흥덕대왕과 앵무새에 대한 이야기를 해야 될 것 같아. 흥덕대왕은 당나라에 사신으로 다녀온 신하에게 앵무새 한 쌍을 선물로 받았어. 그런데 앵무새 암컷이 곧 죽고 말았지. 수컷은 너무 슬퍼서 날마다 울어 댔어. 그래서 왕은 새장 속에 거울을 넣어 주었거든. 처음에는 앵무새가 자기 짝인 줄 알고 뽀뽀를 해 대더니, 곧 거울임을 알아차리고는 더욱 슬피 울다가 죽고 만 거야.

이 이야기는 『삼국유사』에 전하는데, 실은 흥덕대왕의 일생도 비슷한 면이 있어. 서기 826년에 왕위에 오른 흥덕대왕은 그 해 겨울에 왕후 장화부인이 죽어 이별을 하게 돼. 왕후를 너무나 사랑했던 왕은 신하들이 재혼을 하라고 청하자 이렇게 대답했어.

"새도 짝을 잃으면 슬퍼하는데, 어찌 사람이 아내를 잃고 다시 장가를 들겠는가?"

그 후 누구도 왕에게 재혼을 청하지 않았대. 왕은 그런 일은 접어 두고 나랏일을 세심하게 보살폈어. 명예 직인 상대등보다 실권자인 시중에게 더 많은 권한을 주고, 귀족들이 함부로 권력을 휘두르는 걸 막았어. 그리고 가난한 자들과 병든 자들을 살뜰하게 보살피고, 중국에서 차나무를 들여와 지리산 일대에서 재배하도록 하기도 했어. 오늘날 지리산 부근에 차 농사가 활발한 건 그 때부터라고 볼 수 있지.

흥덕대왕은 또 한 가지 중요한 일을 했는데, 바로 해안 지역에 나타나 백성들을 괴롭히는 해적을 소탕한 일이었어. 이 일을 맡은 사람이 바로 해상왕 장보고야.

장보고는 이미 당나라에서 무령군 소장으로 이름이 높은 자였어. 해적들이 신라인을 마구 잡아 노예로 파는 걸 보고는 그걸 막고자 돌아온 거야.

하지만 신라의 귀족들은 미천한 바닷가 출신인 데다 당나라 장수인 장보고를 반기지 않았어. 그가 힘을 얻으면 자기들 힘이 줄어들 걸 염려한 거지. 그래서 왕이 선뜻 직책을 못 내리고 있는데, 시중 김우징이 장보고를 받아들일 것을 강하게 권했어.

"장보고는 이미 당에서도 이름이 높으니 해적들이 그를 두려워할 것입니다. 그에게 남쪽 바닷가를 맡기면 폐하와 백성이 두루 편안할 것입니다."

김우징의 지원 덕에 장보고는 청해진 대사로 임명되었고, 군사 1만 명을 이끌게 되었지. 그리하여 장보고는 완도를 본부로 삼아 해적을 소탕하고 무역을 해 많은 재물까지 모았어.

당시 신라 귀족들은 권력 다툼이 아주 심했어. 흥덕대왕의 아들은 당나라에 볼모로 가 있었고, 달리 태자도 없었거든. 게다가 재혼을 하지 않아 왕비도 없으니 다음 왕은 다른 왕족에서 나와야 할 상황이야. 그러니 왕이 되기 위한 싸움이 보이지 않게 진행되고 있었지.

문제는 흥덕대왕이 숨진 836년에 불거졌어. 마침내 왕위 계승 싸움이 벌어진 거야. 흥덕대왕의 사촌 동생이자 상대등인 김균정파와 또 다른 왕족인 제륭파의 싸움이었어. 균정파는 전 시중이자 균정의 아들인 김우징이 중심이었고, 제륭파는 현 시중 김명이 중심 세력이었어. 그리고 김양은 김우징을 따르는 하급 관리였단다.

왕이 후계자 없이 숨을 거두었을 때 최고 직인 상대등이 왕위를 잇는 게 사리에 맞는 일이었어. 나이나 경력도 균정이 제륭보다 훨씬 앞

경주에 위치한 흥덕왕릉. 흥덕왕의 유언에 따라 왕비인 장화부인과 합장.

섰거든. 그런데 시중의 권한이 강해지고 보니 김명이 제륭을 내세워 실은 자기들이 권력을 차지하려고 반기를 든 거였어.

흥덕대왕의 장례가 끝나자마자 두 세력은 충돌했어. 병권을 장악한 김명 일파가 군사를 일으켜 쳐들어온 거야. 이 때 김양은 궁궐의 수비를 맡고 있었는데, 김명 일파를 반란군으로 지목하고는 크게 꾸짖었어.

"이미 새 임금께서 궁에 계시는데 어찌하여 감히 거역하려 하느냐?"

김양의 서슬 푸른 꾸짖음에 김명의 군사들이 기가 죽어 머뭇거렸어. 그러자 김명의 부하 장수 배훤백이 우레 같은 소리를 지르며 쓱 앞으로 나섰어.

"이놈 김양, 나와 겨뤄 보자!"

배훤백은 먼저 화살 일 발을 날렸는데, 그게 김양의 허벅지에 꽂혔어. 그 기세를 몰아 김명의 군사들은 궁문을 열고 밀고 들어왔어. 김양은 하는 수 없이 김우징에게 상황을 보고하고는 절뚝거리며 피했어. 결국 균정은 김명 일파에 의해 살해되었고, 김우징도 궁궐 담을 넘어 도망치고 말았지. 궁을 장악한 김명은 제륭을 보위에 올리니 곧 희강왕이야.

개는 그 주인이 아니면 짖는 게 마땅하다

　왕위 계승전의 승리자 희강왕은 사면령을 내렸어. 사형수를 제외한 모든 죄인을 풀어 주었지. 그 덕에 김우징도 서라벌로 돌아왔어. 물론 상대등이 된 김명과 시중이 된 이홍이 권력을 완전히 장악한 다음이었지.
　하지만 김양은 돌아오지 않았어. 그도 사면을 받았지만 산에 숨어 복수의 칼을 갈고 있었던 거야. 이로 보건대 김양은 김균정을 아버지처럼 받들고 있었던가 봐. 『삼국사기』 「열전」은 김양을 이렇게 소개하고 있어.

　김양의 이름은 위흔이며 태종대왕의 9대손이다. 증조부는 이찬 주원, 조부는 소판 종기, 부친은 파진찬 정여인데, 모두 대를 이어 장군이나 재상이 되었다. 김양은 뛰어난 재주를 보여 흥덕왕 3년에 고성군 태무가 되었고, 얼마 안 있어 중원 대윤에 임명되었다가 잠깐 무주 도독이 되었는데, 가는 데마다 정치를 잘한다는 칭찬을 들었다.

실은 김양도 태종대왕의 후손이며 명문 왕족인 셈인데, 822년에 발생한 김헌창의 난* 때문에 집안의 권세가 약해졌어. 김헌창이 김양의 할아버지와 같은 집안 사람이었거든. 그때 태종대왕의 후손들이 크게 피해를 입었는데, 김양의 집안은 무사했어. 아마 그게 김균정 집안에서 보호해 준 덕분이 아닐까 해. 그래서 김양은 김균정을 왕으로 세우기 위해 목숨을 걸었고, 그 일에 실패하자 복수의 칼을 갈고 있었을 가능성이 크단다.

*김헌창의 난_ 김헌창은 태종무열왕계로, 그의 부친 김주원이 선덕왕을 잇는 유력한 왕위 계승자였으나, 김경신(원성왕)에게 왕위를 빼앗기고 말았다. 이에 대한 불만으로 822년(헌덕왕 14) 당시 웅천주 도독으로 있던 김헌창은 대규모의 난을 일으키고 국호를 장안, 연호를 경운이라 했다. 충청·전라·경상 등지의 지역이 이에 호응했으며, 한산·우두·삽량·패강·북원 등지에서는 수비에 임했다. 도동현과 속리산에서 김헌창의 군대는 격파당하고, 균정이 웅진성을 공격해 함락시키자 김헌창은 자살했다. 그 뒤 그의 아들 범문이 또다시 난을 일으켰으나 실패했다. 이후로 무열왕 후손들은 왕위계승 쟁탈전에서 완전히 밀려났다.

김우징도 서라벌에서 복수의 기회를 노리고 있었지. 하지만 좀체 기회가 오지 않았는데, 엉뚱한 곳에서 실마리가 잡혔어. 당나라에 가 있던 흥덕대왕의 아들 김의종이 돌아온 거야. 김우징은 은밀히 의종과 함께 김명 일파를 몰아 낼 궁리를 했지.

하지만 김명과 이홍이 눈감고 있을 리 없잖아. 김우징의 낌새를 알아채자마자 군사를 동원해 잡으려고 했어. 다급해진 김우징은 재물도 버려 두고 가족들만 데리고 급히 포구로 가 배를 탔어.

망망대해에 선 김우징 일행은 남쪽으로 내려갔어. 그리고 다시 뱃머리를 서쪽으로 돌려 도착한 곳이 바로 청해진이야.

이 무렵 청해진은 국제 무역의 중개지로 이름이 높았어. 당나라, 왜국은 물론 아라비아 상인들까지 청해진을 거쳐 가며 세금을 냈고, 장보고도 무역을 해 많은 돈을 모았어. 군사도 1만 명이나 되니 상인들이 모두 장보고를 해상왕이라고 부를 정도로 성공해 있었어.

　장보고는 자신을 신라에 뿌리 내리게 도와 준 김우징을 반겨 맞고는 보호해 주었지. 서라벌에서도 그 사실을 알았겠지만 김명도 손대지 못했어. 이미 장보고는 그 누구도 건드리지 못할 만큼 대단한 세력을 지니고 있었다는 짐작이 가능하지.

　서라벌에서 더 이상 반대 세력이 없게 되자 김명은 속셈을 드러냈어. 시중 이홍과 더불어 반란을 일으킨 거야. 상대등과 시중이 함께 반란을 일으켰으니 실권도 없던 희강왕은 목을 매 자살하고 말았지. 그리하여 김명이 스스로 왕위에 올랐는데, 바로 민애왕이야.

　사정이 이렇게 되자 민심이 들끓었어. 원래 왕위 계승을 위한 다툼은 많았지만 반란을 일으켜 왕이 된 건 명분이 서지 않는 일이었거든.

　"반란군을 몰아 내고 정통성을 바로 세우자!"

　이렇게 소리치며 민병대를 모집하고 나선 사람은 바로 김양이었어. 옛날 김균정의 부하였던 사람들과 김명에게 반발한 사람들이 모여들었지. 김양은 그들을 이끌고 청해진으로 갔어. 장보고의 힘을 빌려 김우징을 왕으로 세우기 위해서였지.

　장보고와 더불어 잔치를 벌이던 김우징 앞에 김양이 엎드려 아뢰었어.

　"지금이 아니면 언제 부친의 한을 갚을 것이며, 청해대사가 아니면 이 일을 누가 능히 감당하겠습니까?"

　때가 이르렀다고 판단한 김우징은 장보고에게 부탁했어.

　"나에게 한 하늘을 이고 살 수 없는 원수가 있다는 건 장군도 잘 아시지요? 지금 장군이 내 원수를 갚게 해 주신다면 장군의 딸을 며느리로 맞아 은혜를 갚겠소."

"의를 보고도 행하지 않는 것은 용기가 없는 자라 했습니다. 명하신다면 기꺼이 따르겠습니다."

장보고가 대답했지.

때마침 장보고에게는 고향 친구인 정년이 와 있었어. 그도 함께 당나라로 건너가 장수가 되었는데, 한때 장보고를 배신하고 떠났다가 다시 돌아온 참이었거든. 장보고는 직접 나서지 않고 정년에게 군사 5천을 주며 말했어.

"하늘이 때를 알고 그대를 이리 보냈나 보오. 그대가 아니면 누가 이 난리를 바로잡겠소."

정년은 장보고의 손을 잡고 눈물을 흘리며 다시는 배신하지 않을 것을 맹세하고는 창을 들었어. 이렇게 서라벌로 가기 위한 반군이 조직되었지. 총사령관은 평동장군으로 임명된 김양이 맡았고, 정년과 염장을 비롯한 여섯 명의 지대장이 임명되었어.

김양은 무주와 남원을 거쳐 빠르게 서라벌을 향해 군사를 몰았어. 군사는 서라벌로 다가갈수록 늘어났지. 민애왕이 그만큼 백성들의 원성을 샀던 거야.

"속히 청해로 군사를 몰고 가 반란군을 진압하라!"

민애왕 김명이 김민주를 사령관으로 삼아 명을 내렸어. 하지만 김민주 부대는 무주에서 김양의 기마병에게 참패를 하고 말았지.

다급해진 민애왕은 대구 달구벌에서 총공격을 개시했어. 하지만 오랫동안 전쟁을 하지 않았던 왕성의 군사들은, 장보고에게 훈련받은 군사들의 상대가 되지 못했어. 김양은 거침없이 왕성의 군사를 깨뜨리고 서라벌로 진격했지. 왕궁의 군사들은 이미 도망쳐 버려 싸울 필요도 없었어.

김양의 권토중래*였지. 원한을 품고 숨었던 그가 보무도 당당히 승자가 되어 돌아온 거야. 김양은 숨어 있던 민애왕을 찾아 처단했어. 그러자 서라벌의 귀족들은 무서워 떨며 밖으로 나오지도 못하는 거야. 김양이 무서운 복수전을 하리라고 생각한 거지.

김양은 먼저 동요하는 백성들을 안심시킬 필요가 있었어. 그래서 자기에게 활을 쏜 배훤백을 찾아 내 이렇게 말했어.

"개는 그 주인이 아니면 짖는 게 마땅하다. 너는 주인을 위해 나를 속였으니 잘못이 없다. 나는 개의치 않을 것이니 안심하고 두려워 말라."

김양이 배훤백을 용서하자 서라벌은 이내 안정을 되찾았어. 왕성이 정비되자 김양은 김우징을 모셔 와 왕으로 추대하니 곧 45대 신무왕이야.

이리하여 신라 왕조는 안정을 되찾았는데, 장보고와 김양의 공로와 덕임은 두말할 필요도 없지. 그런데 두 사람의 뒷날은 매우 대조적이었어. 신무왕과 그의 아들 문성왕은 장보고와 한 약속을 지키지 않았어. 장보고의 딸을 왕비로 들이지 않은 거야. 서라벌의 귀족들이 몹시 반대했겠지. 골

*권토중래(捲土重來)_ 이 말은 당나라 시인 두목의 '제오강정'에서 비롯된 것으로, 한 번 싸움에 패했다가 다시 힘을 길러 쳐들어오는 일, 또는 어떤 일에 실패한 뒤 다시 힘을 쌓아 그 일에 다시 도전함을 말한다. 시 '제오강정'은 초패왕 항우가 유방의 한군에게 쫓기자 훗날을 기약하지 못하고 오강 근처에서 싸우다 죽은 것을 안타까워하는 마음으로 지은 것이다.

품제 나라인 신라에서 바닷가 천민 출신을 왕비로 받들 수 없다고 말이야.

이 소식을 들은 장보고가 분통을 터뜨리자 겁을 먹은 왕성에서는 자객을 보내 장보고를 암살하고 말았어. 청해진도 없애고 그 곳 사람들은 김제로 이주시켜 버렸단다.

하지만 원래 귀족이었던 김양은 아주 좋은 대우를 받았어. 시중에다 병부령까지 제수받아 영화를 누렸지. 그는 857년에 숨을 거두었는데 장례식을 김유신 때처럼 하라고 왕명을 내릴 정도였어.

이처럼 신라는 신분의 벽이 높은 꽉 막힌 나라였어. 굴러 온 복마저 차버린 셈이지. 장보고 같은 인재를 죽이고 애써 가꾼 동아시아 최대의 무역항인 청해진마저 허물어 버렸으니 말이야. 그 뒤 신라가 점점 기울어 패망의 길로 간 건 어쩌면 당연한 일인지도 몰라.

제6장
고려 문화의 터전을 닦은
최승로

전하께서는 마땅히 착한 것을 몸에 익히고 행동으로 옮겨야 합니다.
또한 좋지 않은 것으로는 교훈을 삼고, 급하지 않은 일은 그만두며,
이익이 없는 수고를 하지 말아야 합니다. 임금은 위에서 평안하시고
백성들은 아래에서 기뻐하도록 해야 합니다.

-『고려사』「열전」최승로가 올린 '시무 28조' 서序 중에서

관세음보살이 지켜 준 아기

통일신라 말기인 927년, 햇살이 매우 따사로운 초겨울 어느 날이었어.

낙엽이 수북하게 쌓인 포석정은 노랫소리와 웃음소리로 떠들썩했지. 임금이 왕비, 후궁, 귀족, 대신, 궁녀 등을 거느리고 잔치를 벌였거든.

"자, 이번에 누가 내 술을 받고 노래를 불러 볼 테냐?"

경애왕은 이미 취해 불그레한 얼굴로 술을 따라 잔을 물에 띄웠어. 햇살에 반짝이는 금잔이 꼬불꼬불한 포석정 물길을 타고 간들간들 흘러갔지. 술잔을 받아 마신 사람이 노래를 하고, 다시 술을 따라 돌려야 했어.

"제가 잔을 받겠사옵니다."

앳된 후궁이 금잔을 낚아채 마시고는 노래를 불렀어. 악사들은 풍악을 울렸고.

"하하하! 좋구나, 좋아. 태평성대로다!"

경주 포석정 터 신라 왕실의 별궁으로, 임금들이 연회를 베풀던 곳이다. 지금은 화강석으로 만든 구조물만 남아 있으며 길이는 약 6m이다. 이 곳에서 임금이 신하들과 더불어 잔을 띄우며 시를 읊었을 것으로 보인다. 당시 사람들의 풍류를 엿볼 수 있는 장소다.

경애왕이 덩실덩실 춤을 추자 대신들도 잇따라 일어나 어울렸어. 아름드리 고목들도 가지를 흔들며 춤을 추는 것 같았지.

이 때 내시들과 병사들이 헐레벌떡 뛰어왔어. 귀신에게 혼이라도 빼앗긴 듯한 표정이었지.

"큰일 났사옵니다!"

"백제 군사들이 도성 안에 들이닥쳤사옵니다! 서둘러 피하시옵소서!"

경애왕은 잠시 멍한 표정을 지었어. 벼슬아치들도 제 귀를 의심하는 듯 고개를 갸우뚱거렸지.

그 때 궁궐 쪽에서 "와아아!" 하고 함성 소리가 나지 뭐야. 불길이 치솟고 비명 소리도 들렸어. 그리고 말을 타고 달려오는 백제 군사가 보였지. 후백제 임금 견훤이 경주로 쳐들어온 거야.

포석정은 삽시간에 아수라장으로 변했어. 모두들 숨을 곳을 찾아 허둥대기 시작했어. 서로 부딪치고, 걸려 넘어지고, 비명을 지르고 아주 난리였지.

견훤의 군사들은 닥치는 대로 불을 지르고 죽이고 훔쳤어. 경애왕도 자결하도록 협박하고, 왕비와 후궁들도 험한 꼴을 당했어. 성 안에 사는 사람들은 어른과 아이를 가리지 않고 죽임을 당했어. 백제군은 귀족들에게 더욱 사나워 그림자만 보여도 칼을 휘둘러 댔지.

이 때 6두품 귀족 최은함의 집에도 백제군이 들이닥쳤어. 최은함은 강보에 싸인 갓난아이를 안고 정신없이 도망쳤지. 재물은 다 버려도 나이 쉰이 넘어 본 귀한 옥동자만은 안고 뛰었어.

"으앙!"

뜀박질에 놀란 아이가 소리 높여 울었어. 울음소리를 들은 군사들이 우르르 몰려왔지. 최은함은 오로지 아이를 살리겠다는 마음으로 온 힘을 다해 달렸어. 그가 정신없이 달려 다다른 곳은 중생사란 절이었어.

중생사에는 살아 있는 듯 잘 만든 관세음보살 불상이 있었어. 황제의 미움을 받아 도망 온 당나라의 뛰어난 화가가 만든 거였어. 그 불상에는 신통한 힘이 있어 정성껏 빌면 소원이 이루어지곤 했지. 최은함도 중생사 관세음보살에게 빌어 늦둥이를 본 거였어. 최은함은 다시 관세음보살에게 빌었지.

"관세음보살님, 이 아이는 아직 백일도 지내지 못했습니다. 진정 당신께서 우리 집안에 주신 아이라면 꼭 지켜 주십시오. 우리 부자가 다시 기쁘게 만나도록 살펴 주시옵소서."

최은함은 눈물을 흘리며 세 번 기도한 다음 강보에 싸인 아이를 관세음보살상 연꽃 받침대 아래 숨겼어. 그리고 자신은 성 밖 산 위로 도망쳤단다.

경주에는 한동안 피비린내가 계속되었어. 천년 왕국 신라가 후백제 견훤의 손에 완전히 넘어간 듯했지.

그러나 아직 끝난 게 아니었어. 고려의 왕건이 구원군을 신라로 보냈거든. 이에 견훤은 왕족인 김부를 왕으로 세운 다음 서둘러 서라벌을 빠져나갔어. 경주를 쑥대밭으로 만든 지 보름 만이었지.

백제군이 물러가자 산에 숨었던 최은함은 부랴부랴 중생사로 달려갔어.

"아가야!"

최은함이 울먹이며 관세음보살상 앞으로 갔지. 그 곳은 아주 조용했어. 최은함은 통곡을 하며 관세음보살상 밑으로 손을 넣었어. 그런데 아이의 울음소리가 들리지 않는 거야. 최은함은 아이가 그만 죽은 줄만 알았어. 후백제 군사들에게 발각되지 않았다 하더라도 보름을 굶은 갓난아이가 살아 있기란 어려운 일이었지. 하지만 그게 아니었어.

"까르륵!"

최은함의 손이 닿자 아이는 멀쩡히 살아 해맑게 웃지 뭐야. 이 광경이 『삼국유사』에는 이렇게 적혀 있단다.

아이의 살결은 마치 새로 목욕을 한 것과 같고, 더 예뻐 졌는데 아직도 젖 냄새가 입에서 풍겨 났다.

누군가 아이가 죽지 않도록 젖을 계속 먹였던 거야. 최은함은 관세음보살의 음덕이라 믿고 감사를 드렸어. 이렇게 기적적으로 살아난 아이의 이름이 바로 최승로 란다.

경주박물관에 있는 '중생사 관음보살상'

개성으로 간 신동

사실상 신라는 견훤의 서라벌 점령으로 무너진 거나 다름없었어. 경순왕은 견훤이 세웠으니 정통성을 잃었고, 그 후에도 신라는 후백제와 고려에 땅을 뺏기며 약해져 갔거든.

신라의 관리들과 백성들은 아예 후백제나 고려로 가 버리기도 했어. 왕명은 어디에도 통하지 않았고, 신라는 이미 서라벌이라는 소도시 국가나 마찬가지였어.

경순왕은 마침내 국운이 회복될 가망이 없음을 깨닫고 왕건에게 나라를 넘길 뜻을 비쳤어. 조정 대신들도 대체로 찬성하는 편이었지. 단지 몇몇 신하와 태자 김충만이 반대 목소리를 높일 뿐이었어.

"한 나라가 일어서고 망하는 데는 반드시 하늘의 뜻이 있는 것입니다. 충신들이 뜻 있는 백성들과 함께 최선을 다하다가 힘이 다하면 그만둘 것인데, 어찌하여 천 년 역사인 신라를 하루아침에 넘기려 하십니까?"

태자는 나라를 다시 일으키자고 간청했어.

하지만 경순왕은 신라는 다시 일어설 가망이 없다고 생각했지.

"이미 형세가 외롭고 위태로우니 더 보전할 수가 없다. 강하지 못하고 또한 약하지도 못하면 무고한 백성만 간과 뇌를 땅에 바르게 될 터이니 나는 차마 그 같은 짓은 할 수가 없다."

경순왕은 결국 시랑 김봉휴로 하여금 고려에 항복할 뜻을 적은 글을 짓게 해 왕건에게로 보냈어. 그러자 김충은 스스로 태자의 옷을 벗어 던지고 삼베옷을 입고는 금강산으로 떠나 버렸어. 그런 김충을 두고 후세 사람들은 마의태자 麻衣太子 라 불렀단다.

서기 935년 11월, 경순왕을 비롯한 신라의 주요 대신들과 귀족들은 서라벌을 떠나 송악 개성 으로 향했어. 나라의 문서와 창고 열쇠 등을 가지고 고려에 항복하러 간 거였지.

왕건은 경순왕을 마중 나와 위로를 했어. 그리고 경순왕에게 고려 태자와 같은 작위를 주고, 왕건의 장녀 낙랑공주를 후실로 주었어. 왕건도 경순왕 백부의 딸을 후궁으로 삼았지. 이런 정략혼인을 통해 신라와 고려는 전쟁 없이 한 집안이 된 거야.

신라가 투항한 이듬해 후백제의 견훤 역시 아들 신검, 용검 등에 의해 금산사에 유폐됐다가 탈출해 왕건에게로 갔어. 그 후 신검도 항복함으로써 후삼국의 혼란은 마침내 왕건에 의해 평정되었지.

고려의 민족 대통합은 이처럼 특이하게 이뤄졌어. 신라가 당나라의 힘을 빌려 통일했던 때와는 달리 영웅들이 다툼을 벌이다가 어느 한편으로 힘이 기울자 자연스럽게 통일이 된 거야.

여기에 더하여 그 이전인 926년에 대진국 발해가 거란족에게 패망하면서 발해의 지배층까지 고려로 왔거든. 그러니 고려의 통일은 단군 조선 이후 최초의 민족 대통합이었지. 그런 한편 민족으로는 통일이지만 땅이 회복된 건 아니라는 사실은 짚어 둬야 해.

그럼, 이야기를 다시 좀 뒤로 돌려 최승로의 어린 시절을 볼까?
경순왕이 왕건에게 항복하러 갈 때 신라의 대신들과 귀족들도 함께 갔거든. 그들은 아예 송악에 눌러 살기 위해 가족들까지 데리고 가기도 했어. 당연히 짐을 실은 마차와 수레도 따라갔겠지. 그래서 그 항복 행렬이 무려 30리나 늘어섰대.
그 행렬 속에 최은함 가족도 있었어. 이 때 최승로는 열 살이었는데, 수레 짐 더미 위에 올라앉아 둘레둘레 구경을 하면서 송악으로 갔대.
최승로는 송악에 오자마자 유명해졌어. 중생사에 얽힌 그의 일화도 한몫을 했겠지만, 워낙 공부를 잘해서 소문이 난 거야.
이 소문은 왕건의 귀에까지 들어갔어. 그래서 열두 살 어린 최승로를 왕궁으로 불러 시험을 하기에 이르렀어.
"이 대목을 읽고 풀이할 수 있겠느냐?"
왕건이 『논어』를 주르륵 넘기다가 한 곳을 짚으며 물었어.
"자왈子曰, 부재기위不在其位면 불모기정不謀其政이라. 풀이하면, 공자께서 이르시되 사람이 어떠한 자리에 있지 않으면 그 자리에서 해야 할 일을 꾸미지 말라는 뜻이옵니다."
어린 승로는 언뜻 보고도 아무 막힘 없이 좔좔 외는 거야.
"속뜻도 알겠느냐?"

왕건이 감탄하며 다시 물었지.

"벼슬에 있지 않으면서 나랏일을 계획하는 것은 모사꾼들이나 하는 짓이고, 낮은 사람이 높은 자리의 일을 꾸미는 것은 주제를 넘는 일입니다. 모름지기 사람은 자기에게 주어진 일에 최선을 다해야 합니다. 이는 곧 스스로 분수를 지켜야 한다는 뜻이옵니다."

승로의 낭랑한 대답이 이어졌어.

구경하던 대신들이 탄성을 터뜨렸지.

왕건은 다시 몇 곳을 더 물어 보았는데, 승로는 조금도 당황하지 않고 읽고 풀이했지.

"가히 기재奇才라 할 만하다. 진실로, 이 아이야말로 이 나라의 보배로다. 더욱 열심히 공부하여 장차 나라의 큰 기둥이 되도록 하라."

왕건은 승로를 칭찬하고는 말안장을 비롯한 푸짐한 상품을 주었어. 그 후 승로는 국가 기관인 원봉성*에서 공부를 하게 되었으니, 그의 앞길은 활짝 열린 셈이었지.

그러나 이러한 기대에 비해 최승로의 정치적 행로는 미미하기 짝이 없었어. 그를 손자처럼 아껴 주던 태조가 죽고 혜종, 정종, 광종 등 4대를 거치도록 제대로 직책조차 못 받은 거야.

창업 초기의 고려는 최승로와 같은 학자보다는 군사력이나 정치력이 있는 인물이 필요했기 때문이야. 학자들은 대개 왕권이 안정되고 나면 문화를 일으키는 역할을 하니까.

여러 나라가 통합된 고려는 처음에는 왕권이 약한 편이었어. 나라를 세우는 데 공이 컸

*원봉성_ 고려 초기 관청으로 임금의 칙서(임금이 훈계하거나 알릴 내용을 적은 문서)에 관한 일을 맡아보았다. 궁예 때 설립해 고려 건국 당시에도 두었다가, 뒤에 학사원·한림원 등으로 바뀌었다.

던 호족*들과 공신들이 권력을 누린 탓이었지. 왕권 강화를 위해서는 무엇보다도 그들의 힘을 누르는 게 필요했어. 당시 호족은 재산도 많고 병력까지 갖고 있었거든. 태조는 실은 왕권 안정을 위해 유력한 호족들과 많은 혼인 관계를 맺었던 거야.

그 결과 처음에는 잘 통합이 되었지만 나중에는 호족들 간의 다툼이 심해지게 되었지. 혜종, 정종이 왕 노릇을 짧게 한 것도 실은 호족들의 권력 다툼 때문이라고 볼 수 있어.

왕권은 4대 광종 대에 이르러서야 안정을 찾았어. 이 때 광종은 두 가지 주요 정책으로 호족들을 제압했어.

그 첫째가 956년에 실시한 '노비안검법'이야. 원래 노비가 아니었던 사람을 다 풀어 주어 양민으로 만든 게 노비안검법이야. 호족들은 재산과 다름없는 노비를 잃으니 힘을 잃었고, 양민이 된 노비들이 세금을 내니 나라 재정도 튼튼해졌지.

이렇게 호족의 힘을 뺀 광종은 두 번째 개혁 무기를 빼 들었는데, 바로 과거제 科擧制 야. 후주 사람 쌍기*의 건의로 시행된 과거제는 무력 武力 시대를 마감하고 문화시대를 여는 상징적인 정책이었어. 더 이상 칼로써 권력을 잡을 수 없게끔 제도적 장치를 마련한 거야. 과거의 기준은 유교 경전이었으므로 자연히 유교가 크게 일어나게 되었지.

물론 호족들의 반발이 아주 심했어. 광종은

***호족**_ 신라 말기에 대두한 지방 세력을 호족이라 한다. 실질적으로 지방을 지배하며 광대한 사유지를 가지고 있는 지방귀족을 말하는 것으로, 토착적 성격이 강해 토호라고도 한다. 전제왕권이 쇠퇴하고 정치가 부패하면서, 백성들의 불만이 가중되자 등장했다. 중앙 정부의 통제에서 벗어나 성주, 장군과 같은 독립적인 세력을 형성했다고 볼 수 있다. 신라의 골품제는 지방인의 중앙 진출을 봉쇄했기 때문에 중앙 진출을 포기하고 지방에서 대를 이어 토착 세력이 된 것이다.

***쌍기**_ 중국 후주에서 고려에 귀화한 쌍철의 아들이다. 귀화한 뒤 한림학사가 되었으며, 958년 당나라 제도를 따라 과거제도를 창설하게 했는데, 이것이 한국 과거제도의 효시이다.

무자비하리만큼 철저하게 그 반발을 잠재웠어. 호족 대신 쌍기와 같은 귀화인을 우대하고, 반발하는 자는 역적으로 간주하고 모조리 죽였지. 그 후 광종은 송악을 황도皇都라 개명하고 광덕, 준풍 등 독자적인 연호를 사용했어. 이렇게 황제의 위엄을 세우니 비로소 왕권이 굳게 선 거야.

하지만 이 때까지도 최승로는 정계에 모습을 드러내지 않았어. 나라가 안정되어 가는 걸 지켜보며 학문 연구에만 몰두하고 있었지. 그러면서 속으로는 새 시대의 문화를 꽃피울 준비를 했을 거야. 그러는 사이 이미 그의 나이도 쉰 살을 넘겼어.

유교 국가의 청사진 시무 28조

최승로가 고려 정치의 중심으로 등장한 때는 6대 성종의 등극과 함께였어. 981년에 즉위한, 태조 왕건의 손자 치治가 바로 성종이야. 치는 어려서부터 학문에 대한 열정이 대단했는데, 왕이 되자마자 이런 명을 내렸어.

"5품 이상 관리는 모두 시무책을 봉서로 올리라!"

봉서封書란 왕만 볼 수 있게 밀봉한 상소문이야. 나랏일을 드러내 놓고 말하다가 파당이 생기거나 윗사람 눈치 때문에 말을 제대로 못 할까 봐 봉서를 올리라고 한 거야.

이 때 최승로의 나이는 56세, 직책은 정광행선관어사상주국으로 품계는 딱 5품이었어. 나이나 실력에 비해 형편없이 낮은 지위였지.

하지만 최승로에게는 40년을 넘게 기다린 기회의 날이었어. 최승로는 그 동안 닦은 학문을 바탕 삼아 긴 시무책을 써 내려갔어. 우선 시무책을 쓰는 배경을 적고, 고려의 창업 이후 태조부터 경종에 이르기까지 5조朝의 치적을 과감하게 비판했지. 그런 다음 임금의 도리를 설명했는데, 『고려사』 「열전」에 다음과 같이 전한단다.

……전하께서는 마땅히 착한 것을 몸에 익히고 행동으로 옮겨야 합니다. 또한 좋지 않은 것으로는 교훈을 삼고, 급하지 않은 일은 그만두며, 이익이 없는 수고를 하지 말아야 합니다. 임금은 위에서 평안하시고 백성들은 아래에서 기뻐하도록 해야 합니다. 그리고 무슨 일이든 시작할 때의 착한 마음으로 아름다운 끝을 맺도록 하시고, 스스로 교만하거나 자랑하지 말고, 백성에 대해 염려하십시오. 그러면 구하지 않아도 복이 스스로 찾아올 것이며, 재앙은 기도하지 않아도 사라질 것입니다…….

이렇게 아뢴 다음 비로소 정사의 28가지 비책을 올린 게 바로 '시무 28조'야. 이 가운데 오늘날 전해지는 것은 22개 조항인데, 그 주요 내용을 한번 살펴볼까?

먼저 최승로는 국경 문제를 말했어. 국경을 분명히 확정 짓고, 그 주변 야인들에게 자치권과 벼슬을 주어 활용하자고 했지. 그러면 야인과 다툼도 사라지고 군비와 군사를 운송하는 경비도 줄어들 거라고 생각했어.

최승로가 가장 강조한 건 불교로 인한 피해였어. 태조가 승려를 지나치게 우대하니 백성들이 농사는 안 짓고 중이 되려 한다는 거야. 그래서 승려에 대한 특별대우를 막으라고 건의했어. 절도 함부로 못 짓게 하고, 불상에 은이나 금을 입히는 사치와 소비도 금지시켜야 한다고 했지. 그리고 왕이 지나치게 불교를 숭배하지도 말고 불교 행사도 줄여야 한다고 주장했어.

또 최승로는 연등회와 팔관회도 규모를 줄여야 한다고 했는데, 좀더 자세히 알아둘 필요가 있어. 연등회와 팔관회는 실은 불교 행사가 아니야. 신채호는 그 근원을 삼신 환인, 환웅, 단군 을 제사하고 그 가르침을 배우는 '수두소도 문화'에 있다고 보았어. 고구려의 조의선인 제도와 신라의 화랑도 그리고 백제의 수사 제도가 바로 그것인데, 이를 낭가사상*郎家思想 이라고도 해.

낭가사상은 신라가 당나라에 의존해 통일한 뒤 당나라 문화와 불교, 유교 문화 등에 의해 억눌리게 되었지. 그런데 고려 건국 후에 다시 활성화되었어. 그 이유는 태조 왕건 역시 옥룡자 도선道詵 선사로부터 불교와 낭가사상을 배운 덕이었지. 그래서 민족 정통 사상인 낭가가 활기를 얻었는데, 유학자인 최승로가 볼 때는 불교와 마찬가지로 좋지 않은 풍습이라 없애거나 줄이라고 한 거야.

최승로가 파악한 사회 문제의 핵심은 먼 지방까지 관리를 보내는 일이었어. 당시 지방은 거의 호족들이 차지해 마치 왕처럼 군림했거든. 그런데 중앙에서 관리를 보내면 호족도 견제하고 중앙 집권제를 할 수 있어 왕권이 강화되는 거야.

신분 질서 확립도 중요한 논점이었어. 노비안검법 실시로 신분이 일정하지 않아 사회가 어지러웠거든. 그래서 신분제를 확립하고 신분에 따라 옷을 다르게 입자고 한 거야.

*낭가사상_ 신채호가 1920년대에 체계화한 전통적인 민족 고유 사상이다. 낭가사상은 원시종교인 수두제에서 유래했으며 부여의 영고, 고구려의 동맹, 동예의 무천, 삼한의 소도로 계승되었다가 고구려 선배(조의선인) 제도로 국가 제도로 발전했다. 그리고 신라의 화랑 제도와 백제의 수사 제도 역시 같은 성격을 갖는다. 고려 중기까지 그 명맥이 이어지다가 묘청의 난 때 국풍파가 유학파에게 패해 몰락하면서 소멸했다고 한다. 신채호는 유·불·선교 가운데 바로 선교가 한국의 전통사상이라 보았다. 일제 식민사관으로 인해 왜곡된 한국사를 다시 세워 민족적 기개와 자존심을 되찾으려 했던 사상이다.

최승로는 제왕의 법도에 대해서도 적었어. 제왕은 늘 겸손한 태도로 신하를 만나고, 왕실 규모와 병력도 줄여야 한다며 이렇게 말했어.

"바라건대 성상께서는 날로 더욱 삼가 스스로 교만하지 말고 신하를 대함에 먼저 공손함을 생각하며, 혹 죄 있는 자가 있더라도 법대로만 처리한다면 태평성대를 이룰 수 있을 것입니다."

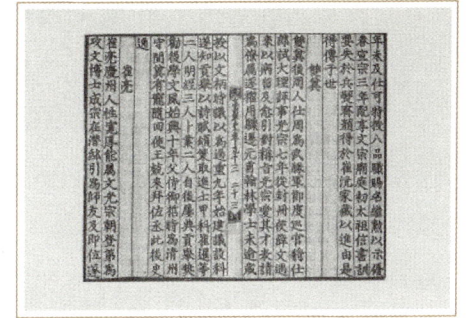

「고려사」 「열전」에 기록된 '시무 28조'

성종 역시 유학에 관심이 깊은 왕이었거든. 그래서 최승로의 제안을 그대로 받아들였어. 광종이 닦아 놓은 터전에서 유교 문화를 기둥 삼아 새 나라를 건설하고자 한 거야.

시무책을 받아 본 이듬해 2월, 성종은 최승로를 부수상급인 정2품 문화시랑평장사로 임명했어. 이리하여 최승로는 40여 년 긴 세월을 침묵하며 닦은 자신의 학문적 이상을 실현시킬 기회를 잡게 된 거란다.

고려의 중앙관제는 당을 모방한 3성 6부제였어. 중서성, 문하성, 상서성의 3성과 이, 호, 예, 병, 형, 공을 아우른 6부 체제는 그 후 조선시대까지 거의 그대로 이어졌지. 지방은 전국을 12목으로 편성했다가 후에 다시 10도로 개편했어. 목牧 아래엔 다시 주州, 부府, 군郡, 현縣으로 나누었단다. 그리고 지방관을 파견해 중앙의 통치를 확립하니 비로소 오늘날과 비슷한 행정 구역이 확정된 거야.

5년 만에 나라 체제 정비가 끝나자 성종은 최승로를 수상인 문하수시중에 임명하고 청하후淸河侯란 작위를 내렸어. 이미 환갑이 지난 최승로는 자신의 이상이 실현된 것을 보고 여러 차례 은퇴를 청했는데, 성종은 허락하지 않고 최승로를 늘 가까이 두고는 국로國老라며 우대했단다.

체제가 정비됐으니 이제 경영을 해야겠지. 성종은 국가 경영 철학을 유학에서 찾았어. 이 역시 시무 28조에 들어 있던 사항으로 최승로의 주장이야. 그는 '불도는 내세를 보고 자기를 닦음이요, 유교는 현세의 국가를 다스리는 근원을 구하는 것'이라고 주장했거든. 시무 28조는 22개조만 전하고 나머지 6개조가 분실되었는데, 아마 교육에 관한 게 아닐까 싶어.

989년 성종은 다음과 같은 교서를 내렸어.

짐은 지금 학교를 확장해 국가를 다스리고자 한다. 그러기 위해서는 선생을 많이 두고 학생들을 널리 모아, 이들에게 토지를 지급해 공부에 전념하도록 하고, 학문이 높은 사람들을 파견해 선생으로 삼아야 할 것이다. 해마다 갑을과甲乙科를 치러 수재들을 선발하고 날마다 숨어 있는 학자들을 찾아내 그들을 우대하라. 박식한 선비들을 찾아 내 나의 부족한 정치를 돕게 하고 항상 분발해 피곤을 잊도록 하라.

그 후 고려 전역에 학문적 열풍이 일어났고, 그 공로자는 단연 최승로였지. 이리하여 유교 경전을 읽고 가르치는 소리가 전국에 퍼져 나갈 즈음 최승로가 숨을 거두었어. 성종은 몹시 슬퍼하며 그 장례에 쓰일 모든 것을 하사했지.

최승로의 가장 큰 특징은 우리 역사상 최초의 유학자 재상이라는 점이야. 그는 자신의 이상인 유교적 문화 국가를 건설하겠다는 일념 아래 40여 년을 준비했어. 그의 기다림은 성종 시절에 시무 28조로 꽃을 피웠고, 결국 고려 왕조 500년 사직의 틀을 잡은 거야. 후세에선 고려 왕조가 숭불 정책을 썼다고 평하지만 실상은 유교가 정치의 토대였어.

그 후 유교는 천 년간 고려와 조선을 잇는 중심 학문이 되어 중국 못지않게 발달했단다. 그 공로의 뿌리에는 최승로의 노력이 있지만, 유교를 장려하느라 낭가사상과 같은 전통 학문과 문화가 억눌리게 되었다는 비판도 면할 수 없겠지.

제7장
배짱과 패기의 독불 재상
김부식

흰 물새들 높이 떠 날아가고
홀로 가는 돛단배가 가뿐한데
부끄러워라, 저 달팽이 뿔은
좁은 세상에서 공명 찾아 헤맨
지난 한평생 같구나.
-「동문선」「송도감로사」 중

겁 없는 젊은 시절

고려 왕조에서는 종2품 이상 고급 관리를 모두 재상이라고 했는데, 그 수가 22명이나 되었어. 그 가운데 문하시중, 평장사, 참지정사, 정당문학, 지문하성사 이 다섯 재상을 특별히 중시해 5재라고 불렀단다. 그 가운데 으뜸을 수상首相이라고 했는데, 바로 문하시중이야. 이 문하시중을 줄여서 시중이라고도 했지.

고려의 시중 가운데 가장 유명한 이는 강감찬이야. 강감찬은 재상이면서 귀주대첩*을 승리로 이끈 명장이기도 하지. 그는 태어날 때부터 신비한 이야기가 많았는데, 이 이야기는 전쟁 영웅을 다룰 때 살펴보기로 하고, 강감찬 다음으로 유명한 재상을 소개할게.

귀주에서 강감찬이 거란의 침략을 물리친 뒤 고려는 백여 년간 아주 평화로웠어. 문물이 크게 발달해 해동공자라 불리는 최충이 학문을 널리 퍼뜨렸고, 대각국사 의천은 천태종

*귀주대첩_ 고려는 태조 때부터 거란에 대해 북진정책을 시행했는데, 이로 인해 99년에 소손녕이 1차 침입을, 1010년 2차 침략 그리고 1018년 소배압이 10만 대군을 이끌고 3차 침략을 했다. 이 때 고려는 강감찬을 상원수, 강민첨을 부원수로 삼아 맞서 싸우게 했는데, 거란군은 개경 부근까지 내려왔다가 병력의 손실이 크자 정벌을 포기하고 회군해 가다가 청천강 유역에서 강감찬의 공격을 받아 대패했으며, 특히 귀주에서 기다리고 있던 김종현의 공격을 받아 크게 패했다. 이 전쟁으로 거란은 강동 6주의 반환을 다시는 요구할 수 없게 되었다.

을 만들어 불교를 더욱 발전시켰지. 이런 태평성대에 재상으로 이름을 날린 사람이 바로 김부식이야.

김부식은 신라 왕실의 후예로 본관은 경주였지. 경순왕이 나라를 들어 고려에 귀부한 직후 그의 선조는 경주를 관장하는 관리로 임명되어 대를 이어 경주에 살았어. 그러다가 김부식의 아버지 근(覲)이 등과해 국자제주가 됨으로써 개경에 뿌리를 내리게 된 거야.

김부식 형제의 개경살이는 순탄하지 않았어. 부식이 13, 14세쯤 되었을 때 부친이 세상을 떠났거든. 부친이 좌간의대부까지 오르긴 했으나 개경의 명문 족벌에 비하면 미미한 수준이었지. 그들 가문이 빛을 본 건 편모 슬하에서 자란 4형제로 인해서였어.

먼저 부식의 형 부필과 부일이 차례로 등과함으로 개경 귀족들의 관심을 모았어. 이어 부식이 숙종 초에 과거에 급제하고, 그 이듬해 막내 부철까지 어사화를 썼어. 이로써 일약 개경의 명문이 된 거야. 간혹 공신인 조상 덕에 음서제*로 형제들이 모두 출사하는 경우는 있었지만, 이처럼 모두가 당당히 과장에서 겨루어 급제한 경우는 유일했거든. 게다가 그들 형제가 모두 문재가 뛰어나 한림학사_{임금의 조서를 짓는 일을 맡아 보던 벼슬}가 되니 명예가 드높았지. 예종은 줄줄이 학자를 길러 낸 부식의 모친에게 대부인 大夫人 첩지를 내리고, 해마다 쌀 30석씩 하사하기까지 했단다.

김부식은 학자와 문장가로서 뿐만 아니라 외교관으로서도 뛰어난 능력을 보였어. 인종

*음서제_ 고려시대에 관리를 등용하는 방법은 과거제도와 음서제도가 있었는데, 과거제도가 개인이 가진 학문적 능력에 따라 관리를 선발하는 것에 비하여, 음서제도는 조상의 음덕에 의해 그 자손이 관리가 될 수 있게 하는 제도였다. 즉 음서제도는 일정한 관품에 오르거나 일정한 자격을 갖춘 관리의 자손에게 관직을 줌으로써 과거를 보지 않고도 관리가 될 수 있도록 한 제도이다.

원년에 송나라의 학자 서긍이 사신으로 왔을 때 김부식이 접견을 맡았어. 물론 정세와 더불어 학문적 토론이 있었겠지. 서긍은 김부식의 풍부한 지식에 감탄해 그의 족보를 기록하고 초상화까지 그려 가서 황제에게 보고하기도 했대.

후에 서긍은 『고려도경』*을 서술했는데, 거기서 김부식을 해동 제일의 대학자라고 꼽았어. 더불어 그의 형제들을 칭찬하며 송나라의 대문호 소식蘇軾과 소철蘇轍 형제를 본받고자 그들 형제도 부식과 부철이란 이름을 따 붙였다고 적었어.

*『고려도경』_ 『선화봉사고려도경(宣和奉使高麗圖經)』이라고도 하며, 송나라 휘종이 고려에 국신사를 보낼 때 수행한 서긍이 송도에서 보고 들은 것을 그림을 곁들여 기록한 책이다. 총 40권으로 되어 있다.

이런 정도니 김부식의 자부심은 인정해 줄 만한 것이었지. 물론 실력이 뒷받침되니까 그랬겠지만, 때로는 그게 지나쳐서 오만하다는 평판을 듣기도 했어.

고려 16대 예종 임금 때였어. 예종은 자신의 숙부인 대각국사 의천의 업적을 기리기 위해 비석을 새로 세우려고 문하시중이던 윤관에게 비문을 짓는 일을 맡겼어.

윤관은 문관이었지만 여진족을 정벌한 장군이기도 했지. 인품이 너그럽고 문장이 뛰어나 두루 존경받았어. 그런데 윤관이 지은 비문을 보고 김부식은 고개를 절레절레 흔드는 거야.

"저 정도 문장이야 별 것 아니지. 그다지 좋은 문장이 아니야."

김부식은 일부러 이 말이 예종의 귀에 들어가도록 소문을 냈어. 그랬더니 기대한 대로 예종은 김부식에게 새로 비문을 고쳐 보라는 명을 내렸어. 김부식은 망설이지 않고 비문을 고쳐서 올렸지. 그 결과 과연 김부식의 문장이 좋기는 했는데, 이 때문에 예의 없고 건방진 사람이라는 평판을 들어야 했던 거야. 자기 문장이 아무리 뛰어나더라도 나라의 으뜸 대신을 깎아 내리고 제 자랑을 하는 건 선비의 도리가 아니라는 말이었지.

하지만 김부식은 당당했어. 자신의 학문과 문장이 나라에서 으뜸이라는 자부심이 대단했거든. 그러다가 그 오만한 콧대가 납작해지는 일도 겪게 돼. 바로 윤관의 아들 윤언이에게 말이야.

김부식이 윤언이와 함께 국자감* 교수로 있을 때야. 하루는 임금이 『주역』*을 펼치고는 김부식에게 풀이하라고 했거든. 김부식은 시를 잘 짓고 여러 방면에 뛰어났지만 『주역』을 푸는 데는 윤언이를 따라가지 못했어. 김부식이 어설프게 풀이를 하자 윤언이가 송곳 같은 질문을 했는데, 김부식은 대답도 못하고 팥죽 땀을 흘렸다는 거야. 고려 최고의 문장가를 자처하는 김부식이 임금과 대신들 앞에서 톡톡히 망신을 당한 거지.

이렇게 문장이나 학문으로는 김부식이 기죽는 일이 가끔 있기는 했으나, 벼슬이나 권위 앞에서는 여전히 기세등등했어.

인종 임금 때 최고 권력자는 이자겸이었거든. 이 무렵 고려 왕조는 왕씨의 나라가 아니리 이씨의 나라나 다름없었어.

이자겸은 인종의 외할아버지야. 그의 둘째 딸이 예종의 비가 되어 인종을 낳았거든. 그

---

*『국자감』_ 고려시대 인재를 양성하기 위한 최고의 국립교육기관이었다. 창설 연대는 분명하지 않으며, 국자감은 국학을 거쳐 성균감 그리고 성균관으로 명칭이 바뀌었다. 교과 과정은 7재를 설치해 여택재, 대빙재, 경덕재, 구인재, 복응재, 양정재 그리고 강예재(무학재)로 구성되었다. 고려시대의 과거제도엔 무과 시험이 없었으며, 1133년(인종 11년) 문신들의 반대로 무학재는 폐지되었다.

*『주역』_ 유교의 경전 중 3경의 하나로 『역(易)』이라고도 한다. 주역(周易)이란 주(周)나라의 역(易)이란 말이며, 역이란 변역(變易), 즉 '바뀐다.', '변한다.'는 뜻으로 끊임없이 변화하는 자연 현상의 원리를 설명하고 풀이한 것이다. 이 책은 흉운을 물리치고 길운을 잡는 지혜와 우주론적인 철학을 담고 있다. 운명을 점치는 점복술의 뿌리로 삼고 있다.

런데 이자겸은 늦둥이로 낳은 셋째 딸과 넷째 딸을 인종에게 시집보냈어. 그러니까 이자겸은 인종의 외할아버지도 되고 장인이기도 했지.

이런 형편이니 임금도 이자겸을 함부로 할 수 없었어. 나랏일은 이자겸이 마음먹은 대로 이루어졌지. 이자겸에게 아부하는 신하도 나날이 늘어갔지. 『고려사』에 실린 상소문은 그가 얼마나 권세가 강했는지 잘 보여 준단다.

비록 천자황제라 할지라도 세 후왕비의 부모는 신하로 삼지 못할 것입니다. 마땅히 조선국공이자겸은 여느 신하와 다른 예우를 해 주어야 합니다. 이제부터 이자겸이 올리는 글에는 신臣:신하이라고 쓰지 말아야 하고, 절을 할 때는 단상 위로 올라가 절을 하고, 왕께서는 답례를 하신 다음 나란히 앉는 것이 예의에 맞을 것입니다.

이 상소는 이자겸을 임금과 동등하게 받들어야 한다는 뜻이야. 여러 신하들이 이 상소와 같은 말을 되풀이했어. 이자겸도 그러기를 속으로 바라고 있었지.

이 때 예부시랑 김부식이 커다란 눈을 부라리며 소리 높여 아뢰었어.

"옛말에 이르기를, 하늘에는 해가 둘 있을 수 없고 땅에는 임금이 둘 있을 수 없다고 했습니다. 비록 임금의 아버지라 하더라도 임금을 대할 때는 신하의 한 사람인 것입니다. 한나라 고조의 아버지 태공도 태상황이라는 존호를 받은 다음에야 제사를 받았습니다. 그런데 어찌

외조부나 장인이라 하여 임금과 맞먹는 대우를 할 수 있습니까? 이는 부당하옵니다."

풍채도 당당한 김부식의 말에 신하들은 꿀 먹은 벙어리가 되었어. 말도 우렁차지만 역사적 근거를 들어 조목조목 얘기하니 대꾸할 구실이 없었거든.

결론이 나지 않자 인종은 이자겸에게 사람을 보내 어떻게 대우하면 좋을지 직접 물어 보라고 했어. 이자겸이 속내와는 다르게 대답했지.

"신하된 자로서 어찌 임금과 같은 대우를 바라겠습니까? 김부식이 아니었다면 소신이 본의 아니게 옳지 않은 일에 빠질 뻔했습니다."

이자겸은 못마땅했지만 이렇게 말했어. 차마 자기 입으로 자신을 임금처럼 대접해 달라고 말할 수는 없었던 거지.

얼마 뒤 박승종이 이자겸의 집안 제사에 나라 종묘 제사에 쓰는 제기와 악기를 쓰게 해 달라고 했어. 이 때도 김부식이 반대해 허탕이 되고 말았지.

박승종이 또 이런 아부를 했어.

"조선국공의 생일을 인수절로 부르고, 만백성과 더불어 축하해야 마땅합니다."

김부식이 다시 나섰어.

"생일을 절이라고 하는 건 당나라 현종이 자신이 생일을 천추절이라고 한 데서 시작됐는데, 신하의 생일을 절이라고 한 예는 역사에서 찾아볼 수 없습니다."

이러자 아부하던 신하들은 다시 꿀 먹은 벙어리가 되고 말았지. 이렇게 김부식이 하는 말마다 명확한 근거를 들어 반박하니 아마 이자겸은 이를 갈았을 거야. 하지만 어떻게 하겠어. 김부식 말이 이치에 맞고 명분이 뚜렷한걸. 따라서 이자겸은 거듭 망신을 당하고 김부식은 이름을 드날리게 되었지.

그 후로도 이자겸의 횡포는 그칠 줄 몰랐어. 자기 집을 대궐보다 호화롭게 꾸미고, 임금을 오라 가라 하며 신하처럼 부렸어. 얼마나 권세를 부려 댔으면 인종이 차라리 이자겸에게 나라를 넘겨 주고 싶다고 말했겠니? 그래서 인종은 끙끙이 끝에 이자겸을 몰래 해치우려는 계획을 세웠어.

하지만 대궐에는 곳곳에 이자겸의 첩자들이 있었어. 인종의 계획을 알게 된 이자겸은 선수를 쳤지. 1126년, 이자겸이 먼저 반란을 일으킨 거야. 삽시간에 대궐을 차지한 그는 불을 지르고 인종을 자기 집에 가두었어. 아예 인종을 죽이고 자신이 임금이 될 속셈이었지.

겁에 질려 있던 인종은 가까스로 도망쳤어. 이자겸의 딸이자 자신의 아내인 왕비가 도와 주었던 거야.

왕궁으로 돌아온 인종은 장군 척준경에게 이자겸을 제거하라는 밀명을 내렸어. 원래 척준경은 이자겸 편이었지만 이자겸이 임금이 되려 하자 배반했어. 척준경이 돌아서자 이자겸은 이빨 빠진 호랑이가 된 셈이었지. 척준경은 군사 얼마만 데리고 가 이자겸의 군사들을 단숨에 제압하고 이자겸을 사로잡았어.

그리하여 이자겸은 영광 바닷가로 귀양 가서는 결국 죽고 말았지. 수없이 속으로 이를 갈았던 김부식한테 복수 한 번 못 하고 말이야.

고려 역사 제1의 사건, 묘청의 난

왕궁이 불타 버린 고려는 매우 뒤숭숭해졌어. 북쪽에서는 여진족이 일어나 금나라를 세우고 점차 세력을 키우더니, 결국 윤관이 개척한 9성을 점령했어. 그러자 고려 왕실의 운명이 다했다는 소문이 떠돌기도 했지.

이 때 나타난 사람이 묘청이야. 승려인 그는 풍수지리에 능하고, 도교의 술법까지 익힌 특이한 사람이었어. 게다가 말솜씨가 뛰어나 단번에 인종의 마음을 사로잡았어.

"개경은 이미 운이 다했습니다. 도읍을 서경(평양)으로 옮긴다면 금나라가 스스로 항복하고, 모든 나라가 머리를 숙이게 될 것입니다."

묘청의 말에 인종은 은근히 기대를 했어.

"그렇다면 경이 책임지고 서경에 대궐을 짓도록 하시오."

이자겸 때문에 혼쭐난 인종도 개경을 떠나고 싶었거든.

묘청은 서경에 자신이 직접 설계하고 감독해 대화궁이라는 궁궐을 지었어. 곳곳이 불 탄 개경의 대궐보다 훨씬 크고 화려했지. 임금을 서경으로 모셔 오기만 하면 고려는 새 시대를 맞을 참이야.

"서둘러 도읍을 옮기시고 황제의 자리에 오르시어 연호를 쓰도록 하소서. 그리하면 온 천하가 고려를 우러러보게 될 것입니다."

더 이상 중국에 굽실거리지 말고 자주성을 세우자는 말이었어. 묘청의 이러한 주장은 고구려와 고조선의 정통을 잇는 일이기도 했어. 백성들 대부분도 묘청의 말에 박수를 보냈어.

하지만 인종은 쉽사리 결단을 내리지 못했지. 도읍지를 옮기는 건 결코 간단한 일이 아니거든. 게다가 개경의 문신 귀족들이 강하게 반대했어. 왕족과 귀족도 자신들의 뿌리인 개경을 떠나고 싶어하지 않았거든. 그들은 도읍지를 옮기게 되면 서경 사람들에게 힘을 빼앗길 것을 두려워했어. 조정 대신들도 언제부터인가 개경파와 서경파로 나뉘어 힘겨루기를 하게 되었지.

개경파는 김부식을 비롯한 문신 귀족과 왕족이었어. 반면 서경파의 중심은 묘청을 인종에게 소개한 정지상이었지. 정지상은 뛰어난 시인으로 김부식과 곧잘 비교되곤 했어. 그의 대표작 「송인」이란 시는 당대 최고의 시란 칭찬을 들었고, 김부식조차 정지상의 시에 대해서는 질투심을 느낄 정도였어.

하지만 그런 사소한 일 때문에 개경파와 서경파가 갈라진 건 아니야. 두 사람의 가치관이 달랐고 학문적 배경 또한 차이가 컸어. 김부식은 오로지 공자와 맹자의 가르침을 최고로 아는 사대주의 외래파였고, 정지상은 유·불·선을 두루 공부하고 그 정신의 뿌리를 전통적 낭가사상에 둔 주체파였다고 신채호는 분석한 바 있단다.

또 개경파는 근거지를 개경에 둔 왕족과 권신 귀족들이 주류를 이루었고, 학문과 정신적 배경은 유교적 존화사대사상이었어. 이에 비해 서경파는 평양을 중심으로 거주하던 고구려의 후예들로 전통적 낭가 사상에 정신의 뿌리를 내리고 있었어.

하지만 서경파는 줄곧 별 권세가 없었어. 그러다가 오름세를 타기 시작한 것은 예종 때부터야. 예종은 팔관회를 장려하고 낭가의 뜻을 높이 사 북벌을 추진했지. 그 결과 여진을 축출하여 9성을 쌓았고, 그 선봉장은 윤관이었어. 이 무렵부터 서경파가 점차 힘을 얻어 정지상, 백수한, 김안 등이 파당을 이루었고, 개경 사람인 윤관과 윤언이는 서경파는 아니었지만 그들과 뜻을 같이했어.

이렇게 서경파가 힘을 갖게 되자 개경파는 몹시 경계하며 반대하고 나섰지. 이런 마당에 도성마저 서경으로 옮기면 자신들은 망한다는 생각까지 했을 거야. 그래서 어떻게 해서든지 천도_{수도를 옮기는 일}를 막고 서경파를 무너뜨리려 했지.

처음엔 인종도 서경 쪽에 마음이 기울어 있었어. 그러나 드러내 놓고 편을 들지는 않았어. 매년 서경을 다녀오거나, 자기 대신 용포_{임금의 옷}를 보내 대신 머무르게 하는 정도였지.

한번은 서경을 오가는 길에 이상한 일이 벌어졌어. 난데없이 폭풍우가 몰아치더니, 그 바람에 말이 미친 듯이 날뛰어 사람이 떨어져 죽었어. 그 해에는 한봄에 눈이 오는가 하면, 여름에 서리가 내리기도 했어.

그러자 김부식을 비롯한 개경파가 서경파를 비판하기 시작했어.

"이런 재앙은 모두 미신을 퍼뜨리는 묘청에게서 비롯된 것입니다. 수도를 옮기는 일을 접어 두시고, 묘청과 그를 따르는 무리를 처벌하소서."

정지상을 비롯한 서경파도 지지 않고 소리를 높였어.

"우리가 언제까지 중국의 연호를 쓰고 조공을 해야 합니까! 우리 임금도 당당히 황제라 하고 연호를 써야 합니다. 그러려면 먼저 도읍을 옮긴 다음 금나라를 쳐 고구려의 옛 땅을 되찾아야 합니다!"

"무슨 소리요? 지금 고려는 작고 금나라는 큰데 어떻게 친단 말이오!"

개경파와 서경파의 말다툼은 날마다 이어졌어.

지쳐 버린 인종은 결국 천도를 포기하고 말았지.

"짐은 서경으로 가지 않겠노라. 더 이상 그 문제로 다투지 말라."

인종의 결정은 서경파의 이빨을 빼는 것과 다름없었어. 기세가 오른 개경파는 서경파를 벌 주라고 더욱 소리를 높였지. 그러자 묘청은 최후의 수단을 사용하게 되었어.

"실로 안타까운 일이로다. 서경으로 도읍을 옮기는 것은 만백성이 바라는 바요, 서경에 머물자는 것은 일부 귀족 세력과 나약한 문신들의 뜻이 아닌가? 여기서 국가의 대사업을 그만둘 수는 없다."

1135년, 묘청이 조광, 유참, 조창언 등과 더불어 군사를 일으킨 거야. 새 나라의 이름은 대위大爲, 연호는 천개天開라 했어. 이른 바 묘청의 난이 터진 거지.

하지만 묘청은 스스로 임금이 되려는 게 아니었어. 인종에게 사람을

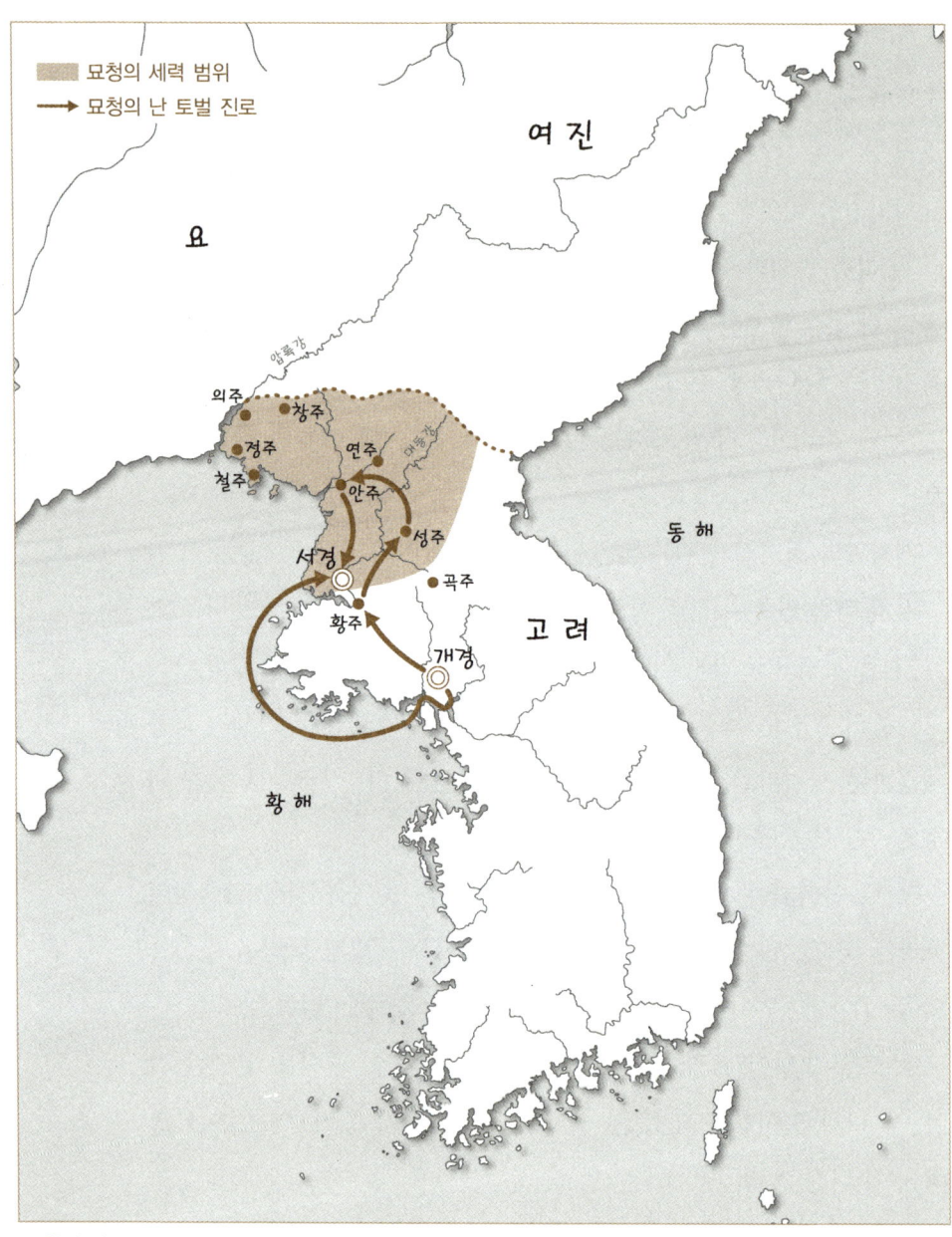

묘청의 난

보내 어서 서경으로 오라고 한 거야. 도읍을 옮기기 위해 군사를 일으킨 것이지 임금을 몰아 내고자 한 반란이 아니라는 뜻이었지. 이렇게 하면 마음 약한 인종이 서경으로 올 걸로 기대한 거야.

하지만 그건 묘청의 오판이었어. 개경파는 이 기회에 서경파를 완전히 제압하려 했거든. 그들은 서경파를 반란군으로 규정하고 토벌해야 한다고 주장했어.

결국 인종은 다시 개경파의 뜻을 받아들이고 말았는데, 이 때 토벌군 총사령관은 평장사 김부식이었어.

"서경 사람도 우리 백성이니 우두머리들만 벌 주고 많이 해치지는 마오."

인종이 토벌을 떠나는 김부식에게 당부했어.

하지만 김부식은 개경을 떠나기도 전에 서경파를 잡아 처형해 버렸어. 정지상, 백수한, 김안 같은 학자들을 재판도 없이 죽여 버린 거야. 그들이 비록 서경 천도를 주장했지만 반란과는 관계가 없었어. 그런데 김부식은 그들을 반란군으로 몰아 임금에게 보고조차 하지 않고 처형해 버렸지.

김부식은 반란군을 토벌하는 데도 사정을 두지 않았어. 먼저 묘청만 없앤다면 반란군을 용서하겠다는 말을 퍼뜨렸어. 이 꾐에 빠진 반란군이 술렁이기 시작했지. 결국 조광은 배신하고 묘청의 목을 베어 보냈어. 용서해 준다면 항복하겠다는 약속도 받았지.

그러나 김부식은 약속을 지키지 않았어. 묘청만 없으면 반란군을 쉬 무너뜨릴 수 있다고 믿고 공격했어. 속은 것을 안 반란군은 다시 대항했지만 끝내 지고 말았어.

김부식은 서경을 철저하게 쳐부수었어. 반란군의 모든 간부는 목을 베거나 귀양을 보냈지. 그리고 서경의 백성들까지 천민이나 노비로 만들어 버렸단다. 서경에서 오래 뿌리박고 살았던 고구려 후손들이 향, 소, 부곡 같은 천민촌으로 가 비참하게 살게 된 거야. 이로써 고구려의 영광을 되찾고자 했던 서경파는 역사에서 영원히 사라지게 되었어.

이 묘청의 난을 두고 신채호는 『조선사연구초』*에서 다음과 같이 안타까워했단다.

*『조선사연구초』_ 신채호가 쓴 6편의 조선사에 관한 논문을 엮은 책으로, 〈동아일보〉에 연재한 글을 1929년에 간행한 것이다. 주로 한국 고대사에 관한 논문을 엮었는데, 주요 내용으로 단군 조선이 훗날 한반도 남쪽에 후삼한을 형성했다고 보는 설과 '묘청의 난'을 〈조선역사상일천년래제일대사건〉으로 다룬 것 등이 있다.

고려조부터 이조까지 1천 년간 서경전역 西京戰役 보다 지나친 대사건이 없을 것이다. 서경전역 전쟁을 역대의 사가들이, 다만 왕의 군사가 역적을 친 전역으로 알았을 뿐이었으나 이는 근시안의 관찰이다. 그 실상은 이 전역이 유가儒家의 싸움이고, 국풍파 대 한학파, 독립당 대 사대당, 진취사상 대 보수사상의 싸움이니, 묘청은 곧 전자의 대표이고 김부식은 후자의 대표였던 것이다. 이 전역에 묘청 등이 패하고 김부식이 이겼으므로, 조선사가 사대적·보수적·속박적 사상, 즉 유교 사상에 정복되고 말았다. 만일 이와 반대로 김부식이 패하고 묘청 등이 이겼더라면, 조선사가 독립적이며 진취적 방면으로 진전했을 것이니, 이 전역을 어찌 '1천 년래 제1대 사건'이라 하지 않으랴.

신채호의 평설에는 안타까움과 피눈물이 맺힌 듯하지? 사실 당시 정황은 고려에 절대 유리했어. 송나라는 강남으로 밀려났고, 여진은 예종 시절에 제압한 적이 있으므로 함부로 침략하지 못할 것이고, 거란은 여진에게 밀려 망하기 직전이었거든. 천하는 뚜렷한 강자가 없고 오직 고려만이 백여 년 태평성대를 누리고 있었으니, 작심하고 북벌에 나섰더라면 해볼 만한 일이었지.

하지만 안타깝게도 그 후 서경파는 역사의 무대에서 영영 사라져 버렸어. 그러니 서경파의 패망은 우리 역사가 사대문화에 물들어 오랫동안 주체성을 잃게 된 한 가지 중요한 요인이라고 볼 수 있지.

『삼국사기』와 달팽이의 노래

김부식은 묘청의 난을 토벌한 공로로 문하시중에 올랐어. 임금 외에는 모두가 자기 아래였지. 학문도 으뜸이었으며, 문장도 따를 사람이 없다고 자부했어.

개경의 귀족들은 그를 영웅으로 여겼지만, 뭇 백성들의 평가는 좋지 않았어. 그가 정지상을 죽인 일 때문에 특히 말이 많았어. 정지상의 문장이 자기보다 뛰어나 평소부터 앙심을 품고 있다가 반란을 핑계 삼아 죽였다는 소문까지 나돌았어.

윤언이를 귀양 보내듯 멀리 내쫓은 것도 입방아에 오르내렸어. 윤언이는 김부식을 따라 출전해 반란군을 토벌했거든. 그런데 반란군과 내통했다는 누명을 씌운 거야.

윤언이는 칭제건원론_{고려 임금도 황제로 부르고 연호를 써야 한다는 주장}에 찬성하긴 했지만 서경파는 아니었거든. 그런데도 김부식이 그를 내쫓은 건 언젠가 임금 앞에서 자신을 망신 준 데 대한 앙갚음이라는 거야.

하지만 김부식에게 드러내놓고 나무라는 사람은 아무도 없었어. 그에게는 더 이상 적도 경쟁자도 없었지.

김부식은 말년에 이르러 허전하고 쓸쓸했던가 봐. 문하시중이 된 몇 년 뒤, 벼슬을 내놓고 조정에서 물러났어.

이 때 인종은 그의 치사 스스로 은퇴함를 허락하면서 이런 명을 내렸어.

"지금의 학사대부들이 유교 경전이나 진나라 한나라 역사에 대해 널리 통하여 아는 사람이 혹 있으나 우리 나라 역사에 대해서는 그 처음과 끝을 도통 모르오. 이는 심히 안타까운 일이니 경의 뛰어난 학문을 썩히지 말고 우리 역사서를 편찬해 바로잡아 주시오."

거란의 도성 점령으로 사적이 많이 소실됐고, 이자겸의 난으로 본궁이 잿더미가 되면서 역사책이 많이 사라졌거든. 이에 인종은 김부식의 뛰어난 지식과 문장을 믿고 역사책을 펴내라고 명했다는 거지.

이는 김부식이 『삼국사기』를 지어 왕에게 바치면서 한 말인데, 신채호 생각은 좀 달라. 『고려사』를 보면, 인종이 직접 『삼국사기』를 펴내라고 명한 부분이 보이지 않고 일의 진행이 보고되는 기록도 없거든. 그러므로 이는 순전히 김부식이 자의로 해낸 일일 가능성이 크다는 거야.

누구의 뜻으로 시작했든지, 『삼국사기』를 펴내는 데는 고려 조정의 도움이 아주 컸어. 조정에서 간관, 내시 출신 8명을 내주었고, 김부식은 오랜 정치적 동지였던 정습명과 김충온을 불러 작업을 지휘했어. 책의 체제는 중국 역사책을 본떴고, '논왈 論曰' 하고 시작되는 역사 비평은 거의 김부식이 직접 썼지.

김부식은 10명의 학자와 더불어 5년간 일한 끝에 드디어 『삼국사기』를 펴냈어. 오늘날 전하는 가장 오래 된 정사 正史:나라에서 기록한 역사로 남아 있단다. 김부식이 우리 고대사를 알게 해 주는 귀중한 보물을 남긴 셈이지.

 김부식은 『삼국사기』 때문에 비판도 많이 받았어. 사대주의에 물든 그가 우리 역사를 중국의 변두리 역사인 것처럼 기록해 놓았다는 거야. 이 비판은 옳기도 해. 『삼국사기』에는 중국에 조공을 한 이야기를 너무 자세하게 써 놓았거든. 또 중국 황제의 글은 길게 옮겨 놓은 반면 우리 임금의 말이나 글은 짧아. 역사를 평가하면서도 자신이 중국 사람인 듯 편견을 가진 모습도 보이지. 『삼국사기』 「백제 본기」의 마지막 부분을 볼까?

 백제는 마지막 때에 이르러 하는 일이 도리에 맞지 않은 것이 많았다. 고구려와 친하게 지내면서 신라를 침범하여 성을 빼앗았다. 이러니 어진 이와 친하고 이웃과 좋게 지냄을 나라의 보배로 삼지 않았다. 이에 당나라 천자는 다시 조서를 내려 그러지 말라고 하였는데, 겉으로 따르는 척하고 안으로는 어기었다. 그렇게 큰 나라에 죄를 얻었으니 망하는 것 또한 마땅한 일이다.

 백제는 우리 민족이고 당나라보다도 역사가 훨씬 오랜 나라야. 신라와 친하지 않은 건 신라가 힘을 키워 먼저 백제를 침략했기 때문이고. 그런데도 김부식은 백제가 당나라에 죄를 지어 망한 것처럼 말하고 있잖아.

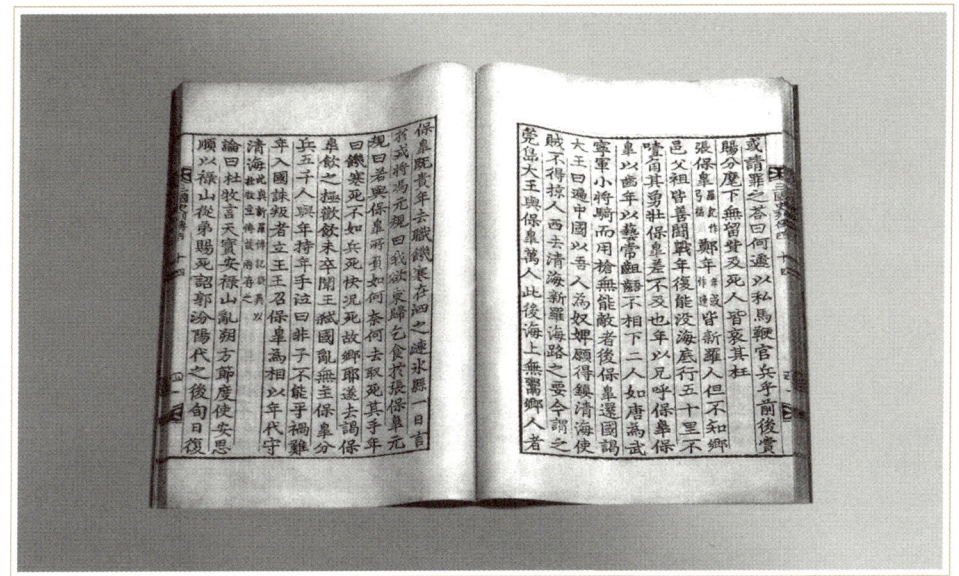

『삼국사기』

 이뿐만이 아니야. 고구려가 망한 것도 수나라와 당나라에 굴복하지 않고 대항해 싸웠기 때문이라고 적어 놓았어. 고구려는 수·당의 침략을 당당하게 물리쳤고, 연개소문 아들들의 다툼 때문에 망했거든. 그런데도 이렇게 말하는 건 김부식이 편견을 갖고 있음을 보여 주는 부분이지.

 하지만 김부식을 대놓고 사대주의자라고 몰아붙일 수만은 없다는 주장도 있어. 고려에는 그 당시 『삼국사 구삼국사』가 있었어. 김부식이 편찬한 『삼국사기』는 송나라로 보낸 외교용일지도 몰라. 따라서 조공에 대한 기록이 많이 들어가고, 또한 중국을 높여 기록할 수밖에 없었다는 거지.

하지만 오늘날 『삼국사』는 전하지 않고, 『삼국사기』만 전해지니 안타까운 일이야. 『삼국사기』마저 전해지지 않았다면 우리 고대 역사가 캄캄한 어둠 속으로 사라졌을지도 몰라. 이를 생각하면 김부식의 공로는 참으로 높다고 할 수 있지. 그러나 역사란 언제나 올바르게 씌어져야지 편견에 의해 비뚤어지면 안 된다는 걸 명심해야 해.

김부식은 『삼국사기』를 편찬한 다음, 6년여 동안 불도를 수행하다가 숨을 거두었어. 평생 유학자였던 그가 마지막엔 절을 짓고 불도를 수행한 건 참 뜻밖의 일이지. 그가 말년에 지은 「송도감로사松都甘露寺」란 시가 『동문선』*에 전하는데, 자기 자신의 삶을 돌아보며 부귀영화와 야망의 헛됨을 노래하고 있단다.

*『동문선』_ 성종 9년(1478년)에 왕명을 받아 서거정, 노사신, 강희맹, 양성지 등이 편찬한 시문선집이다. 지배층의 시문을 중심으로 가급적 많은 작품을 수록하려 했다. 문체의 종류가 55종이나 되어 중국의 『문선』 39종보다도 많고, 작가도 500여 명 가까이 실려 있다. 시(詩)는 전체의 약 4분의 1정도이고 나머지는 문(文)이다. 130권 45책으로 되어 있다.

속세 사람들 오지 않는 곳이라
올라서니 마음이 벌써 맑아지는구나.
산은 가을이라 더욱 아름답고
강은 밤인데도 오히려 밝으니
흰 물새들 높이 떠 날아가고
홀로 가는 돛단배가 가뿐한데
부끄러워라, 지 달팽이 뿔은
좁은 세상에서 공명 찾아 헤맨
지난 한평생 같구나.

제8장
칼을 든 공작새
최충헌

진강후 최충헌, 그는 단군 이래 가장 강력한 권력을 지닌 재상이었어.
…… 그에겐 뛰어난 정치적 식견이 있었어. 사태의 흐름을 정확하게
파악하고 대처하는 능력이 뛰어났지. 그리고 사람을 움직여
자기 편으로 만드는 능력도 있었어.

― 본문 중에서

죽음의 잔치

　맹자가 말하기를, 한 나라가 세워지는 데는 천시天時, 지리地理, 인화人和의 3요소가 맞아떨어져야 한다고 했어. 맹자는 그 가운데 사람들의 화합과 조화인 인화가 가장 중요하다고 역설했지. 결국 사람이 나서야 무슨 일이든 이루어진단 뜻이야.

　인화는 곧 인사人事라 할 수 있단다. 정치란 곧 인사요, 인사는 만사萬事라는 말도 있어. 인사는 인재의 영입과 적절한 배치이며, 그를 통해 발현되는 단결된 힘이 인화의 결정체지. 그리고 그 힘이란 결국 군사력으로 나타나는 거야. 대개 한 나라가 일어서고 망하는 최종 결정은 군사력에 달렸지. 아무리 뛰어난 능력을 지니고 대의명분이 있다 해도 최소한의 물리적 힘을 가져야 뜻을 이룰 수 있어.

　그 물리적 힘을 가진 이는 바로 무장武將 세력이야. 고려의 창업은 특히 무장 세력의 힘이 컸어. 송악의 호족 출신인 왕건 역시 무장으로 입신한 인물이었고, 그를 보좌한 배현경, 신숭겸, 복지겸 들도 무장이었거든. 그러므로 왕조 초기엔 당연히 무장들의 권세가 높았겠지.

그런데 왕조가 안정되고 관료 체제가 뿌리 내리면서 창업의 주역인 무장들은 소외당하기 시작했어. 게다가 광종이 전격적인 과거제를 시행한 뒤 무장들은 급속히 권력 기반에서 멀어졌지. 이는 최승로의 시무 28조 정책 구현으로 유교 문화가 고려 사회 전반을 장악하면서 더욱 굳어졌단다.

고려 왕조에서 무신들의 권위는 나날이 떨어졌어. 벼슬은 정3품에서 더 올라갈 수 없었고, 항상 문신의 지휘를 받아야만 했지. 때로는 강감찬이나 서희, 윤관 같은 문무를 겸비한 인물이 사령관이 되기도 했지만, 대부분 병법이나 전쟁을 잘 모르는 문신들이 지휘권을 갖기 일쑤였어. 이로 인해 고려 사회는 어느새 문존무비 文尊武卑 세태가 굳어져 직급과 관계없이 무신을 대놓고 무시하기에 이르렀단다.

인종 이후, 이자겸의 난과 묘청의 난으로 고려 왕실은 크게 위엄을 잃은 상태였어. 반면에 서경파를 완전히 무너뜨리고 권력을 장악한 개경의 문신 귀족들은 황금기를 누렸지. 따라서 무신들의 자리는 더욱 좁아졌고, 책과 붓 대신 칼과 활을 들었다는 이유만으로 천대받는 지경까지 되었어.

문존무비의 행태는 의종조에 가장 심했어. 문학과 풍류를 좋아하던 의종은 경치 좋은 곳을 찾아다니며 잔치를 즐기곤 했어. 잔치를 위해 별궁을 짓고 연회장을 설치하며 경비까지 서는 건 모두 무신들의 몫이었지. 문신들이 왕과 더불어 여흥을 일삼는데, 무신들은 창칼을 부여잡고 서서 밥조차 굶기 일쑤였어.

의종 24년 1170 8월 어느 날도 의종은 잔치와 놀이를 위해 궁을 나섰어. 문신들이 줄을 지어 따랐고, 무신들과 그 수하들은 연회장에서 쓸 천막과 먹을거리를 지고 뒤를 따랐지.

의종은 경치가 좋은 곳이 보이면 즉시 짐을 풀고 잔치판을 벌였어. 문신들은 신나게 놀았지만 무신들은 짐을 풀고 싸고 지고 하며 생고생이었지. 게다가 밥조차 굶다 보니 불만이 없을 턱이 없지.

"장군님, 문신들은 언제나 술과 고기로 즐기는데 우리는 매일같이 뒤치다꺼리나 하며 밥조차 굶다니 이래서야 되겠습니까?"

참다못한 교위 이고 李高와 이의방 李義方이 대장군 정중부 鄭仲夫에게 불평을 털어놓았어. 그들의 눈에는 이미 살기까지 어렸어. 대장군이 고개만 끄덕이면 당장이라도 칼을 빼 들고 연회장을 덮칠 기세였지.

"우리도 언젠가 기를 펼 날이 오겠지."

정중부는 철사 같은 수염이 빳빳하게 일어서는 걸 억누르며 참았어.

정중부는 황해도 해주 사람인데 7척 장신에 네모꼴 눈을 가진 장사였대. 힘이 얼마나 센지 해주 관아에서 그를 군졸로 징발할 때도 도망칠까 봐 죄인처럼 묶어서 보냈을 정도야. 당시 재상 최홍재는 즉시 그를 왕의 호위 무사로 발탁했지. 그 덕에 장교가 된 그는 과묵하고 충직해 인종과 의종의 총애를 받았고, 어느덧 고려 무신의 대들보가 되었어. 그런 그도 무신이라는 이유로 무시를 당한 적이 여러 번 있었어.

그가 나이 마흔이 넘어 중급 무관인 대정에 올랐을 때야. 궁중에서 축귀 잡귀를 쫓는 행사가 끝나고 뒤풀이 잔치를 벌였어. 이 때 김부식의 아들 김돈중 金敦中이 갓 등과한 문관이었는데, 엉뚱한 짓을 벌이지 뭐야.

고려시대 칼집인 '은제도금장도집'

"듣자 하니 무부武夫의 수염은 불에도 타지 않는다던데, 어디 시험해 볼까?"

이렇게 이죽거리며 정중부의 턱에 촛불을 갖다 댄 거야. 잠자는 호랑이 코털을 뽑은 셈이지. 참을성 많은 정중부도 거기서는 발끈하고 말았어.

"어린놈이 버르장머리가 없구나!"

정중부는 한 손으로 김돈중을 번쩍 들어 몇 대 때리고는 처박아 버렸지. 이를 안 당대의 권세가 김부식은 당장 정중부를 잡아 고문할 것을 인종에게 주청했지. 인종은 그러겠다며 김부식을 달래는 한편 정중부를 몰래 빼돌려 화를 면하도록 해 주었어. 문존무비를 잘 보여 주는 상징적 일화라고 할 수 있지.

이처럼 정중부는 문신들에게 한이 깊은 사람이었어. 하지만 그는 성급한 이고와 이의방을 다독거리며 확실한 기회를 기다렸어.

그 며칠 뒤 드디어 기회가 왔어. 의종은 다시 궁을 나서 연복정에서 흥왕사로 옮겨 다니며 잔치와 놀이를 즐겼어. 물론 문신들만의 잔치였고, 무신들은 언제나처럼 안중에도 없었지. 호위를 책임지고 끌려다니던 정중부가 마침내 이고와 이의방에게 말했어.

"지금이 거사하기 좋은 때다. 만약 상감께서 곧 환궁하시면 오늘은 그만두되, 장단長湍의 보현원普賢院으로 행차한다면 왕궁과 머니 더 이상 좋은 기회가 없다."

이고와 이의방이 입술을 깨물며 눈을 빛냈어.

이튿날, 무신들의 계획을 까맣게 모르는 의종은 보현원으로 가자고 했어. 보현원은 연못의 경치가 그만인 곳이야. 어제 마신 술이 아직 덜 깬 의종과 그의 측신들은 희희낙락 웃으며 죽음의 연회장으로 향했지.

개경을 벗어나자 수려한 경관이 펼쳐졌어. 노송이 우거진 골짜기에 맑은 물이 넓적한 바위 계곡을 적시며 흘렀지. 의종은 그 곳에서 잠시 쉬며 즐길 것을 명했어. 곧 자리가 깔리고 술과 음식이 나왔어. 물론 이번에도 문신들만의 잔치였는데, 무신들의 화난 표정을 알아챘는지 의종이 이렇게 말했어.

"여기 경치가 아주 뛰어나니 무예를 겨뤄 봄이 어떤가? 문신과 무신이 오병수박희*五兵手博戱를 펼치도록 하라!"

의종은 연일 고생만 하는 무신들을 위로하고 싶었나 봐. 하지만 안 하던 짓을 하면 반드시 사단이 나는 법이지. 기껏 인정을 베푼 것이 오히려 무신들을 화나게 하고 말았어.

문무 양반이 다섯씩 패를 이루어 겨루면 당연히 무신이 이기리라고 의종은 생각했겠지. 그런데 젊은 문신 한뢰와 대련한 노장 이소응은 젊은 패기에 밀리다가 달아나고 말았어. 여기서 웃으며 그만둬도 될

*오병수박희_ 무신들이 즐겨하던 것으로 택견과 비슷한 무예지만 발보다는 주로 손을 사용해 상대를 공격하는 것이 택견과 다른 점이다.

걸 한뢰는 기어코 이소응을 쫓아가 뺨을 때리며 모욕을 주었어.

"평생을 무부로 산 장군이 도망질이라니, 부끄럽지도 않으냐!"

대장군이 젊은 문신에게 뺨을 맞은 것을 보는 모든 장졸의 눈은 살기로 번득였지. 자칫하면 보현원에 이르기도 전에 일이 벌어질지도 몰랐어. 그러자 대장군 정중부가 성큼 나서서 한뢰를 꾸짖었어.

"이소응이 비록 무부이나 벼슬이 삼품인데 어찌 어린 자가 뺨을 갈긴단 말인가!"

정중부의 네모난 눈에서 불꽃이 일자 이고가 칼을 빼려 했어. 정중부는 즉시 손짓으로 제지했어. 아직 도성과 가까우니 거사를 하면 불리하다는 뜻이었지. 두려움을 느낀 의종이 여기서 대궐로 돌아가 버리면 거사를 하기 어렵거든.

정중부가 소란을 잠재우자 의종은 서둘러 보현원으로 가자고 했어. 그 때까지도 설마 무식하고 힘만 센 무신들이 반란을 일으키리라고는 아무도 생각하지 못했겠지.

마침내 보현원에 다다라 의종이 먼저 안으로 들어갔어. 그 직후 무신들은 즉시 의종의 충신인 임종식과 이복기를 죽임으로써 거사를 시작했지. 의기양양했던 문신들은 혼비백산해 갈팡질팡했지. 김돈중은 말에서 떨어져 엉금엉금 기어 도망쳤고, 한뢰는 임금의 상 밑에 숨어 벌벌 떨었어. 의종도 겁을 먹고는 감히 그만두라는 말도 못 했어. 한뢰는 의종의 소매를 잡고 살려 달라고 빌었지만, 결국 이고가 휘두른 칼에 목이 떨어지고 말았지.

"문관의 관을 쓴 놈은 비록 말단 서리라도 그 자손까지 모조리 참하라!"

참고 참았던 정중부의 노한 음성이 터져 나왔어. 이에 세월을 두고 삭혀 왔던 무신들의 분노가 일시에 폭발했어.

보현원을 피로 물들인 무신들은 그 길로 왕궁으로 달려가 문신을 닥치는 대로 찌르고 벴어. 일거에 문신 백여 명을 죽인 정중부 일당은 조정을 장악하고 의종과 태자를 섬으로 귀양 보내 버렸어. 그리고 의종의 동생 익양공 호皓를 옹립하니 곧 명종이야.

경인庚寅년에 벌어진 무신난武臣亂은 일단 이렇게 마무리되었어. 일부 무신들이 조정 백관을 다 중방重房으로 불러들여 참하자고 했지만 정중부는 의종의 측근과 오만한 문신들만 없애는 선에서 사태를 수습했어. 그리고 조정의 주요 직책을 무신들이 차지했지.

이렇게 문신들만의 태평성대는 끝났어. 하지만 이것이 고려가 길고 암담한 비운의 역사로 빠져드는 전조라는 걸 그 때까지는 아무도 몰랐어.

공작새의 비상

　무신들은 막상 권력을 움켜쥐기는 했으나 나라를 제대로 다스릴 능력이 부족했어. 자신의 이름조차 쓰지 못하는 무신이 태반이라 명령서조차 작성할 수가 없었거든.
　귀족 중심의 고려 사회는 극심한 혼란에 휩싸였어. 신분 질서가 몹시 흔들리게 된 거야. 누구든지 기회만 있으면 권좌를 차지하려 했지. 그에 따라 무신 정권의 우두머리도 전격적으로 교체되었어. 청년 장수 경대승이 정중부를 죽이고 권력을 잡았지. 하지만 채 4년이 못 되어 죽고, 경대승을 두려워하여 낙향해 있던 이의민이 권세를 잡았어.
　이의민은 무신의 난 때 이의방의 부하였는데, 가장 많은 문신을 죽여 악명이 높았어. 그 공로로 중랑장을 거쳐 장군이 되었지. 그런 후에는 경주로 유배된 의종을 죽이고는 그걸 자랑스러워할 정도로 잔악했어.
　그런 이의민이 정권을 잡자 모두들 두려움에 떨었지. 이의민의 아들이 왕의 애첩을 강탈했는데도 항의하는 사람이 없을 정도였어. 시중에는 '용손龍孫: 왕씨은 12대에서 끝나고 십팔자 +八子=李의 세상이 온다'

는 소문이 퍼졌고, 이의민은 왕위를 넘볼 생각까지 하게 되었어. 이런 그에게 보이지 않게 칼을 겨누고 있는 무장이 있었으니 그가 바로 최충헌이었어.

최충헌은 1149년 상장군 최원호의 아들로 태어났는데, 초명은 란鸞이었어. 『산해경』에서 난새는 봉황과 비유되는 성스러운 새로 나와. 그런데 난새는 선계仙界의 동물이므로 구할 수가 없지. 그래서 훗날 최충헌은 난새와 비슷한 공작새를 구해서는 자기 분신처럼 아꼈대.

최충헌이 역사의 전면에 모습을 드러낸 건 1174년 조위총의 난을 맞아서였어. 무신 정권을 몰아 내려고 조위총이 깃발을 올리자 정중부는 윤인첨과 기탁성을 각각 원수와 부원수로 삼아 대응했거든. 이 때 기탁성이 최충헌의 용맹을 듣고 별초도령으로 선발한 거야. 최충헌은 이 기회를 놓치지 않고 뛰어난 능력을 발휘해 장군이 되었어.

하지만 최충헌의 야심은 그 정도에서 그치지 않았어. 그는 진작부터 난폭한 이의민을 몰아 내고 나라를 바로잡아 볼 생각을 하고 있었거든. 이의민 같은 무식한 천민보다 명문가에서 태어나 문무를 겸비한 자신이 나라를 운영하는 것이 훨씬 옳다고 믿었겠지. 그러나 발톱을 드러내지 않고 군사력을 키우며 기회를 기다렸어.

1196년, 마침내 일전을 치를 꼬투리가 잡혔어. 최충헌의 아우 충수 역시 무관으로 동부녹사였는데, 성질이 아주 음흉하고 사나웠어. 싸움의 꼬투리는 충수가 아끼던 비둘기였어. 그 비둘기를 이의민의 장남 지영이 종들을 시켜 빼앗아 버린 거야. 성급한 최충수가 직접 이지영을 찾아가 따졌지.

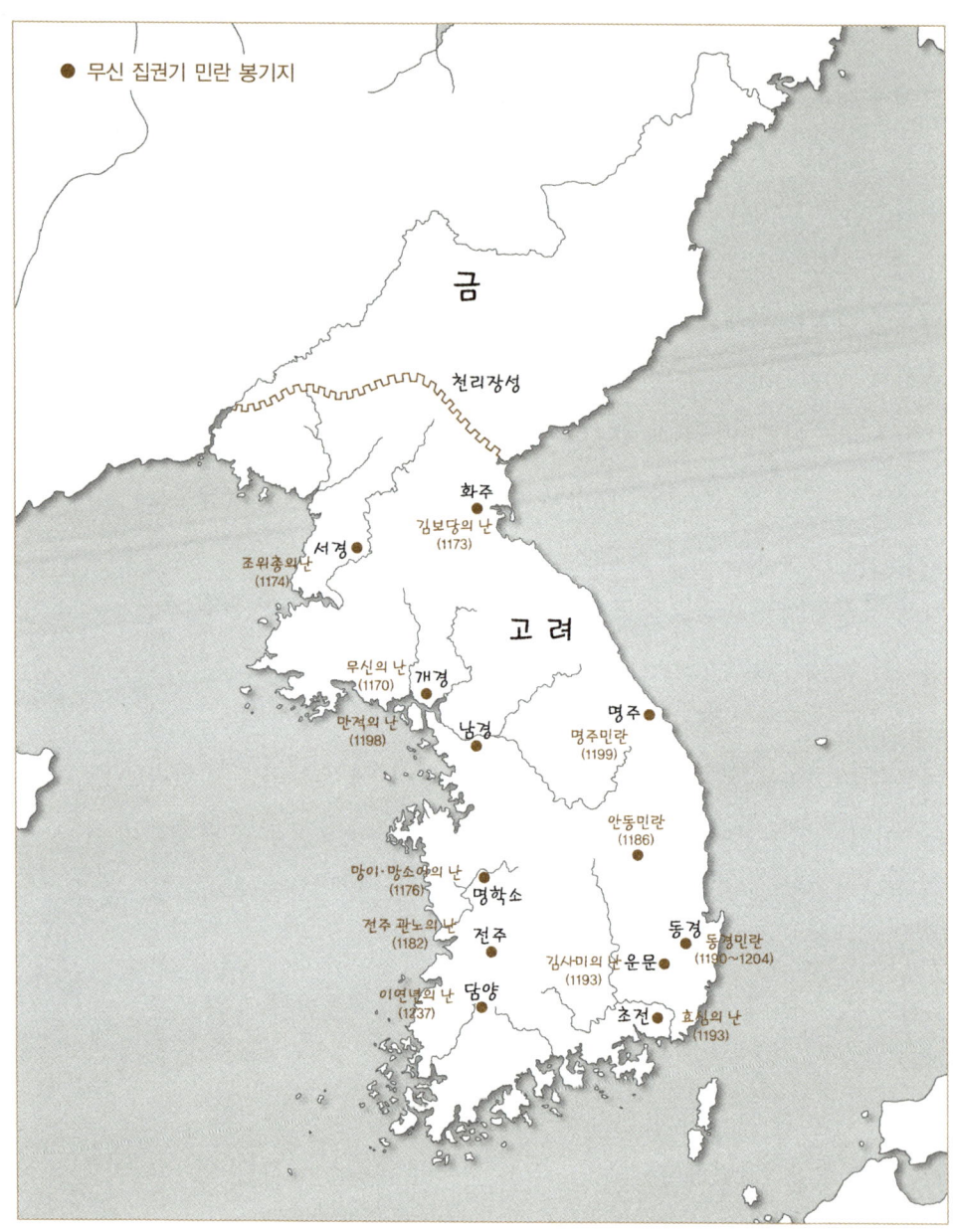

무신 집권기에는 권력과 신분제에 대한 불만으로 민란이 자주 일어났다.

"부친의 권세에 의지해 이토록 함부로 굴어도 되는 것이오!"

최충수의 호통에 이지영은 기분이 나빴겠지. 왕의 애첩을 강탈해도 가타부타 따지는 이가 없는데 한갓 비둘기를 가지고 노발대발이라니.

"한갓 비둘기 따위 때문에 이 소란을 떨다니, 가소로운 졸장부가 아닌가. 저 놈을 당장 결박해 꿇려라!"

이지영이 버럭 고함을 질렀어.

이지영의 종들이 와락 달려들자 최충수는 그들을 위협하며 눈을 부릅떴어.

"장군이 손수 나를 결박하면 모를까 어느 놈도 감히 내 몸에 손 댈 수 없다!"

최충수의 기개에 이지영이 한풀 꺾여 웃음을 터뜨렸어.

"그 놈 졸장부라도 기개는 장하구나. 그만 놔 주어라."

최충수는 즉시 형을 찾아가 분통을 터뜨렸어.

"이의민 부자는 나라의 역적입니다. 제가 그들을 베려고 하는데 형님 생각은 어떠십니까?"

속이 깊은 최충헌은 쉽게 찬성하지 않았어.

"때가 좋지 않다. 좀더 기다려 보자."

바로 그 며칠 뒤 기회가 왔어. 명종이 보제사*로 불공을 드리러 갔는데, 이의민은 병을 핑계로 호위를 하러 가지 않고 자신의 별장으로 갔어. 그 정보를 입수한 최충헌은 충수와 노석숭, 박진재 등을 거느리고 별장을 기습

*보제사_ 개성에 있는 고려시대 사찰로 광통보제사, 연복사라고도 했다. 보제사의 특이한 점은 일반적인 가람배치를 따르지 않고 동쪽에 금당(나한보전)을, 서쪽에 탑을 나란히 배치하는 동전서탑의 가람배치를 했다는 것이다. 이 절에는 특히 공민왕·공양왕이 관심을 기울여 여러 차례 다녀갔으며, 조선시대에는 대장경을 수장하게 했다. 절은 임진왜란과 병자호란을 거치는 동안 폐허가 되었다.

제8장 • 칼을 든 공작새 최충헌

했지.

　마침내 이의민이 별장에서 용무를 마치고 나왔어. 성급한 최충수가 먼저 칼을 휘두르며 달려들었지. 백전노장 이의민은 만만치 않았어. 잽싸게 칼을 피한 그는 말에 오르려고 했어. 그 때 최충헌이 달려들어 이의민의 가슴에 칼을 꽂았지. 순식간의 변란에 놀란 이의민의 수하들은 줄행랑을 놓고 말았지.
　"역도의 수급을 도성 네거리에 효시하라!"
　최충헌이 노석숭에게 명했지.
　이의민의 수급이 내걸리자 도성이 발칵 뒤집어졌어. 이의민을 따르던 무리들은 갈팡질팡했고, 그를 못마땅하게 여기던 장수들은 최충헌에게로 모여들었지. 세력을 모은 최충헌은 명종을 배알하고 사태를 아뢰었어.
　"역적 이의민은 일찍이 전왕을 시해한 부도한 자로서 온갖 포악으로 백성을 괴롭게 했으며 감히 왕위를 넘보았습니다. 먼저 역도의 목을 베느라 미리 아뢰지 못했으니 그 죄를 청합니다."
　명종이 단에서 내려와 최충헌의 손을 잡고 일으켰어.
　"그대가 사직과 백성을 구했는데 어찌 죄를 청하시오."
　이렇게 국왕의 인정을 받은 뒤 최충헌은 공식적으로 이의민의 잔당을 소탕했어. 그러자 최충헌의 이름이 갑자기 고려 천하에 뚜르르 하게 되었어. 날개를 접고 때를 기다리던 난새가 벽력같은 울음을 터뜨리며 날아오른 셈이었지.

은문상국 진강후

최충헌의 집권은 역대 다른 무신 정권 지도자와는 확연히 달랐어. 그는 정적들을 없앤 다음 건의문을 올렸어. 그 내용을 요약하면 이렇단다.

1. 태조가 정한 곳에 궁궐을 짓고 그 곳으로 임금의 처소를 옮겨야 한다.
2. 관제와 관원을 조절해 불필요한 비용을 줄여야 한다.
3. 몇몇 권세가에 집중된 대토지를 원래 주인에게 돌려줘야 한다.
4. 세금과 부역을 균등하게 시행하고 지나친 착취를 금해야 한다.
5. 관리는 백성의 것을 빼앗지 말고 개인적 노동을 시키지 말아야 한다.
6. 승려의 왕궁 출입을 금하고 왕족의 고리대금업을 금해야 한다.
7. 청렴하고 올곧은 관리를 채용해야 한다.
8. 대신들의 사치를 금해야 한다.
9. 절을 마음대로 지어 땅의 기운을 해쳐서는 안 된다.
10. 성대省臺:간언의 기능을 장려해야 한다.

봉사십조(封事十條) _ 명종 26년(1196) 이의민을 제거하고 정권을 장악한 무신 최충헌이 임금에게 올린 것으로 정변의 정당성과 앞으로의 정책 방향을 밝힌 점에서 무신정권을 이해하는 데 매우 중요한 자료가 된다. 정권의 안정을 도모했다는 점에서 성공적인 면이 있긴 하나, 자기 권력의 안정을 위한 수단이었다는 점은 한계로 지적된다.

이걸 바로 '봉사십조*'라고 해. 마치 성종 대에 최승로가 시무책을 봉서로 올린 것과 비슷하지? 이렇듯 최충헌은 나름대로 국가 경영의 소신을 품고 있어 여느 무관과는 아주 달랐던 거야. 또 왕실의 체통도 세워 제대로 된 나라의 운영자가 되고 싶었던가 봐.

하지만 의지가 약한 명종은 그럴 만한 능력도 없었어. '봉사십조'를 받아들이고는 유야무야 실행하지도 않았지. 왕의 측근에는 아직도 최충헌을 적대시하는 사람이 많았고, 특히 왕족으로서 승려가 된 자들에 둘러싸여 힘을 쓸 수 없었던 거지. 그러자 최충헌은 왕을 바꿀 생각을 하게 돼. 이번에도 성급한 최충수가 먼저 의제를 들고 나왔어.

"지금 왕은 28년이나 왕위에 있으면서도 그저 늙고 무능력할 뿐입니다. 또한 태자 역시 아둔해 자격이 없습니다. 마땅히 이들을 끌어내리고 총명하며 도량 있는 왕진을 세우면 나라가 중흥하지 않겠습니까?"

최충헌은 명종을 내쫓는 데는 뜻이 같았지만 내세우는 인물이 달랐어.

"현왕의 동복아우인 평량공 민旼이 임금감이다. 그 아들 역시 총명하고 학문을 좋아하니 태자로서 적격이지 않은가."

최충수는 좀체 뜻을 굽히지 않았지만 결국 형의 뜻을 따를 수밖에 없었지. 이리하여 명종과 태자를 궁에서 내보내고 평량공 민을 등극시키니 곧 신종神宗이야. 이렇듯 일국의 왕을 마음대로 폐하고 세울 정도였으니 그의 권세는 이미 넘볼 자가 없었지.

이로써 최충헌 일가는 고려 최고의 권력가가 되었어. 하지만 소요와 분란은 여전히 끊이지 않았어. 가장 극심했던 것은 내부의 반기, 즉 최충수의 항거였어.

욕심 많고 사나웠던 최충수는 태자비를 쫓아 내고 자신의 딸을 태자비로 들이려고 했어. 이를 최충헌이 곱게 타일렀어.

"지금 우리 형제가 권세를 잡고 있으나 우리는 원래 볼품 없는 무신 집안이었다. 그런데 자네가 딸을 태자비로 들인다면 세상의 비난을 면할 수 없을 것이다. 더구나 부부의 정은 깊고 깊은 것인데 그것마저 끊는 것은 차마 인정상 못할 짓이 아니겠는가."

이에 최충수는 마음을 접는 듯하더니, 곧 다시 욕심을 부려 그 일을 결행하려 했어. 이를 안 그의 모친이 말리고 나섰지.

"형의 말을 듣는다고 해서 대단히 기뻤는데 어찌 또 마음이 변했느냐?"

모친의 꾸지람에 최충수는 버럭 화를 내며 어머니마저 밀어 쓰러뜨렸어.

"이 일은 아녀자들이 나설 일이 아닙니다!"

이 소식을 들은 최충헌이 입술을 깨물었어.

"어머니를 그렇게 대할 정도면 이 놈이 반드시 그 일을 결행할 것이다. 내일 아침 광화문 앞에서 지키다가 아우의 딸이 입궁하는 것을 막아야겠다."

최충헌의 말은 곧 밀정에 의해 최충수의 귀에 들어갔어.

"이 세상에 나를 제어하려는 자는 오직 형뿐이다. 이는 자신의 군사가 많음을 믿음인데, 명일 아침 그 무리를 깨끗이 쓸어 버릴 것이다."

이렇게 부도덕한 최충수에게는 따르는 무리가 적었어. 반면에 최충헌은 사람의 마음을 움직이는 능력이 아주 뛰어났지. 그는 박진재와 노석숭 등을 불러놓고 말했어.

"충수가 자신의 딸을 태자비로 삼고자 걸리는 모든 것은 없애 버리려 한다. 장차 이를 어쩌면 좋겠는가?"

"두 분은 모두 나의 외숙이지만 아우는 도의를 저버렸고 역심을 품고 있습니다. 마땅히 노석숭 등과 더불어 형을 도와 대의를 따르고자 합니다."

박진재가 대답했어.

이렇게 군사를 모은 최충헌은 깊은 밤에 최충수를 기습했어. 이미 왕에게도 고했고 금군까지 동원하니 최충수는 졸지에 포위되었지. 최충수는 기가 꺾여 형에게 사죄하려 했어. 하지만 수하들이 항전할 것을 주장해 결국 치열한 싸움이 벌어졌어. 결국 최충수는 임진강을 건너 도망쳤는데, 추격대가 기어이 잡아서는 목을 베고 말았어.

"아, 나는 사로잡으라고 했는데 어찌 갑자기 죽였는가?"

최충헌이 아우의 주검 앞에서 통곡을 하고는 곱게 장사 지내 주었어.

그 후에도 크고 작은 다툼과 분란이 잇따랐어. 집안의 노비 만적이 다른 노비들을 선동해 난을 일으키기도 하고, 최충헌을 살해하기 위한 반란도 많았어.

하지만 최충헌은 이 모든 도전과 혼란을 잠재우고 권세를 유지했어. 그는 다시 신종을 폐위시키고 희종을 세웠는데, 이 때 받은 그의 관직 명은 무척이나 길어. 관직 명이 '벽상삼한삼중대광 개부의동삼사 수태사 문하시랑동중서 문하평장사 상장군 상주국 판병부어사대사 태자태사'였거든. 왕은 그를 특별히 우대하며 은문상국恩門相國이라 불렀고, 문하시중 진강군 개국후로 봉했는데, 줄여서 진강후晉康侯로 불리었지.

진강후 최충헌, 그는 단군 이래 가장 강력한 권력을 지닌 재상이었어. 생존 시에는 최고의 권력과 영화를 누렸고, 권불 10년이란 말이 무색하게 권력을 자손 4대까지 물려 주었지. 그는 무신인데도 어떻게 이토록 오래 권세를 누렸을까? 그 원인을 살펴보는 건 역사를 이해하는데 많은 도움이 될 거야.

첫째 그에겐 뛰어난 정치적 식견이 있었어. 사태의 흐름을 정확하게 파악하고 대처하는 능력이 뛰어났지. 그리고 사람을 움직여 자기 편으로 만드는 능력도 있었어. 게다가 소신을 가지고 백성을 위한 정치를 하려고 애를 썼어. 수많은 민란과 천민들의 항거에 토벌은 했지만 그들의 요구를 들어 주었던 거야. 천민들의 거주지인 향, 소, 부곡을 현으로 승격시켜 주기도 해 민심을 안정시키기도 했지.

그리고 끝까지 왕조 체제를 지켜 준 점 또한 그가 장수하고 권력을 자손에게까지 물려 줄 수 있었던 요인으로 봐. 그를 배반하고 죽이려 했던 왕도 있었지만 그는 결코 왕좌를 넘보지는 않았어. 고려 왕실을 지켜 줌으로써 자신의 위치를 보장받은 거지. 그의 신조는 고려 왕조를 유지하는 것이었고, 그 믿음이 결국 자신을 지켜 준 셈이야.

또 하나 중요한 이유는 무신인 그가 문사를 등용하고 문화적인 정책을 펼친 데 있어. 과거를 실시하고 이규보를 비롯한 문신의 활동을 어느 정도 보장해 주었거든. 이는 그가 다른 무부들과 달리 학문적 바탕이 있었기에 가능한 일이었지.

그렇지만 『고려사』는 결국 그를 칼로 권세를 잡은 반신叛臣의 반열에 올렸으니 역사의 엄정한 심판을 피할 수는 없었단다.

제9장
홀로 원나라와 싸운 민족의 자존심
이제현

이제현은 타고난 성품이 너그럽고 후하며 참되고 신중하였다.
또한 학문이 깊고 넓어 그의 이론과 벌이는 일은
무엇이든 다 높이 사 줄 만하였다.

-『고려사』「열전」

어려운 시절에 태어나

정중부를 시작으로 형성된 무신 정권은 거의 백 년이나 이어졌어. 그 가운데 4대 60년이나 최충헌 일가가 권세를 잡았지. 그들이 권세를 놓게 된 건 내부의 반란 때문이 아니라 전쟁 때문이었어.

1231년, 몽골족이 쳐들어오자 최씨 정권은 도읍을 강화도로 옮긴 다음, 끈질기게 싸웠어. 전쟁은 약 40년간 계속됐는데, 결국 고려는 원나라에 항복하고 말았지. 1258년에 고려의 태자가 원나라에 가 신하의 예를 갖추고 항복한 거야.

하지만 이 때 집권 세력인 무장들은 항복을 거부했어. 그런 무장들은 몰아 내고 고려 왕조는 다시 문신들 중심으로 돌아섰지. 무신들은 원나라와 마지막까지 싸웠는데, 그들이 바로 삼별초*야. 이 삼별초가 제주도에서 마지막을 맞음으로써 무신정권은 완전히 뿌리가 뽑혔지. 그러니 무신정권을 무너뜨린 건 실은 원나라인 셈이야.

*삼별초_ 고려 무신정권 때의 특수군대이다. 1219년 최우 집권기에 치안유지를 위해 설치한 야별초에서 비롯된 것이다. 군사의 수가 많아지자 좌별초와 우별초로 나누었고, 또 몽골에 포로로 잡혀갔다가 탈출한 병사들로 신의군을 조직했는데, 이를 좌·우별초와 합해 삼별초를 만들었다. 무신정권이 무너지고, 몽골과 강화가 성립되고 고려 정부가 개경으로 환도하자 개경 정부 및 몽골과 대항해 항쟁했다.

이 때부터 고려는 원나라의 속국 신세가 되었어. 왕이 될 세자는 반드시 원나라에서 볼모로 살다가, 원나라 공주와 혼인한 다음 왕으로 책봉되어 고려로 돌아오곤 했던 거야. 게다가 제25대 충렬왕 때부터 고려 왕들은 반드시 '충' 자를 붙여야 했어. 원나라에 충성을 다하라는 뜻임은 두말할 필요도 없겠지.

이제현이 태어난 때는 충렬왕 13년 1287, 고려가 원나라의 손아귀에 잡혀 옴짝달싹도 하기 힘든 때였어. 나라 사정이 어려운 데 비해 이제현의 환경은 아주 좋은 편이었지. 그의 조상은 고려의 개국 공신이었고, 아버지 이진은 재상 급인 검교시중이었거든.

이진은 학문을 높이 받들고 글을 잘 지었다고 해. 충렬왕이 대신들의 글 솜씨를 시험했을 때 2등으로 뽑힌 적도 있었어. 그 덕에 벼슬길도 순탄해져 임금을 가까이 모시다가 검교시중이 된 거야.

이런 환경에서 공부에 열중하던 이제현은 어려서부터 이름을 드날렸어. 겨우 15세에 소과인 성균시에 1등으로 합격했을 정도야.

이 때 지공거 과거를 책임진 관리 는 권부였거든. 권부의 집안은 그의 아버지 권훤 때부터 학자 집안으로 이름이 높았어. 권훤은 청렴결백한 관리로 유명했고, 권부는 "동방의 성리학은 권부로부터 시작된다."라는 말을 들을 정도로 학문이 깊었지. 게다가 그의 형제 다섯이 모두 군君으로 봉해질 만큼 집안 세력도 대단했어.

이러한 권부가 일찌감치 이세현을 알아보고 사위로 삼았어. 여의주를 얻은 용처럼 이제현의 앞날은 환하게 열린 셈이었지.

이제현은 성균관에서도 열심히 공부했어. 곧 대과에 합격해 벼슬길로 나아갔지. 실력이 뛰어난 그는 벼슬 운도 좋았어. 약관 스무 살에 예문춘추관에 뽑히고 지방 수령도 지냈어.

이제현은 정치보다는 학문적 소질이 더 풍부했단다. 스스로도 학문에 더욱 애정을 가지고 열심히 공부했지. 어느덧 그의 지식과 문장은 어느새 나라 안에서 으뜸이라는 말을 듣게 되었어. 정치가이며 학자로서 든든한 밑바탕을 닦은 거야.

하루는 충선왕이 이제현을 불렀어. 원나라에서 돌아와 충렬왕의 뒤를 이은 지 얼마 지나지 않은 때였지. 그는 원나라에 살 때부터 학문에 관심이 깊었는데, 이제현의 학문을 시험하고 싶었던 거야.

"태조 때 거란이 낙타 수십 마리를 보내지 않았는가?"

충선왕은 고려가 세워진 지 얼마 되지 않은 때의 이야기를 꺼냈어.

"예. 거란이 우리 고려와 국교를 맺기를 청하며 낙타를 가져 온 적이 있습니다."

"그런데 그 낙타들을 다리 밑에서 굶겨 죽였다고 들었네. 거란과 국교를 맺지 않으면 그뿐이지, 굳이 낙타를 애처롭게 죽게 할 것까지 있었는가?"

이는 참으로 곤란한 질문이야. 자칫하면 고려의 시조 왕건의 외교 정책을 비판하게 될 수도 있거든. 게다가 원나라에서 태어나고 자란 충선왕은 우리 역사를 잘 몰랐어. 그런 충선왕의 약점을 꼬집었다가는 왕의 미움을 살 수도 있는 일이고.

그러나 이제현은 주저하지 않고 소신껏 설명했어.

"송나라를 세운 태조는 궁궐에서 돼지를 길렀습니다. 그걸 못마땅하게 여긴 인종은 돼지우리를 없애 버렸지요. 그런데 훗날 궁궐 안에서 몹쓸 일이 생겼습니다. 돼지의 생피를 받아 제사를 지내야 하는 일이 터진 것입니다. 인종은 그제야 왜 태조가 궁궐에서 돼지를 길렀는지 알게 되었지요. 이처럼 한 나라를 세운 분의 생각은 깊고 또한 먼 곳까지 닿아 있습니다. 우리 태조께서 거란의 낙타를 굶어 죽게 한 데도 깊은 뜻이 있습니다. 고려가 허술하게 거란과 맺어지는 걸 막기 위함이었지요. 거란은 스스로 고구려의 뒤를 이었다고 주장하기도 했습니다. 이는 우리 고려의 뿌리를 자기들이 가로채겠다는 뜻입니다. 그래서 결코 인정할 수 없음을 보여 주기 위해 낙타를 손도 대지 않은 것입니다. 여기에는 또 언젠가는 거란을 물리치고 고구려의 땅을 되찾겠다는 뜻도 담겨 있었던 겁니다."

충선왕은 이제현의 논리적인 설명에 고개를 끄덕이지 않을 수 없었지.

다른 날 충선왕이 다시 이제현을 불러 질문을 던졌어.

"우리 나라는 옛날부터 중국과 문화가 대등하다고 하였소. 그런데 어찌하여 요즘 선비들은 중에게 글을 배운단 말이오?"

원나라에서 태어나고 자라며 공부를 한 충선왕은 중국 문화를 높이 치고 있었나 봐. 그런데 고려에서도 어깨를 겨룰 만하다고 하니 인정하기 어려웠던 거지. 그래서 유학자인 선비들이 불교 승려에게 학문을 배우는 고려의 현실을 꼬집은 거야.

이제현은 차근차근 충선왕의 의문을 풀어 주었어.

"태조께서는 나라를 세우자마자 교육을 장려해 인재를 길렀습니다.

광종 이후 중앙에는 국학을, 지방에는 향교를 세워 동네마다 글 읽는 소리가 울려 퍼졌습니다. 그러니 우리 문화가 중국에 결코 뒤지지 않았습니다. 그런데 중에게 공부를 배우게 된 까닭은 무신이 정권을 잡은 탓입니다. 무신들은 옳고 그름을 따지지 않고 문신을 마구잡이로 죽였습니다. 그래서 학문이 높은 많은 인재들이 머리를 깎고 산으로 들어갔습니다. 무신의 세상이 약 백 년이나 이어졌습니다. 그 때문에 많은 젊은이들이 학문이 높은 중을 찾아가게 된 것입니다. 이제 무신의 시대는 끝났습니다. 임금이 바로 서고 나라의 질서가 다시 잡혀가는 중입니다. 이 때 나라에서 학교를 세워 교육을 장려한다면 중에게 학문을 배우는 일은 차츰 사라질 것이옵니다."

이제현의 말은 한 치의 어긋남도 없었어. 원나라의 문물에 젖어 있던 충선왕은 크게 기뻐하며 노비와 토지를 상으로 내렸지. 그 후 충선왕은 자신의 신하인 익재_{이제현의 호}를 스승으로 여기게 되었단다.

몸뚱이보다 간이 더 큰 사람

학문을 좋아하던 충선왕은 정치에는 별 관심이 없었어. 그는 5년 남짓 나라를 다스리다가 원나라로 돌아가 버렸지. 왕위는 둘째 아들인 왕만에게 물려 주었는데, 그가 곧 충숙왕이야.

연경으로 온 충선왕은 만권당이란 큰 도서관을 만들었어. 조맹부, 요수, 원명선 같은 뛰어난 중국 학자들이 만권당에 드나들었지. 충선왕은 그들과 시를 주고받으며 학문을 토론하는 걸 즐겼어.

그런데 중국 학자들을 상대할 고려인은 자신뿐이라 늘 외로움과 버거움을 느꼈어. 그들이 고려인을 깔보는 듯한 태도도 싫었고. 그래서 충선왕은 이제현을 연경으로 불렀어.

익재가 만권당에 온 지 얼마 되지 않은 때야. 하루는 조맹부를 비롯한 중국 학자와 시인들이 놀러 왔어. 온갖 꽃들이 피어나는 화창한 봄날의 풍경 얘기를 나누는 가운데, 어디선가 닭 울음이 들려 왔어.

충선왕이 떠오르는 대로 시를 한 구절 읊었지.

"닭 울음소리가 문 앞의 수양버들 같구나."

중국 시인들과 학자들은 어리둥절 해했어. 충선왕의 시가 어딘가 아귀가 맞지 않았거든. 닭 울음소리와 수양버들은 아무리 꿰맞춰 보아도 뜻이 서로 닿지 않았어. 당황한 충선왕도 다음 구절을 잇지 못하고 머뭇거렸어. 여차하면 망신을 당할 참이야.

이 때 이제현의 목소리가 터져 나왔어.

"아침 해를 맞이하는 지붕 위 수탉 울음소리, 수양버들처럼 하늘하늘 간드러지게 길도다."

이번에는 아귀가 딱 들어맞았어. 닭 울음소리가 한껏 물이 오른 봄날 수양버들처럼 가늘고도 길다는 뜻이었지.

"우리 나라에 이런 시가 있습니다. 전하께서는 지금 그 구절을 빗대어 읊으신 것입니다."

이제현의 설명에 중국 학자들은 무릎을 철썩 내려쳤지.

"참으로 절묘한 시입니다. 닭 울음을 그토록 멋들어지게 표현한 시가 있는 줄 몰랐습니다. 역시 고려는 학문이 높은 나라군요."

충선왕은 그제야 여유를 되찾고는 웃음을 머금었어.

원나라 화공 진감여가 그린 익재 이제현 영정

실은 그건 고려에 있던 시가 아니었어. 그 짧은 순간 이제현이 지어 낸 시였지. 임금이 망신을 당하는 건 신하의 허물이요, 나라의 망신이라는 생각에 재빨리 솜씨를 발휘한 거야. 아마 그토록 짧은 시간에 시를 지었다는 걸 중국인들이 알았다면 더욱 감탄했겠지.

이제현의 이름은 빠르게 중국 천하에 퍼졌어. 홀로 중국 학자들 몇이라도 넉넉히 상대하니 중국인들이 혀를 내둘렀지. 이런 이제현으로 인해 그 누구도 고려를 작은 나라라고 얕잡아 보지 못했어.

이제현은 넓은 중국 땅을 자주 여행했어. 충선왕의 심부름으로 높은 산을 찾아다니며 나라와 왕실을 위한 제사를 지내기도 했지. 그러면서 그는 점점 유명해졌어. 가는 곳마다 중국의 시인 묵객들이 어울리기 위해 따라올 정도였지.

이제현은 높은 벼슬아치이며 학문은 고려 최고였지만 시는 언제나 현실 속에 살아 있었어. 상상 세계가 아니라, 자신이 직접 보고 겪은 일을 시로 엮어 냈거든. 그런 시 한 편을 감상해 볼까?

저녁 해 뉘엿뉘엿 먼 산봉우리로 잠겨들고
어기여차 밀물 차오르는 차가운 물가
어부들은 가고 없는 갈꽃은 눈처럼 흰데
점점 피어오르는 밥 짓는 연기는 파르라니
― 「어촌 낙조」

어촌의 풍경이 참 소박하고 정겹지? 그의 시는 꾸밈이 없고 맑았어.

훗날 박지원*은 이런 그의 문학을 『연암집』*에서 이렇게 평가했단다.

우리 나라 사람들이 시를 짓는 것을 보면 대부분 남의 것을 흉내내기 일 쑤였다. 정말 눈으로 보고 발로 밟은 것을 읊은 이는 오직 이제현 한 사람뿐이다.

이처럼 이제현은 뛰어난 학자요, 시인이었어. 하지만 그는 학문에만 몰두하진 않았어. 원나라의 온갖 간섭을 받는 고려의 신하로서 나라를 생각하는 마음은 뜨겁고 간절했지.

1323년, 고려는 하마터면 나라 이름조차 사라질 뻔한 위기를 맞았어. 원나라의 새로운 황제가 고려를 아예 원나라의 성으로 만들려고 한 거야. 이를 입성책동立城策動이라고 했는데, 이에 반대하던 충선왕은 먼 티베트 지방으로 귀양을 보내 버렸지. 고려와 충선왕을 미워하던 몇몇 신하와 원나라의 힘을 등에 업은 고려의 간신들이 꾸민 일이었지.

부친상을 당해 고향에 돌아와 있던 이제현은 다급히 원나라로 달려갔어. 그는 원나라 조정에 상소문을 올렸지. 『고려사』에 실린 그 내용을 줄여서 옮기면 다음과 같아.

***박지원**(1737~1805)**과 『연암집』**_ 박지원은 조선 후기 실학자이자 소설가로, 타락한 양반을 고발하는 글을 써 큰 파문을 일으키고 큰 영향을 끼친 인물이다. 홍대용, 박제가와 함께 청나라 문물을 배워야 한다는 북학파였으며 실학을 강조했다. 지은 책으로 『연암집』, 『열하일기』, 『허생전』, 『양반전』, 『호질』, 『예덕선생전』 등이 있다.
『연암집』은 박지원의 시문집으로, 1901년 김택영이 9권 3책으로 간행했고, 그 뒤 아들 종간 등이 편집해 두었던 57권 18책의 필사본을 바탕으로 1932년 박영철이 17권 6책으로 발행했다.

우리 고려는 태조가 나라를 연 지 어느덧 400년이 되었다. 그 동안 우리는 맡은 일을 성실하게 완수했고, 귀국원나라을 위해 세운 공로도 적지 않다.

요나라거란족가 침략했을 때 귀국은 두 장군을 시켜 토벌하게 했지만, 눈이 너무 많이 내려 길이 끊어져 무기와 식량을 받을 수 없게 되었다. 이 때 우리 충헌왕이 조충과 김취려를 시켜 식량과 무기를 건네 주고, 싸움에 미쳐 날뛰던 적들을 대나무를 쪼개듯 무찔렀다. 그러자 귀국의 두 원수는 우리 장군들과 형제의 의를 맺고 영원히 변치 말기를 맹세하기도 했다.

어디 그뿐인가! 우리 임금들은 귀국의 황제에게 예의를 다했으며, 일본을 칠 때는 고려군이 앞장섰다. 또한 원나라 군대를 도와 적을 거꾸러뜨린 일이 그 얼마였던가. 때문에 귀국에서는 대대로 공주를 우리 나라로 시집보내어 친척 나라로 삼고, 전통과 국가를 보존하게 했다.

그런데 지금에 이르러 우리 나라를 없애고 한 개의 성으로 만든다니, 이 말이 사실이라면 스스로 황제의 말을 어기는 것이 된다. 연전에 세조 황제가 이르기를 "특이한 제도를 가진 자에 대해서는 그에 맞는 방도로 대처해 세상을 안정시키겠노라." 하지 않았던가.

또한 『중용』이란 책을 보면 "끊어진 왕통을 이어 주고, 망하게 된 나라를 세워 주며, 위험한 것은 붙잡아 주어야 한다."라고 했다.

그런데 400년 전통이 있는 우리 왕조의 문을 닫고 제사마저 끊어지게 한다면 이치에 어긋남이 아니겠는가?

이 글을 읽은 원나라 황제와 신하들은 말문이 막히고 말았어. 당당하고 힘찬 문장도 빼어났지만, 역사적인 증거와 이치에 꼭 맞는 말을 하니 대꾸할 꼬투리조차 없었던 거야. 이로 인해 고려를 없애자는 입성책동은 쏙 들어가고 말았지. 고려의 임금과 신하가 끙끙대며 걱정할 때, 이제현이 홀로 붓을 들어 원나라의 계획을 물거품으로 만든 거야.

이 일이 끝나자 이제현은 귀양 간 충선왕을 구하기 위해 다시 붓을 들었어. 원나라의 재상들 앞으로 편지를 보냈지. 평소에 문학으로 사귄 사람들에게 부탁을 한 거지.

그 얼마 뒤 황제는 충선왕을 연경에서 가까운 타사마로 옮겨 주었어. 물론 이제현의 편지에 감동한 원나라 재상들이 건의한 덕분이었지.

이제현의 활약은 충혜왕 때에도 이어졌어.

1339년, 충혜왕은 자신이 임금이 되는 데 반대한 신하들을 모조리 처형했어. 그 가운데는 원나라 황실과 친한 사람이 많았어. 이를 안 원나라에서는 충혜왕을 북경으로 데려가 가두어 버렸지.

"세상에, 전쟁도 아닌데 남의 임금을 마음대로 잡아 가두다니!"

고려의 대신들은 어쩔 바를 몰라 발만 동동 굴렀어.

"이는 나라의 자존심이 걸린 문제니 앉아 있을 수만은 없다!"

이제현은 홀로 연경으로 달려갔어. 그리하여 상소를 하고 담판을 벌인 끝에 결국 충혜왕을 구해 돌아왔어. 모두 그의 뛰어난 문장력과 외교 능력 덕분이었지. 이렇게 나랏일이라면 물불을 가리지 않는 이제현을 보고 원나라 사람들은 말했어.

"이제현은 훤칠한 키에 우람한 덩치를 가졌다. 그런데 그런 몸뚱이보다 간이 더 크다."

그 후에도 이제현은 나라를 위한 일이라면 어떤 어려움도 마다하지 않았어. 비록 원나라의 사위 나라가 되었지만, 고려가 역사를 이어가게 된 데는 그의 노력이 큰 역할을 한 거야.

한편 나라 안에서는 이제현은 비교적 조용히 살았어. 나라가 안정되었을 때는 주로 글을 짓고 책을 읽었지. 자신을 싫어하는 무리가 있으면 다투지 않고 물러났고. 자신의 상대는 원나라이지 같은 민족이 아니라고 생각한 거야. 그러니 어떤 권력자나 간신배도 감히 이제현을 적으로 여기지는 못했어. 이러한 이제현의 성품에 대해 『고려사』 「열전」에서는 다음과 같이 평가했단다.

이제현은 타고난 성품이 너그럽고 후하며 참되고 신중했다. 또한 학문이 깊고 넓어 그의 이론과 벌이는 일은 무엇이든 다 높이 사 줄 만했다.

이제현은 충선왕부터 공민왕까지 무려 여섯 임금을 섬기며 나라를 위해 일했어. 원나라의 손아귀에서 벗어나고자 애썼던 공민왕의 개혁 정책도 스승인 이제현의 가르침에 힘입은 바가 컸어. 결국 공민왕은 이제현을 우정승으로 삼아 고려를 원나라의 속박에서 벗어나게 했지.

작가와 학자로서도 이제현은 아주 중요한 역할을 했어. 지공거가 되어 이곡*, 이색* 같은 인재를 뽑아 성리학의 전통을 잇게 한 것도 중요한 업적이야. 새 나라 조선을 세운 인재 가운데서도 이곡과 이색의 제자들이 많았으니 이제현의 영향이 조선까지 이어진 셈이지.

작가로서는 『익재난고』, 『역옹패설』 같은 문집을 엮어 남겼어. 그리고 역사책 『본조편년강목』의 부족한 부분을 보충했고, 죽는 순간까지 역사책을 편찬하다가 숨을 거두었어.

　제자 이색은 이제현의 묘비에 '도덕의 으뜸이요, 문학의 최고봉'이라고 새겼어. 훗날 조선의 재상 유성룡도 고려 5백년을 통틀어 이제현만 한 인물이 없다고 했지.

　이러한 이제현의 죽음과 더불어 고려 왕조도 황혼을 맞이하고, 한편 새로운 왕조가 꿈틀거리기 시작했단다.

*이곡(1298~1351)_ 고려시대 학자로 1333년 원나라 제과에 급제했다. 원나라 임금에게 건의해 고려에서의 처녀 징발을 중지하게 했으며, 문장이 뛰어나 원나라에서도 인정할 정도였다. 이제현과 함께 『편년강목』의 내용을 추가하고 바로잡았으며, 3조의 실록 편찬에 참여했다. 경학의 대가로 꼽힌다.

*이색(1328~1396)_ 고려 말의 학자로 정방 폐지와 3년상을 제도화했고, 성리학 발전에 공헌했다. 우왕의 스승이었으며, 이제현의 문하생이었다. 위화도 회군 뒤 창을 즉위시켜 이성계를 견제하려 했으나, 이성계가 권력을 잡자 유배됐다. 지은 책으로 『목은시고』, 『목은문고』 등이 있다.

제10장
대나무로 피어난 일편단심
정몽주

정몽주는 재질이 비상하게 높고 기개와 절개가 뛰어나게
호매하며 충효 대절을 지키었고, 젊었을 때 부지런히
공부하고 성리학을 연구하여 조예가 매우 깊었다.

― 「고려사」

난초와 금빛 용과 주공

맑고 포근한 어느 봄날이었어.

뜰에 서 있는 이씨 부인 앞에 문득 한 노인이 나타났지.

"이 난초를 잘 간직하여라."

수염이 허연 노인은 뜬금없이 난초 화분 하나를 주며 말했어. 난초는 푸른 줄기가 햇살에 반짝이고 곧 필 듯한 봉오리가 맺혀 있었지.

"아담하기도 해라. 고맙습니다."

이씨가 화분을 받자 노인은 연기처럼 사라졌어.

"금방 예쁜 꽃을 피우겠구나."

이씨는 화분을 고이 받쳐 들고 가다가 돌부리에 걸려 비틀거리다 그만 화분을 놓쳐 버리고 말았어. 화분은 땅에 처박히고 말았지.

"어머나, 이를 어째!"

이씨는 얼른 화분을 감싸 안았어. 다행히 화분은 깨지지도 않았고, 봉오리가 벌어져 향기를 풍기는 거야.

"휴, 화분이 깨지거나 난초가 망가졌더라면 큰일날 뻔했구나!"

이씨는 안도의 숨을 쉬면서 꿈에서 깨어났어. 곧 해산할 듯 부푼 배에서는 아이가 힘차게 발길질을 하는 걸 느끼며 말이야.

그 사흘 뒤 이씨는 옥동자를 낳았는데, 이름을 '몽란夢蘭'이라고 지었어. 꿈에 본 난초라는 뜻이야.

몽란이 일곱 살 되던 해 가을이었어. 대청마루에서 물레질을 하던 이씨 부인은 고단해 깜박 잠이 들었는데, 또 이상한 꿈을 꾸었지 뭐야.

뒤뜰에는 커다란 배나무가 한 그루 있었거든. 해마다 달고 큰 배를 주렁주렁 매달아 내는 어진 나무였지. 그 배나무에서 심상치 않은 빛이 나오는 거야. 이씨는 조심조심 소리를 죽여 배나무로 다가갔어. 그런데 놀랍게도 배나무엔 금빛 용이 친친 감겨 있지 뭐야.

금빛 용은 한가하게 배를 따 먹고 있었어. 이씨가 놀라움에 말도 못 하고 쳐다보는데, 문득 용이 돌아보더니 빙그레 웃는 거야.

"악!"

놀란 이씨가 퍼뜩 꿈에서 깼지. 그리고는 곧장 뒤뜰로 달려갔는데, 다시 한 번 깜짝 놀라고 말았어.

"헤헤, 어머니 배가 참 맛있어요."

몽란이 배나무에서 배를 따 먹다가 겸연쩍은지 씩 웃는데, 꿈 속의 용과 너무나 비슷하지 뭐야. 그 뒤 몽란은 이름을 '몽룡夢龍:꿈에서 본 용'으로 바꾸었단다.

몽룡은 엄하면서도 자상한 어머니의 보살핌과 가르침을 받으며 무럭무럭 자랐어. 그는 언행이 단정하고, 책 읽는 목소리는 계곡 물소리처럼 맑았어.

몽룡은 공부도 빼어나게 잘했어. 14세에 진사시에 합격할 정도였지. 그러고도 공부에 열중하니, 16세에는 글방 스승이 더 가르칠 게 없다고 두 손을 들 정도였지.

몽룡이 18세가 되던 해 어느 새벽, 이번에는 그의 아버지 정운관이 이상한 꿈을 꾸었어.

"난초는 잘 가꾸었는가?"

한 노인이 운관에게 물었어.

"뉘신지요?"

운관이 영문을 몰라 되물었지.

"나는 주공이오. 그대의 아들은 장차 후세까지 가문과 이름을 빛낼 것이니 부디 소중히 키우시오."

꿈에서 깬 운관은 곰곰 생각해 보았어. 주공 周公 이라면 방탕한 은나라 걸왕을 몰아 내고 주나라를 세운 무왕의 동생이야. 그는 무왕이 죽고 난 다음 조카가 나라를 잘 다스리도록 힘껏 도왔어. 주나라의 학문과 예술도 그가 정리해 후세에 남겼고. 그것을 바탕으로 공자가 유학을 크게 일으켰는데, 실은 주공이 유학의 시조나 다름없는 셈이야. 중국에서는 성인처럼 존경받는 분이지.

"주공께서 꿈에 나타나 복된 말씀을 하셨으니, 이제부터 너의 이름을 '몽주'라 해야겠다. 이는 내가 꿈에서 주공을 뵈었다는 뜻이니라."

이리하여 몽룡은 몽주가 되었단다.

그 2년 뒤 몽주의 아버지 운관이 세상을 떠났어.

몽주는 3일 동안 물 한 모금 먹지 않고 애달프게 울었어. 산 속에 여막을 짓고 홀로 3년간이나 시묘살이도 했지. 그 때 풍습으로는 상복을 입는 기간도 겨우 100일이었는데, 3년 시묘살이는 놀라운 효성이야. 이 소문이 널리 알려져 뒷날 공민왕이 몽주의 집에 정표를 세워 표창하기도 했단야.

모든 사람이 존경한 의인

 3년상을 끝낸 몽주는 곧 과거에 장원으로 급제해 벼슬길로 나아갔어. 기울어 가던 고려 조정은 든든한 기둥 하나를 얻은 셈이었지.
 정몽주가 과거에 급제할 때 그를 뽑아 준 지공거는 김득배였어. 김득배는 홍건적*이 쳐들어왔을 때 힘써 물리친 공신이야.
 그런데 간신 김용의 모함에 빠져 죽고 말았지. 김용이 왕명을 거짓으로 꾸며 정세운 장군을 죽게 했고, 이 때 정세운 장군을 죽인 김득배를 비롯한 세 장군도 죽임을 당한 거야.
 이 소문이 퍼져도 김용을 나무라는 사람이 없었어. 공민왕이 원나라에 살 때부터 그림자처럼 붙어 다닌 김용이라 누구도 건드리지 못한 거지. 김득배의 시체가 거리에 나뒹굴어도 아무도 장례조차 치러 주지 않았어. 갓 벼슬길에 나온 정몽주는 홀로 김득배의 억울함을 호소했어.

*홍건적_ 13세기 전반에 이르러 몽골족이 세운 원나라에 통치 받던 한족들이 반란을 일으키기 시작했다. 그 중 홍건적은 1357~59년에 중국 각지와 주변지역의 원정에 나서 전성기를 이루었다. 머리에 붉은 수건을 둘러 홍건적이라 했으며, 원정 가는 곳마다 농민들에게 환영을 받아 쉽게 원나라 군대를 이길 수 있었다. 홍건적은 고려도 두 차례나 침략했는데, 이 때 고려는 여러 지역이 파괴되었고, 군사 징발 등으로 사회가 혼란해졌다. 1366년, 주원장이 홍건적의 상징이던 소명왕을 죽임으로써 홍건적의 난은 어느 정도 진압된다.

"정원공신 김득배는 홍건적이 도성까지 쳐들어왔을 때 이를 몰아 낸 충신입니다. 비록 그에게 작은 실수가 있다 해도, 나라를 구한 공신의 주검을 길바닥에 내버려 두는 건 예의의 나라에서 부끄러운 일이옵니다. 부디 그의 시체를 고이 묻어 주어 충신의 한을 풀어 주소서!"

정몽주의 상소문은 문장도 뛰어났지만, 그의 애틋한 마음과 당당한 기개가 더욱 돋보였어. 이 상소문은 공민왕의 마음을 감동시켰지. 공민왕은 정몽주로 하여금 김득배의 고향에서 장례를 치르도록 허락했어.

그 얼마 뒤, 김용은 반란을 일으켰다가 최영 장군에 의해 죽임을 당했거든. 그제야 김득배의 누명이 벗겨졌고, 비로소 정몽주의 의로운 행동과 용기가 더욱 널리 알려졌어.

효와 충과 의를 두루 갖춘 정몽주는 학문에서도 빼어난 실력을 자랑했어. 그의 스승인 이색은 정몽주를 일컬어 '아무리 많은 말을 해도 이치에 어긋남이 없는 성리학의 으뜸'이라고 칭찬했지.

정몽주가 가장 뛰어난 활약을 보인 분야는 외교였어.

1372년, 정몽주는 중국 남경(당시 명나라 수도)으로 향했어. 이 무렵 중국 땅은 원나라를 북쪽으로 밀어 낸 명나라*가 차지하고 있었는데, 명의 임금 주원장은 정몽주의 학문과 됨됨이를 높이 평가해 매우 잘 대접해 주었지.

정몽주가 성공적인 외교 활동을 마치고 돌아오는 길이었어. 중국에서 떠난 지 사흘째 되는 날, 갑자기 거센 비바람이 몰아쳤어. 사신들이 탄 배는 높이 치솟았다가 뒤집어지고

*명나라_ 1368년, 주원장이 원나라를 북쪽으로 몰아 내고 세운 중국의 통일 왕조다. 영락제 때 난징에서 베이징으로 도읍을 옮겼고, 몽골과 남해로 원정하는 등 전성기를 이루었으니, 뒤에 북로남왜(명나라 때 북과 남으로부터 받은 침입에 대한 총칭)에 시달리고 당쟁, 농민의 반란이 끊이지 않아 1644년에 이자성에게 망했다.

말았지. 돛대가 부러지고 갑판이 떨어져 나갔어.

　정몽주는 안간힘을 다해 널빤지 하나를 감싸 안았어. 그런데 파도에 떠밀리며 어디론가 흘러가지 뭐야. 다른 사람들은 이미 물 속으로 잠기고 상투 끝도 보이지 않았지.

　그렇게 몇 날 며칠이 흘렀어.

　파도에 밀리고 밀리던 정몽주는 어느 조그만 섬에 다다랐어. 아무도 살지 않는 무인도였어. 정몽주는 옷을 벗어 섬 모퉁이 나뭇가지에 걸어 놓고 죽은 듯 널브러져 있었지.

　여러 날이 흐른 뒤, 배 한 척이 섬으로 다가왔어. 명나라 수군이 정몽주의 옷을 발견하고 다가온 거야. 큰 폭풍이 지나간 걸 안 명나라 조정에서 고려 사신들의 안부를 걱정해 수색선을 보낸 참이었어.

　배가 파선한 지 13일 만에 정몽주는 그렇게 가까스로 죽음에서 벗어난 거야. 정몽주는 정신이 가물거리는 상황에서도 국교 문서만큼은 꼭 쥐고 있었대.

　정몽주는 다시 명나라로 가 치료를 받았어.

　"그대는 하늘과 바다의 용왕이 보살피는 의인이니, 부디 건강을 되찾아 우리 명나라와 귀국을 위해 좋은 일을 많이 해 주시오."

　주원장은 정몽주를 후하게 대접했어. 그리고 돌아가는 뱃길까지 마련해 주었지. 이 일화는 『고려사』에 다음과 같이 씌어 있어.

공민왕 21년, 정몽주는 서장관*으로 홍사범을 따라 남경으로 갔다. 그런데 돌아올 때 태풍을 만나 배가 부서지고 떠다니다가 겨우 바위섬에 다다랐

*서장관_ 기록관이라고도 한다. 명나라와 청나라에 파송되던 사신행차에는 규정된 인원을 보냈는데, 서장관은 정사·부사와 함께 3사(使)라 하여 외교 실무에 큰 역할을 했다. 일본 통신사에도 서장관이 동행했다.

다. 이 때 홍사범은 물에 빠져 죽고 살아난 자가 열 명 가운데 두 명이었다. 정몽주는 죽을 지경에서 살아나 말다래(말을 탄 사람에게 흙이나 돌이 튀지 않도록 안장 양쪽에 달아 늘어뜨린 것, 가죽으로 만듦)를 베어 먹으며 13일을 보냈다. 이 소식이 명나라에 알려지자 태조는 배를 보내 정몽주를 구해 정성껏 치료해 준 다음 돌려보냈다.

명나라와 국교를 맺은 다음 고려 대신들은 두 패로 갈라졌어. 여전히 원나라와 사이좋게 지내야 한다는 친원파와, 새롭게 일어선 명나라와 잘 지내려는 친명파였어.

친원파는 주로 원나라와 혼인 관계를 맺고 있는 왕족과 최영, 이인임을 비롯한 나이 많은 대신들이었어. 친명파는 새로운 세력으로 떠오른 신진사대부*였는데 정몽주, 정도전, 이성계 등이 주축이었지.

공민왕이 죽자 우왕이 자리를 이었는데, 그는 최영과 이인임에게 의지했어. 임금의 힘을 등에 업은 친원파는 친명파를 조정에서 몰아 내려 했지. 이 때문에 정몽주는 경상도 언양으로 귀양을 가게 되었어.

*신진사대부_ 고려 말의 지배 세력인 권문세족에 대항해 새로운 사회 세력이 등장했는데, 이들이 바로 신진사대부다. 신진사대부는 지방 향리 출신이 대부분이며, 경제적으로는 중소 지주 출신들로서 성리학을 배경으로 권문세족의 횡포를 비판하면서 성장했다. 이들은 공민왕 때 본격적으로 중앙 정계에 등장한다. 경제적, 정치적 역량이 부족했던 급진파 신진사대부(정도전, 조준, 남은 등)는 이성계를 필두로 한 신흥무인세력과 손을 잡아 조선 왕조를 세우게 된다. 온건파 신진사대부(정몽주, 길재, 이색 등) 세력은 지방을 터전 삼아 성장했고, 16세기에 이르러 조선의 정치계를 장악한 '사림파'를 형성한다.

"나라와 백성의 안전을 위해서는 힘센 나라와 잘 지내야 한다. 지금 명나라는 강하고, 우리를 괴롭힌 원나라는 허물어져 가는 중이다. 그런데 우리를 못살게 군 것도 정이요, 의리라 하여 친원 정책을 쓰는 것은 나라를 수렁에 빠뜨리는 것과 무엇이 다르랴."

정몽주는 나라의 앞날을 내다보고 탄식했어.

이즈음, 삼남 경상, 전라, 충청 의 바닷가는 왜구 약탈을 일삼던 일본 해적 들이 들끓었어. 왜구들은 갑자기 배를 타고 몰려와 마을에 불을 지르고 사람을 죽이거나 잡아가곤 했지.

조정에서는 왜구들과 화친을 맺고 백성들을 구해 오라고 사신을 보냈어. 그런데 왜구들은 사신들마저 잡아 가두어 버렸어.

"저 무지한 왜구들은 교양이 없어 말이 통하지 않습니다. 그들을 설득할 만한 사람은 정몽주뿐일 것입니다."

대신들은 귀양살이 중인 정몽주를 추천했어.

귀양에서 풀려난 정몽주는 곧바로 왜국으로 갔어.

"우리는 고려와 교역을 하고 싶은데 받아 주지 않으니 어쩔 수 없이 무력을 쓰게 된 것이오."

왜구 우두머리가 눈을 번득이며 말했어.

"교역이란 때와 장소를 합의한 다음 해야 하오. 귀국이 문서를 보내오면 어찌 이웃 나라끼리 교역을 하지 않겠소. 서로 왕래하기 좋은 항구에 장을 만들어 교역한다면 서로에게 큰 도움이 될 것이오."

정몽주는 차근차근 설명했어. 시큰둥하던 왜구들도 고개를 끄덕였지. 그러다가 정몽주의 온화하고도 이치에 맞는 말에 점점 더 깊이 고개를 숙였어.

"앞으로는 조약서를 꾸며 그대로 교역을 하면 되겠군요."

포은 정몽주

마침내 왜구들이 웃으며 말했어. 그러고는 잡아갔던 백성 700명을 풀어 주고 배 10척까지 마련해 주었지.

당시 왜구는 한 나라로 통일된 게 아니었어. 워낙 많은 나라가 이름도 없이 일어섰다 사라지곤 했지. 때문에 그들의 노략질이 아주 그치지는 않았단다.

정몽주는 직접 군사를 이끌고 전쟁에 참여하기도 했어. 주로 이성계 부대와 함께였어. 그는 무장은 아니었지만 적을 물리칠 꾀를 내거나, 백성들을 위로하고, 군사들의 사기를 북돋우는 일을 했어.

정몽주가 전쟁터를 누빌 때 고려 조정은 외교에 큰 구멍이 뚫렸어. 고려가 친원책을 쓰자 명나라가 트집을 잡기 시작한 거야. 고려의 사신을 받아들이지도 않고 쫓아 버리는가 하면, 자기들 마음대로 귀양 보내 버리기도 했어. 그러다가 결국 이런 협박까지 했지.

"고려는 약속을 어기고 5년 동안이나 조공을 하지 않았다. 이를 한 꺼번에 바치지 않으면 바다와 땅으로 한꺼번에 쳐들어갈 것이다."

고려 조정은 발칵 뒤집혔어. 북쪽에서는 홍건적이 설쳐 대고, 남쪽에서는 왜구가 끊임없이 노략질을 해 대는 중인데 명나라마저 쳐들어온다면 꼼짝없이 당할 판이었거든.

"곧 명나라 태조 주원장의 생일입니다. 그에 맞춰 사신을 보내 선물을 한다면 다시 관계가 좋아질 것입니다."

대책 회의를 하던 중 밀직부사 진평중이 해결책을 내놓았어.

"지금으로서는 그 방법밖에 없겠구려. 그럼 누가 사신으로 다녀오겠소?"

우왕의 말에 대신들은 고개를 돌렸어.

"말을 꺼낸 밀직부사 진평중이 적당한 줄 아뢰오."

누군가 이렇게 말하자 진평중은 한사코 손사래를 쳤어.

"소신은 이미 병이 든 데다 너무 늙어 먼 뱃길을 감당할 수가 없사옵니다. 용서하시옵소서."

아무도 사신으로 나서는 사람이 없었어. 괜히 사신으로 나섰다가 귀양을 가거나 죽을 수도 있었거든. 게다가 명나라 태조의 생일이 두 달밖에 남지 않은 때라 너무 늦은 것 같았어. 남경까지는 뱃길로 석 달이나 걸리므로 그 전에 도착하기란 불가능해 보였거든.

우왕은 임견미에게 사신으로 다녀오라는 명을 내렸는데, 임견미 역시 사양하며 다른 사람을 추천했어.

"소신은 혀가 뻣뻣하고 학문이 깊지 못해 적당하지 않습니다. 이 일은 정몽주가 가장 적임자일 것입니다."

1384년, 왕명을 받은 정몽주는 서둘러 전쟁터에서 돌아와 명나라로 가는 배를 탔어. 그는 힘센 사공을 두 배로 뽑아 밤낮없이 교대로 노를 젓게 했어. 그 덕에 주원장의 생일 이틀 전에 무사히 남경에 도착할 수 있었지.

"그대의 나라는 어찌 아직도 원나라와 사이좋게 지낸단 말이오?"

주원장이 성난 목소리로 물었어.

"우리 고려는 역사가 매우 오랜 나라이옵니다. 그처럼 의리도 하루아침에 변하지 않사옵니다. 그러나 이제 원나라는 빛을 잃고 명나라가 우뚝 섰으니 결국 명나라와 손을 잡을 것입니다. 한 번 손을 잡으면 또한 쉽사리 변하지 않을 것입니다."

정몽주가 대답했어.

이미 정몽주의 인품과 학식에 반한 주원장은 만족한 웃음을 띠었지.

"역시 동국(고려)은 예의를 아는 군자의 나라로다."

주원장은 정몽주에게 푸짐한 상을 내리고 5년간 공물을 보내지 않은 것도 탕감해 주었어. 그리하여 정몽주는 갇혀 있던 고려 사신들과 함께 돌아왔어.

하여가와 단심가

　무장 출신인 최영이 문하시중이 되면서 고려 조정은 다시 시끄러워졌어. 최영은 원래 친원파인데다 고구려의 영토인 요동 수복에 대한 열망이 컸거든. 이런 차에 1388년에 명나라가 철령위鐵嶺衛를 설치해 그 이북을 다스리겠다고 알려왔지 뭐야. 원나라를 몽골 고원으로 격퇴시킨 주원장이, 고려가 원나라와 싸워 되찾은 철령 이북을 차지하겠다는 주장이었어.

　최영은 서신으로 반박하는 한편 중신 회의를 열어 의사를 물었어. 중신들의 의견은 대체로 명의 요구를 들어 주자는 쪽으로 기울었어. 이에 격분한 최영은 요동 정벌론을 주장했어.

　"명나라가 중원의 주인이 되었다고 해서 원나라 관할지를 내놓으라는 건 우리 땅을 공으로 삼키고 우리를 지배하겠다는 수작이오. 철령 이북은 우리가 싸워 되찾은 곳이요. 저들의 방식대로 따지자면 고려는 고구려를 이어 일어났으니 저 요동까지 우리 땅이 아니겠소. 이참에 요동을 정벌해 옛 땅을 회복하는 것이 마땅하오."

정몽주를 비롯한 친명파들은 한사코 요동 출정을 반대했지.

"고려는 이미 명과 형제의 의를 맺고 화친한 지 오래인데 요동을 쳐 강국을 건드리는 것은 심히 위험하고 어리석은 계책입니다."

대부분의 무장 세력은 요동 정벌에 의욕을 보였으나, 유독 이성계는 반대 목소리를 높였어.

"철령위를 떼 줄 수는 없으나, 또한 명나라를 정벌하는 것도 불가합니다."

숱한 반대에도 불구하고 최영은 이미 뜻을 굳혔어. 홍건적과 왜구를 격퇴하면서 쌓은 군사력이 만만치 않은 데다, 변방을 평정하지 못한 명나라가 세력이 더 커지기 전에 치면 승산이 있다고 본 거야. 그래서 옛 땅을 되찾는다는 대의명분을 내세워 전쟁을 하려 했어. 이에 이성계는 '4대불가론'을 주장하며 반대했지.

"요동 정벌은 소로서 대를 치니 불가하고, 농번기에 대군을 일으키니 불가하고, 원정을 나서면 왜구가 후위를 도모할 것이니 불가하고, 때는 무더운 여름 장마철이니 질병이 잦고 활줄이 늘어나 불가합니다."

고려 조정이 요동 정벌론으로 다투는 사이 명나라가 먼저 움직인다는 정보가 들어왔어. 철령위를 설치하기 위해 요동의 병력 1천을 보내고 철령위에 역참 70개를 설치하겠다는 거야. 이에 우왕과 최영은 출정 결단을 내렸어. 이성계는 출정을 가을까지만 미루자고 간언했으나, 우왕과 최영은 오히려 이성계를 설득했어. 이성계는 가장 막강한 병력을 보유한 용장이므로 그가 없는 요동 정벌은 불가능했거든.

이리하여 요동 출정은 결정되었어. 총사령관은 최영, 좌군은 조민수 우군은 이성계가 맡았어. 좌·우군을 합하여 5만에 이르렀고, 군마가 2만 필이나 되었지.

최영은 스스로 전투에 앞장서고자 했으나 우왕이 만류하는 바람에 후위군으로 평양에 남았어. 이렇게 본진과 후군을 합쳐 10만 대병임을 위세하며 개경을 출발했어. 이러한 요동 정벌은 역사상 최대 규모의 대외 원정이요, 영토 회복의 열망이 담긴 뜻 깊은 행군이었지.

하지만 요동 정벌은 뜻대로 되지 않았어. 결국 이성계가 염려했던 일이 벌어진 거야. 여름 장마가 문제였어. 요동 정벌군은 압록강 중류의 위화도에 갇혀 오도 가도 못하게 되었어. 희생을 감수하고 압록강을 건넌다 하더라도 장마철에 진창으로 변하는 땅에서는 싸우기도 전에 지쳐 버릴 가능성이 컸지. 이성계 주장대로 가을에 출정했더라면 좋았을 텐데, 그 뜻 깊은 정벌 행군이 어렵게 된 거야.

이성계와 조민수는 이런 사정을 아뢰고 여러 차례 군사를 돌이키게 해 달라고 요청했어. 하지만 우왕과 최영은 진군을 독촉할 뿐이었어.

"이것은 무모한 죽음의 길이오."

이성계는 조민수를 설득해 결국 군사를 돌려 세웠어. 이게 바로 역사적인 위화도 회군이야. 전쟁에 나선 군사를 명령도 없이 돌이키는 건 반역이나 같거든. 그래서 이 때 이미 남은과 조인옥을 비롯한 이성계의 측근들은 이성계를 왕으로 세울 의논까지 했대.

이성계는 여유만만하게 자신의 세력권인 동북면을 지나 개경에 이르렀어. 그는 일부러 행군 속도를 늦추었는데, 민심을 유리하게 이끌는 한편 후군을 끌어들이기 위함이었어. 예상대로 이성계의 군사는 더욱 불어났고, 조정에는 반군을 막을 군사조차 없었어. 이성계를 신처럼 떠받드는 동북면 백성들은 '목자득국'木子得國: 이씨가 나라를 세운다을 노래하면서 뒤를 따랐지.

최영은 민병을 수습해 대항했으나 이성계가 진두지휘하는 주력군을 막아 내기에는 역부족이었어. 결국 우왕과 최영은 체포되어 유배되고 말았단다.

위화도 회군으로 고려 조정은 이성계 일파가 장악했어. 정도전과 조준, 남은을 비롯한 신진사대부 세력은 이성계를 왕으로 세우려는 물밑 작업을 서둘렀어. 폐가입진廢假立眞: 거짓을 폐하고 참된 것을 세운다을 주장하며 우왕을 폐하고 창왕을 세웠다가, 창왕 역시 신돈의 핏줄이라며 신종의 7대손인 정창군을 옹립하니 곧 공양왕이야.

하지만 이는 이성계를 즉위시키기 위한 디딤돌이었어. 공양왕은 우왕과 창왕에게 죽음을 내렸고, 이는 이성계의 짐을 덜어 주는 역할에 지나지 않았던 거야.

이 상황을 정몽주는 어떻게 생각했을까? 그도 위화도 회군은 어쩔 수 없는 선택으로 보았어. 그 역시 친명파로 요동 정벌에는 반대했거든. 그런 까닭에 이성계가 문하시중 겸 영팔도 군마도총이 되어 정몽주에게 수문하시중 겸 대제학을 권했을 때 그는 수락했어. 하지만 새 왕조를 여는 건 정몽주로선 도무지 용납할 수 없는 일이었어.

이성계는 정몽주를 한편으로 만들지 않고는 명분을 얻기 어렵다고 판단하고 때를 기다렸어. 정몽주를 중심으로 한 문신 세력도 만만치 않았거든. 그 때문에 이성계가 군권을 쥐고 있다 하더라도 왕실을 넘보기는 힘들었어. 이런 상황에서 두 파는 당겨진 활시위처럼 팽팽한 대립을 계속했지.

1392년, 위화도 회군을 한 지도 어느덧 4년이 지난 때였어. 정몽주는 문신들을 장악해 이성계 일파를 견제했어. 다급해진 이성계의 추종자들은 한목소리로 말했지.

"포은정몽주의 호을 제거하지 않고는 뜻을 이룰 수 없습니다."

이성계는 거부의 뜻을 나타냈어.

"포은은 내 친구요, 만백성이 우러러보는 군자다. 그는 내가 모함을 당하면 죽음으로써 우리를 구해 줄 것이다. 그러나 국운이 걸린 일은 알 수가 없구나."

이성계가 고민하자, 아들 방원은 정몽주를 제거할 방법을 찾기 시작했어. 하지만 정작 위기는 이성계에게 먼저 찾아왔어. 명나라에 갔다가 돌아오는 세자 석奭을 마중 갔던 이성계가 황주에서 사냥을 하다 말에서 떨어져 중상을 입은 거야. 이성계는 정신을 잃고 자리에 드러누웠어. 때마침 그의 부인 한씨마저 숨을 거둔 터라 이성계의 집안은 혼란에 휩싸였지.

백전노장의 신궁이 말에서 떨어지다니, 하늘이 준 기회였어. 정몽주는 즉시 조준, 정도전, 남은을 비롯한 이성계의 측근들을 탄핵해 귀양 보내 버렸어. 그런 다음 유배지에서 국문중죄인을 심문하던 일해 죽일 작정이었지.

하지만 그것은 촛불이 꺼지기 전에 마지막으로 잠시 밝은 빛을 내는 것과 다름없었어. 이성계에게는 방원이라는 뛰어난 아들이 있었거든. 방원은 다친 이성계를 밤에 개성으로 옮겨 왔어. 이성계가 개성에 있어야 군사를 부릴 수 있고, 정몽주 일파의 기습을 막을 수 있거든.

이성계가 개경으로 돌아오니 정몽주 일파는 주춤했지. 이에 3일간 식음을 전폐하고 고민하던 정몽주는 대담하게도 이성계의 병문안을 계획했어. 구실은 그랬지만 실은 목숨을 걸고 이성계의 상태를 염탐하려는 거였지.

정몽주는 집을 나서기 전 처자를 불러 놓고 담담하게 말했어.

"우리 집안은 충효를 숭상하는 가문이니 무슨 일이 있어도 조금도 부끄러워하거나 낙담할 필요가 없느니라."

정몽주는 수하 몇 명만 거느리고 이성계의 집으로 갔어. 방 안에는 중상을 입은 이성계가 누워 있었지. 정몽주는 잠시나마 친구로 돌아가 정치와는 관계없는 이야기로 위로했어.

이 때 밖에서는 무서운 음모가 진행되고 있었어.

"이번 기회를 놓치면 우리 집안이 결딴날 것이야!"

이성계의 이복동생 이화가 방원의 결단을 촉구하며 말했어.

"비록 아버님 뜻에 어긋나는 일이기는 하나, 다시 이런 기회는 오지 않을 것입니다. 큰 뜻을 위해 사사로운 마음은 버려야 하는 법, 제가 먼저 일을 치른 다음 아버님께 말씀드리겠습니다."

결심을 굳힌 방원은 마지막으로 정몽주의 마음을 알아보고자 술상을 마련했어.

"아버님이 편찮으시니 부족하나마 제가 대접하겠습니다."

방원은 먼저 정몽주의 잔에 술을 채우고 시조 한 수를 읊었어.

이런들 어떠하리 저런들 어떠하리
만수산 드렁칡이 얽혀진들 어떠하리
우리도 이같이 얽혀 백년까지 누리리.

– 「하여가」

겉으로는 여흥을 돋우는 시였지만 그 속에는 칼을 감추고 있었어. 왕씨나 이씨나 같은 민족인데 누가 임금이 되든 모두가 어우러져 잘 살면 좋지 않겠느냐는 뜻이야.
"그렇다면 나도 노래 한 소절로 답하리라."
포은은 빙그레 웃고는 단호한 목소리로 「단심가」를 읊었어.

이 몸이 죽고 죽어 골백번 고쳐 죽어
백골이 진토되어 넋이라고 있고 없고
임 향한 일편단심이야 가실 줄이 있으랴.

방원은 고개를 끄덕이며 조용히 술자리를 끝냈어. 그리고 정몽주가 집을 나서자 즉시 조영규, 조영무, 고려, 이부 등에게 명을 내렸지.
"선지교 다리에서 기다렸다가 포은을 처치하라."
정몽주는 이성계 집에서 나올 때 이미 모든 것을 예감한 터였어. 심상찮은 방원의 눈빛에서 그는 곧 일이 벌어질 것을 알아챘지. 돌아오

북한 개성시 선죽동에 있는 '선죽교'

는 길에 정몽주는 한 상가를 찾아가 문상하고 술을 마셨어. 그 다음엔 친구 성여완의 집에서 다시 한차례 술을 마셨어. 그런 다음 말에 올랐는데 엉뚱하게도 뒤를 보고 타지 뭐야.

"대감, 술이 지나치신 듯합니다. 자세를 바로잡으소서."

정몽주를 호위하던 군관이 말했어.

"부모님께 받은 피와 살이라 맑은 정신으로 죽임을 당하는 것이 싫어 술을 마셨고, 달려드는 역적 무리가 보기 싫어 말을 거꾸로 탔느니라. 내 뜻을 알았다면 모두들 살길을 찾아가거라."

사태를 짐작한 호위병들은 눈물을 흘리며 흩어졌어. 다만 녹사 김경조만이 같이 죽겠다며 말고삐를 잡고 앞장섰지. 충신은 살 곳보다 죽을 곳을 찾아야 한다고 했는데, 정몽주는 자신이 가야 할 길을 알았던 거야.

이윽고 말이 선지교에 다다르자 기다리던 이방원의 부하들이 달려 나왔어. 철퇴가 날아오자 김경조가 몸을 날려 대신 맞았어. 이 광경을 『조선왕조실록』은 다음과 같이 적었어.

> 몽주가 오자 영규가 달려 나가면서 쳤으나 맞지 않았다. 몽주는 (방원의 부하들을) 꾸짖고 말을 채찍질해 내뺐다. 영규가 쫓아가면서 말머리를 치니 말이 엎어졌다. 그 바람에 몽주가 땅에 떨어졌다가 일어나 급히 뛰는 것을 려 등이 쫓아가 죽였다.

선지교는 정몽주의 피로 붉게 물들었어. 한 시대를 지탱한 고려의 마지막 불꽃이 이렇게 꺼져 가니, 이 때 정몽주의 나이 56세였어.

그 후 선지교에는 비가 와도 핏자국이 씻기지 않았어. 다리 아래에서는 새파란 대나무가 솟아나 돌 틈으로 나왔고. 대처럼 꼿꼿하고 푸른 정몽주의 절개를 뜻하는 것만 같았지. 그래서 사람들은 그 다리를 선죽교善竹橋라고 부르게 된 거란다.

그 후 병상을 털고 일어난 이성계는 곧 유배된 수하들을 돌아오게 했어. 그리고 1392년 7월, 마침내 새 왕조 조선의 왕이 되니 고려의 500년 사직은 막을 내리게 되었지.

비록 고려는 역사 속으로 사라졌지만, 정몽주가 있어서 그리 쓸쓸하

*추증_ 동양의 봉건 국가에서 어떤 인물이 죽은 뒤 생전의 공적이나 활동을 살펴 조정에서 관직을 내려 주는 것을 말한다.

지 않았어. 효, 의, 충 이 세 가지를 온전하게 지킨 진정한 선비였던 정몽주는 조선에 와서 오히려 더욱 높이 받들어졌지. 정몽주를 죽였던 태종이 정몽주에게 영의정부사와 익양부원군으로 추증*할 정도였으니까. 조선에 와서 펴낸 『고려사』에서도 그의 공적과 자질에 대해서는 아주 좋게 적어 놓았어.

정몽주는 재질이 비상하게 높고 기개와 절개가 뛰어나게 호매하며 충효대절을 지키었고, 젊었을 때 부지런히 공부하고 성리학을 연구해 조예가 매우 깊었다. 당시에는 국가에 사고가 많고 정무가 호번했으나, 정몽주는 대사를 처리하고 큰 의문을 해결함에 있어서도 음성과 안색이 변하지 않고 이리저리 응답하는 것이 모두 실정에 알맞았다.

포은 정몽주, 그는 예리한 국제적 감각을 지닌 외교관 겸 정치가로 이름을 청사에 남겼어. 유학자이며 충신의 본이 되었지. 하지만 요동 정벌을 반대하고 명에 대한 사대 원칙을 지키려 했어. 주체성과 진취적인 전망은 약했다고 볼 수 있지. 그러므로 힘을 잃은 고려 왕조와 더불어 침몰할 수밖에 없는 한계점을 지니고 있었던 셈이야.

제11장
조선의 새 아침을 연 풍운아
정도전

조선 왕조가 일어서는 데는 정도전의 힘이 컸다.
모든 일에 그가 힘을 써 큰 업적을 이루었으므로
참으로 으뜸가는 공신이었다.

-『조선왕조실록』

멸시와 천대 속에서 큰 꿈을 품고

    정도전은 정몽주와 같은 해인 1337년에 충청도 단양에서 태어났어. 그의 본관은 봉화이며 아버지는 형부상서 정운경이었지.
    단양에는 도담삼봉이란 멋진 산이 있었어. 남한강에 뿌리를 내린 세 개의 봉우리는 이름난 명승지였지. 이 산봉우리 사이로 떠오르는 해를 보며 소년 정도전은 크나큰 꿈을 꾸었어. 그리하여 삼봉을 호로 삼았을 거야.
    정도전은 정몽주와 더불어 아버지의 친구인 이색에게 학문을 배웠어. 두 사람은 줄곧 함께 벼슬을 했고, 성균관 박사로 같이 강연도 했지. 정치적으로도 같은 친명파였어.
    이 때문에 두 사람은 같은 고통을 겪기도 했어. 명나라에 밀려 북쪽으로 쫓겨간 원나라에서 사신이 오자, 이를 접대하는 문제를 두고 신하들 간에 다툼이 벌어졌거든.
    정도전, 이숭인, 권근 등은 원의 사신을 받지 말아야 한다고 글을 올렸어. 신진사대부들은 이미 힘을 잃은 원나라보다는 명나라를 우대하는 게 고려의 앞날을 위해서 낫다고 생각한 거지. 그런데 친원파인 재상 이인임과 경복흥이 정도전에게 사신을 맞이하라고 명을 내린 거야.

정도전은 부리나케 경복흥의 집으로 달려가 소리쳤어.

"나에게 접반사 외국 사신을 접대하던 벼슬를 맡기면 원나라 사신의 목을 베든가, 묶어서 명나라로 보내고 말겠소!"

경복흥은 불에 덴 듯 놀랐지.

"네 놈은 나랏일을 그르치는 반역자나 다름없다. 죽음이 두렵지 않으냐?"

재상이 눈에 불을 켜고 고함을 쳤지만 갓 벼슬길에 나온 정도전은 눈도 꿈쩍하지 않았어.

이 때문에 신진사대부의 대표 격인 정몽주와 정도전은 귀양을 가게 되었어. 정몽주는 경상도 언양으로, 정도전은 전라도 나주로 갔거든. 그런데 묘하게도 그 후부터 두 사람은 서로 다른 길을 걷게 되었단다.

귀양을 간 이듬해 정몽주는 복직되었고, 정도전은 복직이 안 돼 고향 단양으로 가 공부를 했어. 어쩌면 이 때부터 새 나라를 건설할 꿈을 품었는지도 몰라.

4년 뒤, 정도전은 서울로 올라가 삼각산 밑에 삼봉재라는 집을 짓고 후학들을 가르쳤어. 그런데 재상을 지낸 어떤 사람이 훼방을 놓는 바람에 부평으로 옮겨야 했지. 부평에서도 역시 권세가의 방해로 다시 김포로 이사해야만 했어. 이렇게 정도전이 벼슬길로 다시 나가지도 못하고 무시당하는 데는 몇 가지 이유가 있었어.

첫째, 집안이 볼품 없다는 것 때문이었어. 그의 아버지는 형부상서를 지낸 양반이었으나, 어머니는 노비의 핏줄을 타고 났거든. 양반 중심인 엄격한 신분 사회였던 고려와 조선에서 인정받기 어려운 환경이었지. 『조선왕조실록』은 정도전의 외가 핏줄까지 들먹이며 은근히 악평하고 있단다.

중노릇을 하던 김전이라는 양반이 종의 아내를 뺏어 딸을 낳았다. 그 딸을 우연이라는 선비에게 시집 보냈는데, 우연은 역시 딸을 낳아 성균관에서 공부하는 정운경이라는 선비와 혼인을 시켰다. 그리하여 아들 셋을 보았는데, 그 맏이가 정도전이다.

정도전의 외할머니는 노비의 딸이니 정도전의 몸에도 노비의 피가 흐른다는 얘기야. 이 때문에 정도전은 벼슬살이를 하면서도 많은 모욕을 당했어. 이로 인한 심한 열등감 속에서 젊은 시절을 보냈다고 『조선왕조실록』은 기록하고 있어. 그의 부친 역시 청렴하고 뛰어난 실력을 가졌으나 높은 벼슬에 오르지 못한 건 아마도 같은 이유였을 가능성이 커.

사람들이 정도전을 싫어하는 두 번째 이유는, 너무 똑똑했기 때문이야. 그는 대장부답게 호탕하고 배짱이 두둑했으며, 공부에서도 뛰어난 실력을 보였어. 유학 경전은 물론 병법과 지리, 법률에도 밝았지.

이런 그에게 미치지 못하는 사람들은 크게 시샘을 부린 듯해. 종의 피가 섞인 사람이 뛰어난 재주를 가진 걸 눈꼴시어 한 거지. 그래서 정도전이 제자를 기르는 일까지 훼방 놓았던 거야.

그래도 정도전은 절망하지 않았어.

"오래 고인 물은 썩는 법, 이 나라는 이제 새롭게 태어나야 한다. 내가 그 준비를 하리라."

정도전은 새 나라를 세울 바탕을 닦기 위해 더욱 열심히 공부했어. 새 나라를 어떻게 다스릴지에 대해서도 깊이 연구했지.

고려 우왕 9년 1383, 정도전은 마침내 오랜 공부를 끝내고 일어섰어. 자신과 뜻을 같이 할 사람을 직접 찾아 나선 거야.

이 때 백성들의 영웅으로 떠오른 사람은 정몽주, 최영, 이성계 등이었어. 그들은 왜구와 홍건적의 침략으로부터 백성들을 구해 내 우러름을 받았지. 그 가운데 정도전은 가장 막강한 군사를 가진 이성계를 찾아갔어.

"참으로 훌륭한 군사들입니다. 이 군대만 가진다면 무슨 일인들 못하겠습니까?"

정도전은 이성계의 군사를 보고는 몹시 감탄했어. 이 정도 군사력이면 충분히 새 나라를 창업하겠다는 생각이 들었겠지. 그래서 정도전은 진영 가운데 우뚝 선 큰 소나무 껍질을 벗겨 내고 시 한수를 적었어.

오랜 세월 버티어 온 한 그루 소나무여
청산에 태어나 자라 몇 만 겹인가
이 때 아니면 서로 못 만날 터이니
그대 곁에서 함께 따르는 사람이 되리.

시를 본 이성계는 정도전의 두 손을 굳게 잡았어.

"옳은 말씀이오. 좋은 때 만났으니 뜻을 같이합시다."

이성계는 뛰어난 무술 실력과 전쟁을 지휘하는 능력이 있었어. 부하들은 그를 아버지처럼 따랐지. 그러나 젊어서부터 전쟁터만 누비고 다니는 통에 공부를 많이 하지 못했어. 이런 때 정도전같이 뛰어난 학자가 스스로 찾아오니 반갑기 이를 데 없었지.

하지만 이성계는 이 때만 해도 새 나라에 대한 생각은 없었던 듯해. 그저 함께 뜻을 합해 오랑캐를 무찌르고 고려 왕조에 공을 세워 충성하자는 의도가 강했지.

이렇게 서로 뜻은 조금씩 달랐으나 두 사람은 곧 친구가 되었어. 이유야 어찌 되었든 결과적으로 힘을 가진 이성계와 지혜를 가진 정도전이 손을 잡은 거야. 새 나라 조선을 세우기 위한 태동은 이렇게 시작되었단다.

재상의 나라를 꿈꾸다

정도전은 한동안 이성계를 따라다니며 참모 노릇을 했어. 그러다가 이성계의 추천을 받아 다시 조정에 나와 벼슬살이를 했지. 그래서 정몽주와 함께 명나라에 사신으로 간 적도 있어.

이 때 명나라 태조는 정도전을 꽤나 좋지 않게 본 모양이야. 황제 앞에서도 전혀 주눅이 들지 않고, 뽐내기를 좋아하며, 두둑한 배짱을 자랑하는 정도전이 못마땅했나 봐. 이런 이유 탓인지 나중에 정도전은 명나라 태조 때문에 아주 곤란한 일을 겪기도 해.

정도전은 벼슬살이를 할 때 중앙에 있지 않고 외직으로 자청해 나가기도 했어. 군수가 되어 백성들을 직접 다스려 본 거야. 자신의 철학을 다스림에 적용해 보고 또 새 나라를 어떻게 다스려야 할지 시험해 본 건지도 모르지. 이 때까지만 해도 그는 크게 나서지 않고 조용히 벼슬살이를 했어.

정도전이 고려 정치의 핵심으로 떠오른 건 1388년 위화도 회군 이후부터야. 친원파를 몰아 낸 고려 조정은 신진사대부인 친명파가 중요한 자리를 모두 차지했거든.

　이 때부터 정도전은 이성계의 오른팔 역할을 하기 시작했어. 새 나라를 세우는 계획은 대부분 그의 머리에서 나왔지. 공양왕을 세워 우왕과 창왕을 처리하게 해 이성계의 부담을 덜어 준 것도 그의 공로였지. 그리고 조선을 세우기까지 대부분의 계획이 정도전의 머리에서 나왔어.

　1392년, 마침내 고려가 무너지고 조선이 개국되었어. 정도전은 개국 일등공신이 되었지. 이 때부터 정도전의 활약은 더욱 활발해졌어.

　정도전은 조선 왕조에서 대단한 벼슬을 받았어. 문하시랑찬성사, 동판도평의사사, 보문각태학사, 의흥친군위절제사를 비롯한 여러 벼슬을 한꺼번에 받은 거야. 행정권과 병권을 양손에 쥐고 새 나라의 기초를 닦기 시작한 거지. 그 만큼 이성계가 정도전을 깊이 믿고 일을 맡겼다고도 볼 수 있지.

　정도전은 그 동안 공부하며 준비한 걸 바탕으로 조선이라는 새 나라의 청사진을 실천해 나가기 시작했어. 그는 먼저 조선의 새 도읍지를 서울로 정했어. 이성계는 대전으로 하고 싶어했으나 정도전은 서울을 강하게 권했지. 그리고 궁궐의 위치와 성문의 이름까지 자신이 지었어.

　또 하나 중요하게 한 일은 조선의 법령을 만든 거였어. 조선이 앞으로 나라를 다스려 나갈 바탕이 되는 법전인 『조선경국전』*을 펴낸 거야. 여기에는 조선의 정치, 군사, 행정, 경제에 대한 일들이 자세하게 적혀 있어.

*『**조선경국전**』_ 정도전 등이 지은 것으로 『경국전』이라고도 하며, 조선의 헌법이라 할 수 있는 책이다. 내용은 국가 형성의 기본과 중국의 전통적 관제에 따라 치·부·예·정·헌·공의 6전(六典)을 설치해 각 전(典)의 업무를 규정했다. 여러 법전의 효시가 되었고, 상·하 2권으로 되어 있다.

*「불씨잡변」_ 1394년(태조 3), 유학자 정도전이 ('부처의 잡소리'라는 제목에서도 알 수 있듯) 불교의 진리를 비난하기 위해 쓴 책이다. 불교는 이단이므로 배척해야 한다는 주장을 뒷받침하기 위한 내용 등이 실렸고, 「불씨잡변」은 조선시대 숭유억불 정책의 계기가 되었다. 권근과 신숙주의 서문이 있으며, 1권 1책으로 되어 있다.

태조 5년(1396), 정도전은 「경제문감」도 펴냈어. 「조선경국전」을 보충하는 책인데 지방을 어떻게 나누어 다스릴지 연구한 거야. 이와 더불어 「감사요약」을 지어 관리가 갖추어야 할 품성과 도리, 백성을 올바르게 다스리는 방법 등을 자세하게 적었어.

정도전은 「불씨잡변」*이란 책도 펴냈어. 여기서 그는 불교의 잘못된 점을 지적하고, 고려가 망한 데는 불교의 사치와 승려들의 타락이 한 원인이라고 주장했어. 그래서 조선은 불교를 억제하고 유교를 다스림의 근본으로 삼아야 한다고 했지. 이게 바로 숭유배불정책인데, 유학자인 선비들의 절대적인 지지를 받았단다.

정도전의 활약은 여기서 그치지 않아. 「고려사」를 펴내 역사를 정리하고, 여러 가지 병법서까지 펴내 군사 훈련에 적용하기도 했어. 이런 정도니 한 나라를 세우고 다스릴 철저한 준비를 한 셈이지.

이런 정도전이 바라는 이상적인 나라는 어떤 나라였을까?

물론 정도전이 성리학을 신봉하는 유학자니 사상적 토대는 유학이었겠지. 왕은 왕답게, 신하는 신하답게, 백성은 백성답게. 각자 자기 할 일에만 충실하면 저절로 정치가 되는 나라를 법도를 세워 만들고자 했지. 그리고 그 나라는 한 사람의 왕보다는 다수의 신하들이 중심이 되어 이끌어가는 나라가 되기를 소망했어. 아마도 그는 「논어」에서 공자가 말한 다음 구절을 염두에 두고 있었던 듯해.

아무것도 하는 일이 없는 듯 보이면서도 천하를 다스린 사람은 아마 순舜일 것이다. 그는 대체 무엇을 했던가? 삼가 자기 몸을 조심해 왕위에 앉아 있었을 뿐이었다.

이처럼 정도전의 사상에 있어서 왕이란 상징적 존재였어. 왕은 덕을 잃지 않은 채 하늘만 잘 섬기면 그만이야. 나머지 실질적인 국가 경영은 조정 대신들의 몫이었고, 그 수장은 당연히 재상이었지.『조선경국전』의「재상연표」는 이러한 그의 사상을 단적으로 보여 준단다.

총재재상는 여러 직책을 겸임하지만 인주人主:왕의 직책은 한 사람의 재상을 택하는 것뿐이며, 그 밖의 모든 정사에는 관여하지 않는다는 것을 보여 주고자 한다.

이것이 정도전이 꿈꾸던 나라였어. 바로 재상의 나라였지. 임금은 한 사람의 재상만을 택하고, 이에 비해 재상은 중심이 되어 나라를 다스리는 거야. 물론 인재의 등용과 퇴거도 재상의 책임이고 권한이지. 나랏일이 잘되지 않으면 임금은 재상 한 명만 바꾸면 돼. 그러면 재상은 자기 이상에 맞는 인재들로 다시 조정을 구성하는 거지. 그러고 보니 이는 금세기의 내각책임제 의원내각제와 비슷하기도 해.

이렇듯 정도전은 왕보다도 재상을 중시했어. 그는 왕의 자질이 중간 정도만 되어도 재상만 훌륭하면 정치가 잘된다고 믿었어. 왕은 한 집안에서 대를 잇게 되니 때로는 능력이 없는 이가 보위에 오를 수도 있는데, 이 때 재상이 훌륭하면 나라를 잘 이끌 수 있다고 생각한 거지.

　이러한 그의 사상에 대해 이성계는 관여하지 않았어. 그는 왕조의 창업자가 된 것만도 버거웠는지 중요한 나랏일은 정도전한테 다 맡겨 둔 채 지켜보기만 했거든. 아마도 그건 이성계가 무장 출신이라 전쟁은 잘해도 정치는 잘 모르는 까닭도 있었겠지.

　그러나 신하 중심의 나라를 만들려는 정도전의 사상을 극히 못마땅해하는 자가 있었으니, 바로 이성계의 아들 이방원이었어. 그는 왕권의 확립과 강화만이 나라의 안정을 가져 온다고 믿었지. 그러므로 이방원과 정도전의 한 판 대결은 피할 수 없게 된 거야.

승리한 패배자

"한고조가 장량을 이용한 것만이 아니라 장량 역시 한고조를 이용한 것이다."

조선 개국 후에 정도전은 이런 말을 하며 자신을 장량과 비교하곤 했어. 장량은 한나라의 개국공신인데, 한고조 유방이 장량을 등용해 쓴 것과 마찬가지로 장량 역시 한고조를 이용해 새 나라를 세웠다는 거야. 그처럼 자신 역시 이성계를 이용해 조선을 세웠다며 개국공신의 자부심을 드러낸 거지.

이렇듯 강한 자부심과 더불어 조선의 주요 권한을 한 손에 쥐고 새 나라의 토대를 다져가던 정도전에게 위기가 찾아왔어. 명나라가 표전문을 트집 잡고 정도전을 처벌할 것을 주장하고 나선 거야.

표전문이란 상국인 중국 황실에 올리는 외교적인 글이야. 거기에 명나라를 깔보는 글귀가 있다며 글을 지은 사람들을 보내라는 거였어. 말은 그랬지만 실은 명나라 태조가 정도전을 붙잡기 위한 수작이었지.

명나라 태조 주원장은 처음부터 정도전을 몹시 미워했어. 아니, 미

나라에 경사가 있거나 사신이 왔을 때 연회를 베풀던 '경복궁 경회루'. 처음 지을 땐 작은 규모였으나, 태종 12년(1412)에 연못을 넓히면서 크게 다시 지었고, 그 뒤 임진왜란으로 불에 탄 것을 고종 4년(1867)에 재건했다.

워한다기보다는 두려워했는지도 몰라. 정도전은 틈만 나면 요동을 정벌하겠다고 큰소리를 치며 군사 훈련을 시켰거든.

"우리 조선의 역사는 고구려 이전부터이며, 다스리던 땅은 만주와 요동을 아우른 넓은 대륙이었다. 우리는 마땅히 옛 조선의 땅을 되찾아야 한다."

이러한 정도전의 마음을 아는 주원장은 정말로 조선이 쳐들어올까 봐 내심 겁을 냈대. 그래서 표전문을 핑계 삼아 정도전을 잡아가거나 제거하려던 속셈이었지.

정도전은 그 꾐에 말려들지 않았어. 오히려 명나라 사신이 보는 데서 조선 군사가 훈련하는 모습을 보여 주었지. 큰 나라랍시고 조선을 우습게 본다면 혼내 주겠다는 듯이 말이야. 그의 속 깊은 데는 고구려 땅을 되찾겠다는 벅찬 꿈이 타오르고 있었어.

이렇게 정도전이 강하게 반발하자 결국 명나라도 뜻을 접었어. 표전문 문제는 다른 사신이 가서 좋게 해결했고, 다시는 정도전을 걸고넘어지지 않았지. 그런데 정도전의 꿈은 다른 데서 꺾이고 말았어.

태조 이성계는 11세밖에 되지 않은 막내 방석을 세자로 삼았어. 누구나 나라를 세우는 데 가장 공이 큰 다섯째 아들 방원이 세자가 될 줄 알았는데, 태조는 방원을 매우 싫어했어. 자신과 더불어 역성혁명을 하며 너무 많은 사람을 죽였거든. 특히 정몽주를 죽인 건 두고두고 아쉬워했지. 그런 방원이 다음 왕이 되면 어진 임금이 될 수 없을 거라고 믿었어. 자신을 잇는 새 나라의 왕은 흠이 없는 순수한 자가 좋겠다고 생각한 거지.

어쩌면 이성계의 이런 생각은 정도전의 뜻이었는지도 몰라. 정도전은 종종 이렇게 말했거든.

"나라는 모든 백성을 위해야지, 어느 한 집안왕실을 위하면 안 됩니다. 그러기 위해서는 임금과 신하가 힘을 고루 나누어 가져야 합니다. 임금은 한 집안에서 대를 잇는데, 언제나 지혜롭고 어진 사람이 임금이 된다는 보장이 없습니다. 만일 포악한 사람이 임금이 되면 독재를 할 것이고, 그 고통은 모든 백성이 당하게 됩니다. 신하는 언제든지 바뀔 수 있으므로, 슬기롭고 청렴한 자를 뽑아 쓸 수 있습니다. 따라서 임금이 신하들과 힘을 고루 나누어 가져야 나라가 흔들림 없이 오래 평화를 누릴 것입니다."

　나랏일을 신하들이 중심이 되어 이끌어 가야 한다는 '신권주의' 정치관을 잘 드러내는 말이지. 매우 민주적인 생각이지만, 왕조시대인 그 당시에는 받아들이기 힘들었겠지. 강한 '왕권주의'를 주장하는 이방원은 이런 정도전에게 이를 갈고 있었어. 그러다가 결국 '제1차 왕자의 난'이 터지고 말았어.

　'제1차 왕자의 난'은 '무인정사'라고도 하고 '정도전의 난'이라고도 해. 정도전이 먼저 이방원과 그 형제들을 죽이려고 난을 일으켰다는 거지.

　때는 1398년 무인년 8월 25일이었어.

　태조 이성계는 앓아누워 있었는데, 그 일로 정도전은 이방원을 비롯한 왕자들을 밤에 대궐로 들어오라고 했어. 그리고 군사들을 숨겨 두었다가 일제히 쳐서 죽이려는 계획을 세워 놓았지. 그 날 밤의 상황을 『조선왕조실록』은 다음과 같이 기록해 놓았어.

　이방원과 왕자들이 다급한 부름을 받고 대궐 앞에 이르렀을 때였어.

옛날부터 내려오는 규칙대로 궁전의 여러 문들에는 밤마다 꼭 등불을 켜 놓는 법이다. 그런데 이 날 따라 궁전 문에 등불이 없어 태종 이방원은 더욱 의심이 들었다. 그래서 배가 아프다고 하며 서쪽 채 문 밖에 있는 뒷간으로 들어가 앉아 한참 동안이나 생각했다.

변소에서 곰곰 생각한 끝에 이방원은 발길을 돌렸어. 정도전이 자신들을 죽이기 위한 함정을 파 놓았다고 생각한 거야. 실록에는 이 때 정도전의 계획을 알고 있던 이무가 와서 고자질을 했다는 사실도 씌어 있어.

그 길로 발길을 돌린 방원은 군사를 일으켰어. 그리고 병권부터 장악하기 위해 정도전이 우두머리로 있는 삼군부를 점령했지. 정도전의 부하들이 반항하기는 했지만 싸움은 방원의 일방적인 승리로 끝났어. 그런 다음 그는 대궐로 들어가 이복동생인 세자 방석과 그의 형 방번을 죽였어.

이 때 정도전은 남은의 집에서 술을 마시고 있었는데, 결국 방원의 군사에게 발각되어 죽임을 당했어. 정도전을 제거한 방원은 이렇게 말했어.

"정도전은 신하된 자로서 왕실을 우습게 여기고 장차 자신이 이 나라를 거머쥐려 했다. 더욱이 전하(이성계)의 병환을 핑계 삼아 우리 형제들을 밤중에 대궐로 불러들여 모두 죽이려 했다. 하지만 하늘이 무심치 않아 이렇게 이들을 토벌한다."

하지만 이는 핑계일 가능성이 커. 무인정사 속에는 더 복잡한 사정이 있었던 거야.

이방원은 처음부터 정도전과 사이가 좋지 않아. 정도전은 나라를 자신이 세운 듯 자기 뜻대로 다스렸고, 방원은 나랏일에서 밀려나 아무런 벼슬도 받지 못했거든. 게다가 세자 자리마저 막내인 방석에게로 갔는데, 이 역시 정도전이 계획한 일이었어.

정도전은 왕권과 중앙 정부의 힘을 키우기 위해 사병을 없애려고 했어. 사병은 장수들이나 재상들이 가진 개인 군사야. 이성계가 큰 힘을 발휘할 수 있었던 이유도 사병이 많았기 때문이었어.

사병을 없애면 방원과 그를 따르는 장군들은 이빨 빠진 호랑이가 될 게 뻔했어. 방원은 이복 아우에게 돌아간 세자 자리를 되찾을 기회를 노리고 있었거든. 그런데 사병이 없으면 힘으로 세자 자리를 찾을 길이 없잖아. 그래서 군사를 일으키게 된 거야.

또 한 가지 방원이 정도전을 제거한 이유는, 왕권을 강화하기 위해서였어. 정도전은 신하를 중심으로 나라를 다스리려 했잖아. 이는 왕족들에게 매우 불리한 일이었어. 그랬다가는 언제 임금이 다른 성씨로 바뀔지 모르잖아. 그러면 나라가 평화롭고 안정되기는커녕, 힘센 신하들이 서로 임금이 되려고 싸울 게 뻔하다고 방원은 생각한 거야. 강한 왕권만이 나라를 안정시키고 백성들을 편안하게 할 수 있다고 믿었지. 그러자면 먼저 그런 사상을 가진 정도전부터 없애야만 했던 거야.

이런 이유들 때문에 정도전은 이방원의 칼에 숨졌어. 백성들을 위한 새 나라를 세우고, 요동을 정벌하려던 꿈도 물거품이 되고 말았지. 결국 왕이 된 방원태종은 정도전을 공신록에서도 빼고 역적으로 기록하게 했어.

그런데 여기에는 많은 의문이 있어. 역사에는 정도전이 먼저 난을 꾸몄다고 기록했는데, 이는 꾸며졌을 가능성이 짙어. 정도전은 삼군부의 우두머리이면서도 군사를 동원하지 않았고, 별 저항도 없이 죽었어. 만일 그가 먼저 난을 꾸몄다면 병권을 거머쥔 그가 그토록 쉽게 당

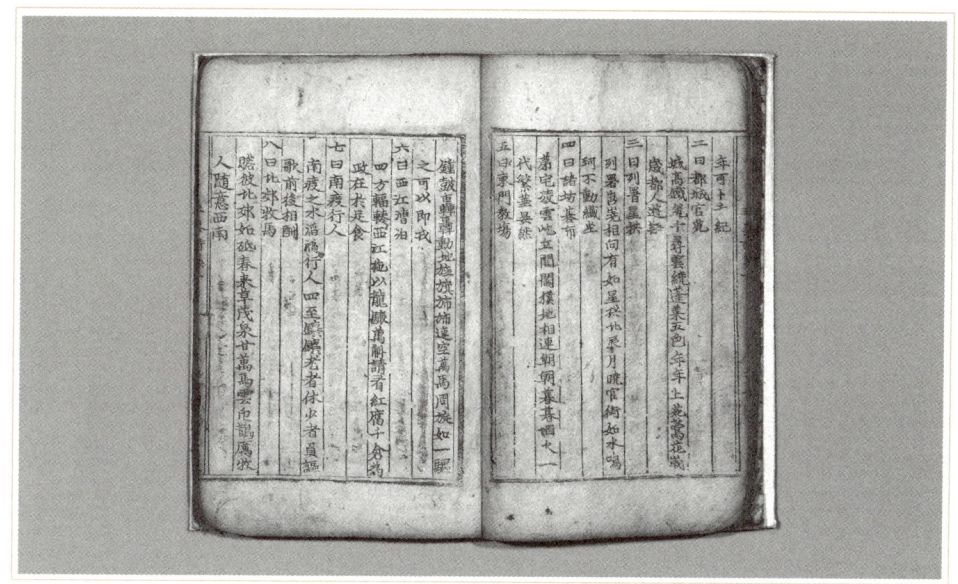

정도전의 시문집인 『삼봉집』

할 리가 없잖아? 게다가 한가하게 남은의 집에서 술이나 마시고 있었을 턱도 없고 말이야.

이 역사는 방원이 임금_{태종}으로 있을 때 기록되었으니 정도전에게 불리하게 씌어졌을 가능성이 매우 커. 하지만 정도전 역시 방원을 적으로 여기고 제거할 기회를 노리긴 했을 거야. 그가 세자로 만든 방석이 왕 노릇을 제대로 하려면 가장 큰 장애물이 방원이니까. 게다가 역사를 터무니없이 거짓으로 꾸미기란 역시 어려운 일이고.

정도전과 이방원의 사이가 어떠했든, 조선 왕조도 정도전의 재주와 공로에 대해서만큼은 높이 인정했어. 『조선왕조실록』에서 정도전을 어떻게 평가했는지 볼까?

조선 왕조가 일어서는 데는 정도전의 힘이 컸다. 모든 일에 그가 힘을 써 큰 업적을 이루었으므로 참으로 으뜸가는 공신이었다. 그러나 도량이 좁아 남을 시기하고, 또 겁이 많았다. 그래서 자기보다 나은 사람을 꼭 해치려 하고, 감정을 품었던 사람에게는 기어코 보복하려 했다.

태종이 정도전을 폄하하고 역적이라는 오명을 덮어 씌웠지만, 결국 조선은 정도전의 청사진 위에서 건설되고 운영되었어. 그러므로 정도전은 패배자지만 실은 승리자라고 볼 수도 있지. 그를 가장 위대한 승리자로 만든 건 바로 그가 남긴 책이었어. 정도전을 제거한 태종조차 『조선경국전』과 『경제문감』, 『감사요약』 등을 보고 찬탄을 금치 못했고, 나라를 다스리는 방안을 그의 책에서 빌려 왔거든. 이런 걸 보면 자신을 장량에 비유하며 자기가 이성계를 이용해 조선을 세웠다는 주장이 억지는 아닌 셈이지.

하지만 정도전의 한계도 분명하단다. 유학자로서 사대주의에 젖어 온전한 주체의식을 갖지는 못 했어. 우리 역사상 '조선'만이 유일한 나라 이름이라고 했는데, 그 이유가 천자인 주나라 무왕이 인정한 이름이기 때문에 그렇다고 주장할 정도였어. 또 공자나 주나라를 본받으려 하고, 『고려사』를 정리하면서 고려를 중국의 속국처럼 깎아내리는 실책도 있었단다.

후세들은 마땅히 이런 공로와 더불어 실책까지 잘 보고 균형 있는 판단을 해야 하는데, 그를 비판하는 시각이 한쪽으로 치우친 것도 안타까운 일이야.

제12장
조선의 용광로
황희

황희는 성품이 너그럽고 후하고 신중하며, 재상으로서 세상을 보는 눈과 깊은 생각이 있었다. 그의 생김생김은 풍만하여 빼어났고, 뛰어나게 총명하였다. 집을 다스리는 데도 검소하였고, 기쁨과 노여움을 겉으로 나타내지 않았으며, 일을 의논할 때는 공명정대하여 원칙을 살리기에 힘썼다.

- 『조선왕조실록』

두문동 골짜기의 맹세

조선을 개국한 지 2년이 지난 때, 개경의 경덕궁*에서 과거가 치러졌어. 태조 이성계로서는 왕이 되어 처음 치르는 과거라 기대가 컸겠지. 과연 어떤 인재들이 뽑혀 새 나라를 이끌게 될지 몹시 궁금했을 거야. 그런 기대를 잔뜩 안고 경덕궁에 행차한 이성계는 심한 충격을 받았어.

"아, 이럴 수가!"

이성계는 이마를 짚으며 쓰러질 듯 비틀거렸어. 과거장은 나락을 베어 낸 가을 들판처럼 썰렁했거든. 시골에서 올라온 몇몇 선비들만 덩그러니 자리를 지키고 있었던 거야. 국립대학인 성균관의 젊은 학생들은 눈을 씻고 보아도 없었어. 그들이 과거에 응하지 않는다는 건 곧 선비 집단인 유림이 조선과 자신을 인정하지 않는 것과 다름없는 일이었어.

"이제 보셨소이까? 이것이 바로 백성들의

*경덕궁_ 조선 태조 이성계가 왕위에 오르기 전에 살던 경기도 개성에 있던 집으로, 왕위에 오른 뒤 크게 고치고 궁(宮)으로 봉했다. 궁 앞에는 부조현이라는 고개가 있고, 북쪽에는 괘관현이라는 고개가 있는데 고려의 선비들이 이곳에서 망국의 한을 품고 갓을 벗어 나뭇가지에 걸고 사라졌다는 말이 전하기도 한다. 경덕궁은 임진왜란 때 불타 없어졌다.

마음이고, 또한 하늘의 뜻이올시다!"

그나마 자리를 지키고 있던 한 선비가 일어나 이성계를 나무랐어. 그러고는 답안지를 쫙쫙 찢어 버리고는 나가는 거야. 몇몇 선비들도 답안지를 팽개치고는 그 선비를 따랐지.

"아니, 저 놈들이 무엄하게 상감마마 앞에서!"

대신들이 고함을 지르자 군사들이 창을 앞세우고 선비들을 막았어. 그를 본 이성계는 손을 가로젓고는 그들을 그냥 보내 주라고 했어. 그리고 힘없이 자리에 주저앉으며 한탄했지.

"내 덕이 부족한 탓인 걸 누구를 탓하겠는가!"

대신들은 몸 둘 바를 몰라 고개를 조아릴 뿐이었지.

"우리도 두문동으로 갑시다!"

과거장에서 나온 선비들은 곧장 개성을 벗어나 광덕산으로 갔어. 거기 두문동 골짜기에는 고려의 벼슬아치들과 선비들이 모여 살았거든. 조선에서는 벼슬을 하지 않겠다고 결심한 사람들이었지. 그들은 골짜기 입구에 긴 통나무로 얼기설기 문을 만들어 놓고는 밖으로 나오지 않았어.

과거가 흐지부지 된 다음날, 조선 조정은 시끄럽게 들썩거렸어. 바로 두문동 사람들을 두고 다투는 소리였어.

"그들은 새 나라의 위엄에 도전하고 있습니다. 그대로 두었다가는 모든 백성이 조선을 우습게 볼 것입니다. 서둘러 없애야 합니다."

조선의 개국공신과 무장들이 소리를 높였어.

태조는 손사래를 치며 반대했어.

"그들은 대부분 성균관 학생이며 명망이 높은 선비들이오. 그들을 모조리 없앤다면 장차 이 나라는 누가 이끌어 간단 말이오. 인재란 무릇 한 나라의 기둥과도 같소. 그들을 잘 설득해 나오게 하시오."

태조의 명을 받은 사신이 두문동으로 달려갔어.

"이제 이 땅에 새 나라가 열렸다. 두문동의 선비들은 더 이상 과거 일에 매이지 말고, 하루 빨리 골짜기에서 나와 새 나라를 위해 충성을 다하라!"

사신이 태조의 뜻이 담긴 글을 읽자 두문동 선비들은 야유를 보냈어.

"너희들은 왕씨에게 충성을 맹세하고는 다시 이씨를 위해 그따위 글을 읽느냐? 에잇, 더러운 놈들아! 이거나 받아라!"

두문동 사람들이 사신들에게 뭔가를 획 뿌렸는데, 고약한 냄새에 사신들은 코를 싸쥐었어. 사신들의 옷과 얼굴에 묻은 것은 똥오줌이었지.

"네 놈들이 진정 죽기를 작정한 모양이로구나!"

사신이 노하여 소리치고는 발길을 돌렸어. 두문동 사람들은 그 모습을 보고는 손가락질을 하며 배를 잡고 웃었지.

"감히 상감의 사자에게 분뇨를 뿌리다니, 이는 상감을 임금으로 여기지 않음이요, 또한 조선을 나라로 여기지 않음이로다. 이 놈들을 그냥 두면 장차 큰 역적의 무리가 되겠구나."

조선의 개국공신들은 하나같이 그들을 없애야 한다고 소리를 높였어. 결국 태조도 한 번 더 나오기를 권한 다음 그렇게 하라는 명을 내렸어. 하지만 조금이라도 뉘우치는 사람은 모두 용서하고 받아들이라고 덧붙였어.

두문동에는 무거운 기운이 감돌기 시작했어. 곧 두문동에 불을 지를 것이라는 소문이 돌았거든. 그래도 선비들은 아무도 도망칠 생각을 하지 않았어.

*백면서생(白面書生)_ 백면랑(白面郞)이라고도 하며, 글만 읽어 얼굴이 창백한 사람이라는 뜻으로 세상 물정에 어둡고 경험이 없는 사람을 이르는 말이다.

"흥, 왕씨들을 모조리 죽였는데 우리 같은 백면서생*이야 파리 잡듯 쉽게 죽이겠지요. 하지만 선비의 기개와 지조가 칼보다 무섭다는 걸 보여 주어야 합니다. 그 어떤 위험이 닥쳐와도 이 곳에 남아야 합니다. 그래야 새 나라가 백성을 두려워할 줄 알고, 장차 이 땅의 선비들이 제대로 대접을 받을 것입니다."

한 선비의 말에 모두들 고개를 끄덕였어.

"지극히 옳은 말씀이오. 하지만 곰곰 따져 보면 고려나 조선이나 우리 민족이 세운 우리의 나라요. 또 임금의 성이 바뀌기는 했지만 백성들에게는 여전히 같은 나라일 것이오. 그러니 진정 백성을 위해 일할 수 있는 사람은 여기에서 내보내는 게 바른 도리일 것이오."

묵묵히 앉아 생각에 잠겨 있던 나이 많은 선비가 말했어.

"그 말씀 역시 옳소. 우리 모두가 죽는 것도 뜻 있는 일이나, 살아서 이 일을 알리고 백성들에게 덕이 된다면 그 또한 의로운 일일 것이오. 그런데 누구를 여기서 내보낸단 말입니까?"

또 다른 선비가 말을 받았어.

잠시 논의하는 중에 자연스럽게 선비들의 눈길이 한 곳으로 모아졌어.

"우리는 대부분 고려 조정에 오래 몸을 담았거나, 왕씨의 그늘에서 공부한 사람들입니다. 그러나 우리 중에는 벼슬길에 나온 지도 얼마 되지 않거니와, 인품과 학식이 여기서 죽기에는 너무 아까운 사람이 있습니다. 이런 사람이야말로 백성을 위해서라도 살아 남아 새 나라를 올바르게 이끌어야 하지 않겠습니까?"

사람들의 눈길을 한 몸에 받은 선비는 풍채가 당당하고 눈이 부리부리하며 커다란 코와 길쭉한 귀를 지닌 젊은이였어. 아직 수염이 많이 나지는 않았지만 너그러움과 더불어 위엄이 넘쳐 흘렀지.

"왜들 이러십니까? 저도 고려 왕조에서 과거에 급제해 벼슬을 받은 몸입니다. 여기서 여러 선배님들과 운명을 함께할지언정 결코 새 나라에 충성을 바칠 수는 없습니다."

젊은 선비의 단호한 말에 다른 선비들이 그를 설득하기 시작했어.

"그대가 문과에 급제해 성균관 학록이 되었을 때는 위화도 회군 이후라 이미 이씨의 세상이었소. 부디 백성들을 위해 이 곳에서 나가 주오."

"옳은 말씀이오. 새 나라는 무장들이 세운 나라요. 그대와 같은 젊은 선비가 장차 나라를 올바로 이끌어야 하지 않겠소. 우리는 이미 고려 왕조에 너무 오래 몸담았기에 새 나라에 충성을 하려 해도 명분이 없소. 부디 그대는 재주와 학문을 썩히지 말고 백성을 위해 일해 주시오."

두문동의 선비들은 한 젊은 선비를 설득하기 위해 밤을 꼬박 샜어. 젊은 선비는 동이 터오는 새벽녘에야 자기 주장을 굽혔지.

"모든 분들의 뜻이 그러하다면 삼가 그 뜻을 받들겠습니다."

젊은 선비가 뜻을 받아들이자 모두들 자기 일처럼 기뻐했지.

이튿날, 사신이 군사들과 함께 두문동으로 와 소리쳤어.

"자, 이번이 마지막 기회니라. 어서 이 곳을 떠나라! 말을 듣지 않으면 죽음이 있을 뿐이다!"

두문동 선비들은 끝까지 버텼어.

"우리는 이미 고려 왕조와 함께 여기에 뼈를 묻을 각오를 했소. 허나 이 사람은 너무 아까운 인재니 새 나라에서 아껴 쓰도록 하오."

두문동 선비들이 젊은 선비의 등을 떠밀며 말했어.

젊은 선비는 허리 숙여 인사를 했지.

"우리 당부를 잊지 마시오."

"이 나라를 올바르게 이끌어 주시오."

두문동 선비들은 떠나가는 선비와 마주 절을 하고는 간절하게 말했어.

"이 세상을 떠나도 여러분들의 거룩한 뜻은 잊지 못할 것입니다."

사신을 따라 돌아서는 젊은 선비의 큰 눈에 눈물이 그렁그렁 고였어. 선비는 하늘을 보며 눈물을 꾹 짜 내고는 스스로 맹세했어.

'내 평생 백성을 섬길 것이며, 또한 백성보다 가난하게 살리라!'

이렇게 청렴결백하게 살 것을 굳게 다짐하는 젊은 선비의 이름은 황희였어. 조선 왕조 500년 역사상 가장 뛰어난 재상으로 이름을 남긴 그가 이렇게 구사일생으로 죽음의 골짜기에서 빠져 나온 거야.

그가 나온 며칠 뒤, 두문동은 불길에 휩싸였어. 골짜기 둘레에 섶단을 쌓고는 한쪽 길만 틔워 두었어. 마음이 변한 사람들이 도망칠 구멍을 열어 둔 거지. 그리고 불을 지른 거야. 하지만 72명의 선비들은 아무도 도망치지 않고 불길 속에서 죽음을 받아들였지.

신규, 조의생, 임선미, 이경, 맹호성, 고천상, 서중보, 민안부, 김충한 등은 절개를 꺾지 않고 불길 속에서 의연히 고려 왕조에 대한 불보다 뜨거운 충절을 바쳤어. 세상 사람들은 그들을 '두문동 72현'이라고 불렀어. 오래 한 곳에 머무르며 밖으로 나오지 않는 것을 '두문불출杜門不出'이라고 하는데, 바로 이 일에서 비롯된 말이야.

훗날, 조선 왕조에서도 그들의 충성심을 갸륵하게 여겨 두문동에 비석을 세워 주었고, 정조는 절개의 표상이라 하여 성균관에 표절사를 세워 원혼을 위로해 주었단다. 그들로 인해 선비들은 절개를 더욱 중시하게 되었고, 그러한 선비 정신이 조선을 이끌게 되었지.

고집쟁이가 허허대감이 되기까지

이성계는 두문동에서 나온 황희를 특별히 아꼈어. 그는 비록 한 명의 선비일 뿐이나 두문동 72현의 대표나 다름없고, 결국 조선의 선비들도 현실을 인정한 상징이었거든. 다시 성균관 학관이 된 황희는 진지한 강의를 하는 한편, 세자우정자가 되어 양녕대군의 스승 노릇을 했어.

후세들은 황희 정승이라고 하면 으레 너그러운 인품과 청빈의 삶을 떠올리지. 하지만 젊은 황희는 생각처럼 그렇게 부드럽기만 한 사람은 아니었어. 거침없이 두문동으로 들어간 데서도 짐작할 수 있지만 그는 엄격한 원칙주의자였어. 자신의 신념을 위해 목숨도 버릴 줄 아는 과단성이 있는가 하면, 한 번 세운 뜻은 끝까지 밀고 나가는 우직함도 있었지. 그러한 성격 때문에 여러 번 파직을 당하기도 했어. 하지만 사심과 파당이 없었던 그는 곧 복직되었고, 다양한 벼슬을 거치며 매우 빠르게 승진했단다.

황희는 문하부우습유, 경기도도사를 거쳐 형조, 예조, 병조, 이조의 실무 요직인 정랑을 지냈어. 그리고 1402년에 부친상을 당해 잠시 조정을 떠났다가 곧 돌아와 우사간대부가 되었고, 1410년에는 대사헌에 올라 조선 조정의 핵심 인물이 되었지. 이어 병조, 예조, 이조의 수장을 역임해 장차 조정의 수장으로서 활약할 바탕을 충실히 닦아 갔어.

황희

태조가 그랬던 것처럼 황희에 대한 태종의 신임도 각별했어. 태종은 무슨 일이든 황희와 상의해 결행했고, 역성혁명에 항거해 두문동에 은거했던 그를 개국공신처럼 대우했지. 황희는 이렇게 태종의 은덕을 입으면서도 종종 태종과 갈등을 일으켰어. 특히 양녕대군을 세자에서 폐위시키는 문제를 두고 심하게 부딪혔지.

세자 양녕은 타고난 성격이 활달하고 글도 잘 지었어. 태조로부터 명궁 백우전을 물려받을 정도로 활쏘기에도 뛰어났으며, 당대의 명필로 우뚝 설 만큼 서예도 잘했어. 새 나라 조선의 세자로서 조금도 부족함이 없었던 거야.

그러나 양녕은 얽매임을 싫어하는 성격 탓에 답답한 궁내 생활에 잘 적응하지 못했어. 그 때문에 종종 궁을 벗어나 시정에서 잡배들과 어울려 사냥과 놀이를 즐기곤 했지. 태종이 수차례 벌을 주기도 했지만 양녕은 점점 더 심한 말썽을 부렸어.

왜 양녕이 이런 어긋난 행동을 했을까?

양녕의 이러한 행동에는 한 가지 야사가 전해진단다. 어느 날 밤, 어머니를 뵈러 간 양녕은 부왕과 모친이 나누는 이야기를 우연히 듣게 되었대.

"충녕_{세종의 즉위하기 전 군호}의 재주가 유별나게 뛰어나니 참 아깝기 그지없소. 이미 세자가 정해졌고 충녕은 셋째에 지나지 않으니 그 재질을 어디에 쓴단 말이오."

부왕의 이런 아쉬움은 모친도 같았어.

"성군은 하늘이 내는 것인데 어찌 형제의 차례를 살피지 않았을까요?"

부모의 마음을 알게 된 양녕은 그 뒤로 이상한 행동을 일삼기 시작했다는 거야. 공부는 하지 않고 사냥을 다니고, 스승이 야단을 치면 개 짖는 흉내를 내고 말이야.

양녕이 그렇게 변하자 둘째인 효령대군이 태도를 더욱 엄히 해 공부에 열중했어. 이 말을 들은 양녕은 효령을 찾아가 한 대 쥐어박고는 소리쳤어.

"효령, 네가 내 자리를 넘볼 셈이냐? 그리고 진정 충녕에게 성군의 자질이 있음을 너는 모르느냐!"

이에 퍼뜩 사태를 깨달은 효령은 그 후로 왕이 될 꿈은 꾸지도 않고 불도를 공부하기 시작했대. 숭유배불정책을 기본으로 삼은 조선에서 불도에 빠졌으니 스스로 왕권에 대한 미련을 접은 셈이지. 이렇게 형들의 자발적인 양보에 의해 조선 최고의 성군 세종이 탄생한 거야.

하지만 그 과정이 결코 순탄하지만은 않았어. 양녕은 마음에도 없는 파행을 계속해야 했고, 이는 결국 태종의 진노를 불러일으켰거든.

"세자의 기행이 날로 도가 넘으니 그를 징계해 폐하려 하는데 경들의 의견은 어떠하오?"

마침내 태종이 폐세자 안건을 내놓았어. 태종의 강경한 태도를 직감한 대신들 역시 폐세자에 찬성했지. 이 때 황희는 강한 어조로 폐세자를 반대했어.

"아니 되옵니다. 이는 나라의 흥망을 좌우하는 일이니 결코 가벼이 결정할 수 없습니다. 비록 세자께서 도리에 어긋난 행동을 했으나, 잘 이끈다면 천성이 총명하신 세자께서 성군의 길을 가게 될 것입니다."

황희의 말도 옳았지만 태종은 이미 충녕에게 마음이 기울어 있었어. 그런데 가장 믿었던 신하의 반대에 부딪히니 태종은 크게 화를 냈지. 태종은 왕권에 반하는 인물에게는 사정을 두지 않았거든.

"황희를 파직하라!"

이렇게 폐세자 문제는 일단 잠잠해졌어. 황희가 몸을 던져 양녕을 지킨 셈이었지.

하지만 태종이 폐세자 운운한 것은 충녕을 세우기 위함이지, 결코 양녕을 미워해서가 아니었어. 마찬가지로 황희를 진정으로 미워한 것도 아니었지. 그래서 바로 얼마 뒤 황희는 다시 공조판서로 중용되었고, 곧 판한성부사가 되었어. 그 때까지도 양녕의 기행은 그치지 않았어. 양녕은 마치 이래도 나를 세자 자리에서 물러나게 안 할 거냐고 시위하는 듯했지. 그러다가 급기야는 전임 재상의 애첩을 뺏는 만행까지 저질렀어. 이 소문이 나자 백성들까지 양녕을 욕하기 시작했어.

이번에는 유정현을 비롯한 조정의 신하들이 먼저 폐세자를 건의하고 나섰어. 태종으로서는 한결 부담을 덜고 의도대로 충녕을 세울 수 있게 된 셈이지. 그런데 이번에도 황희가 폐세자를 극구 반대하지 뭐야.

"아니 되옵니다. 이제 왕조가 안정 기반을 닦았습니다. 이런 때에 적자 상속의 전통이 허물어진다면 환란의 때를 만났을 때 어찌 사직이 흔들리지 않겠습니까? 폐세자의 논의는 심히 부당하니 철회하시기를 주청합니다."

"그대가 양녕의 난행을 익히 듣고서도 번번이 내 뜻을 거스르니 이는 임금을 업신여김이 아니냐! 그대의 목숨이 몇 개나 된단 말인가!"

태종은 협박을 하며 황희의 고집을 꺾으려 했어. 하지만 황희는 꺾일지언정 굽히지는 않았지. 결국 태종은 다시 황희를 파직하고 교하에 귀양을 보내 버렸어.

이번에는 태종도 쉬 화를 풀지 않았어. 그는 교하로 귀양 보냈던 황희를 다시 남원으로 이배移配시켰어. 그리고 충녕에게 왕위를 물려 주고도 몇 년 동안이나 돌아보지 않았지. 강력한 왕권주의를 고수하려던 태종이 황희 같은 드센 신하는 반드시 기를 꺾어 두어야 한다고 생각했던 것 같아.

이 긴 유배 생활 동안 황희는 어떻게 지냈을까?

『필원잡기』*에 따르면, 다시 두문동에 들어온 듯 황희는 꼼짝하지 않았다고 해. 손님이 찾아와도 내다보지 않고 오로지 독서만 한 거야. 그 뒤 황희는 성격이 많이 변했어. 원칙을 내세우던 고집쟁이에서 넉넉한 품새와 부드러움을 갖게 되었지. 여유와 융통성을 발휘해 다툼을 화해로 만드는 일에 앞장서게 된 거야.

황희의 너그러움과 융통성을 일화를 들어 살펴볼까?

그는 나랏일에 마음을 쓰느라 집안일은 잘 돌보지 못했어. 부인이 살림을 어떻게 하는지, 종들이 무슨 일을 하는지 상관하지 않았지. 그랬더니 종들도 그를 별로 어렵지 않게 여겼나 봐. 하루는 여종 둘이 찾아와 판결을 내려 달라며 청했어. 한 여종이 먼저 사정을 털어놓았어. 듣고 난 황희가 대답했지.

"어허, 그래. 그건 네 말이 옳다."

이번엔 다른 여종이 변명을 했겠지. 그 말을 듣고 난 황희가 대답했어.

"듣고 보니 네 말도 옳구나."

그러자 처음부터 지켜 보던 조카가 시큰둥하게 참견하는 거야.

"저 아이도 옳다 하시고, 이 아이도 옳다 하시면 대체 누가 옳은 것입니까? 제가 보기

*『필원잡기』 _ 조선시대 학자인 서거정이 지은 한문 수필집이다. 초간본은 저자의 요청으로 유호인이 관찰사 이세좌의 지원을 얻어 1487년(성종 18년)에 간행했으며, 중간본은 저자의 6대 후손인 정리가 1642년(인조 20년)에 간행했다. 예로부터 전해 오는 이야기 중 후세에 전할 만한 것을 추려 모았다. 필사본이며 2권 2책으로 되어 있다.

에는 아저씨의 흐리멍덩함이 너무 지나치시옵니다."

이러니 황희는 고개를 끄덕거리며 이렇게 말하지 뭐야.

"듣고 보니 네 말도 옳다."

이 말에 조카는 웃음을 터뜨렸고, 눈을 부라리며 다투던 여종들도 소리 내어 웃고 말았대.

이처럼 황희는 모든 사람의 말을 귀담아 들으려 했고, 그들의 입장에서 이해하려고 노력했어. 하지만 결코 조카의 말처럼 흐리멍덩하진 않았지. 그의 말과 행동에는 언제나 신중하고 깊은 뜻이 숨어 있었거든.『어우야담』*엔 그런 황희의 이야기 한 편이 전해 온단다.

황희의 둘째 아들 수신은 한때 매우 방탕했어. 어떤 기생한테 반해 밤낮없이 술에 취해 살았거든. 황희가 몇 번 타일렀는데도 효과가 없었어.

그런 어느 하루 수신이 술에 취해 돌아올 때였어.

"이제 오십니까?"

대문간에서 황희가 관복을 입고 깍듯이 절을 하지 뭐야. 수신은 눈을 비비고 다시 보았지만 틀림없는 아버지거든. 술에 취해 돌아다닌다고 혼쭐날 줄 알았던 수신은 어쩔 바를 몰랐지.

"어이쿠 아버님, 왜 이러십니까?"

"손님이 오면 주인이 의관을 반듯하게 하고 맞이하는 게 당연하지요."

황희는 대답했어.

"아이고, 자식더러 손님이라니요?"

*『어우야담』_ 조선 광해군 때 어우당 유몽인이 지은 것으로 한국 최초의 야담집이다. 풍자적인 설화와 기지가 넘치는 야담들이 실렸으며, 과감하고 획기적인 작품으로 평가되고 있다. 왕실 사람으로부터 상인, 천민, 기녀에 이르기까지 다양한 인간의 삶과 풍속, 성 등에 관한 이야기를 생동감 있게 표현했다. 5권 1책으로 되어 있다.

수신은 펄쩍 뛰었지.

"아비의 도리로서 방탕한 자식을 타일렀으나 자식이 받아 주지 않으면, 이는 곧 아비를 아비로 여기지 않음이 아닌가? 그러니 마땅히 손님으로 대우할 수밖에."

황희는 천연덕스럽게 말을 이었어.

"제가 잘못했습니다, 아버님. 다시는 기방에 가지 않고 술에 취하지도 않겠습니다."

수신은 울음을 터뜨리며 무릎을 꿇었어.

그 뒤 과연 수신은 결심을 굳게 하고 학문에 정진했단다.

세종 같은 임금에 황희 같은 정승

　세종 4년 1422, 황희는 칙첩과 과전을 돌려받고 조정으로 돌아왔어. 이는 태종이 세종에게 건의해 이루어진 일이니 태종의 깊은 속내로는 역시 황희를 생각하고 있었던 거지. 아마도 그 직후의 일로 보이는데, 황희의 청렴한 성품을 잘 보여 주는 일화가 있어.
　그 날은 쉬는 날이라 집에서 채소밭을 돌보고 있었단 말이야. 그 때 궁중 내시가 황급히 황희한테 달려와 소리쳤어.
　"대감, 상감께서 급히 찾으시니 어서 관복을 입으시지요."
　채소밭에서 나온 황희는 집으로 들어가지도 않고 울타리에 걸쳐 놓은 삿갓을 쓰고는 곧장 대궐로 달려갔지. 대궐엔 상왕인 태종과 새 임금 세종이 함께 있었어.
　황희를 다급히 찾는 이유는 흉년이 덮친 지방을 어떻게 구할지에 대한 결정 때문이었어. 문제가 다급하니 토의를 거칠 겨를도 없이 황희를 불렀던 거야. 육조의 모든 실무를 다 경험한 황희는 재빨리 알맞은 방책을 내놓았지. 어느 정도 일이 결정되자 여유를 찾은 세종이 우스

갯소리를 한 마디 던졌어.

"경의 관복이 참으로 특이하구려."

황희의 차림새를 슬쩍 꼬집은 거야. 아무리 다급해도 관리가 관복은 제대로 갖추어 입어야 한다는 은근한 충고였지. 좌우 대신들도 소리 죽여 웃어 대감의 체면에 면박을 주었어. 그러자 황희는 이렇게 대답했어.

"실은 관복이 한 벌뿐인지라 비번을 맞아 빨아 널어 두었는데, 마르지 않아 그냥 일하던 차림으로 왔사옵니다. 결례를 용서하소서."

오랫동안 높은 벼슬을 한 황희가 관복이 한 벌뿐이고 직접 채소밭을 가꾼다는 건 그의 검소함과 청렴함을 잘 보여 주는 일이지. 세종이 흐뭇하게 웃자 태종이 말했어.

"상감, 나라를 다스리려면 마땅히 이런 사람이 필요하지 않겠소?"

세종은 그 자리에서 황희에게 예조판서 벼슬을 내렸어. 이렇게 태종은 황희를 온전히 복권시켜 세종을 보좌하게 한 얼마 뒤 숨을 거두었지.

그 얼마 뒤인 1431년, 마침내 황희는 영의정이 되어 조정 신하의 제일인자가 되었어. 그리고 무려 18년 동안 세종을 보필하며 국정을 전담하다시피 했지.

황희가 영의정에 있는 동안 조선은 세종의 인도 아래 빛나는 업적을 쌓아 갔어. 집현전조선시대 학문 연구 기관을 중심으로 학문이 융성했고, 세종은 손수 한글을 창제했어. 음악의 귀재 박연이 아악을 정리하고 독자적인 향악을 발전시켰고, 발명가 장영실*이 물시계와 해시계를 만들

***장영실**_ 조선 세종 때 과학자로, 기녀 소생이었으나 과학적 재능이 뛰어나 왕의 특명으로 상의원 별좌가 되면서 노예 신분을 벗었다. 한국 최초의 물시계인 보루각의 자격루를 만들었으며, 세계 최초의 우량계인 측우기와 수표를 발명해 하천의 범람을 미리 알 수 있게 했다. 그 외 천문의, 혼천의 등을 제작·감독했으나, 감독 제작한 왕의 가마가 부서져 불경죄로 파직 당했다.

*『**농사직설**』_ 조선 초기 문신인 정초, 변효문 등이 세종 11년(1429년)에 엮은 농업서적이다. 그 동안 중국의 농서들을 이용해 우리 나라의 농업 현실을 제대로 반영하지 못했는데 『농사직설』을 편찬하면서 우리 나라 풍토에 맞는 농법을 관장하게 되었다. 이후에도 1492년(성종 23), 1656년(효종 7), 1686년(숙종 12) 등 수차례 간행되었는데, 판본이 거듭되면서 새로운 항목과 내용이 추가되었다. 『농사직설』의 내용을 통해 당시 경작방법과 사용한 농기구 등을 알 수 있다.

었지. 『농사직설』*을 펴낸 정초는 조선의 농정을 한 단계 끌어 올렸어. 이 모든 것이 황희가 내정을 꼼꼼하게 잘 살폈기 때문에 가능한 일이었지.

황희는 국방에도 소홀함이 없었어. 북방의 야인들이 분란을 일으키자 황희는 김종서로 하여금 토벌케 해 육진을 개척하도록 했지. 이 때 황희의 넓고 깊은 마음 씀씀이는 야인에게까지 미쳤어. 그들에게 조세를 감면해 주고 고아와 과부를 관부官府에서 돌봐 주도록 했거든.

집현전의 학사를 뽑고 그들의 면학을 관리하는 일도 황희의 몫이었어. 한편 황희는 행도천법行道薦法이란 새로운 인재 선출 방식을 창안해 냈어. 행실이 곧고 강직한 절의가 있는 선비, 재예才藝가 뛰어나 신임을 받는 사람, 덕행이 널리 모범이 되는 사람 등을 각 도에서 뽑아 자질에 맞게 등용하는 거야. 탁상공론의 학문보다 실행을 중시하고, 신분을 초월해 인재를 가려 쓰게끔 법을 정한 거지. 관노官奴 출신인 장영실이 그 재주를 마음껏 꽃 피울 수 있었던 것도 행도천법이 시행되었기에 가능했던 거야.

역사상 그 유례가 없는 태평성대였어. 이 모두 덕과 학문을 겸비한 세종의 지도와 황희의 섬세한 보살핌으로 이루어진 거였지. 두 사람은 새의 양 날개처럼 짝이 꼭 맞는 왕과 재상이었던 거야. 그래서 훗날

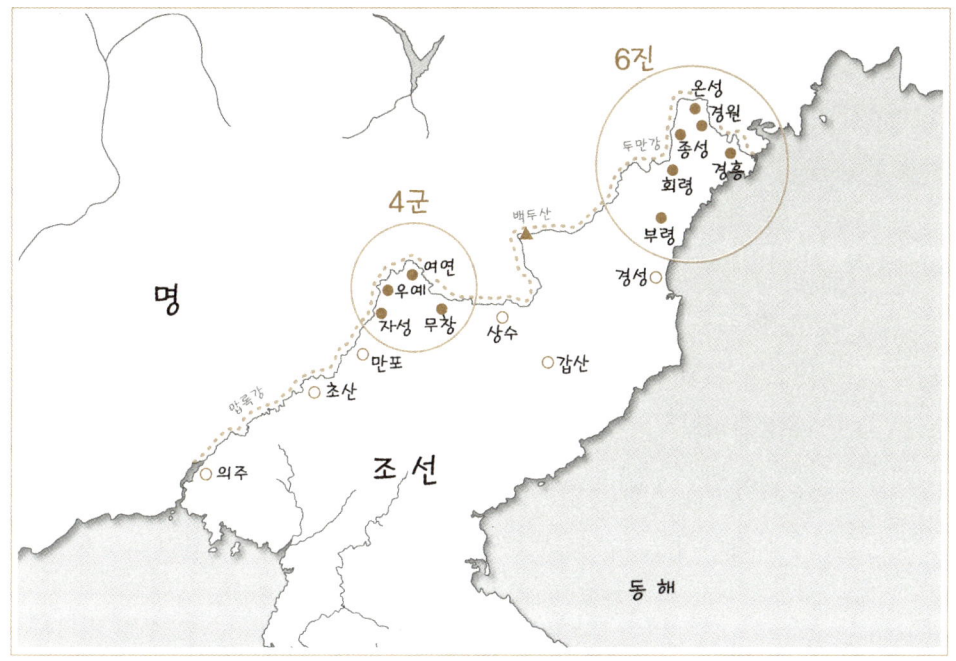

4군 6진 조선시대에 동북 방면 여진족 침입에 대비해 두만강 하류 지역에 종성·온성·회령·경원·경흥·부령의 여섯 진을 두었고, 북서 방면 침입에 대비해선 압록강 상류에 여연·자성·무창·우예 4군을 두었다.

'세종 같은 임금에 황희 같은 재상'이란 말까지 생겼단다.

이런 황희에 대해 『조선왕조실록』은 다음과 같이 평가했어.

황희는 성품이 너그럽고 후하고 신중하며, 재상으로서 세상을 보는 눈과 깊은 생각이 있었다. 그의 생김생김은 풍만하여 빼어났고, 뛰어나게 총명하였다. 집을 다스리는 데도 검소하였고, 기쁨과 노여움을 겉으로 나타내지 않았으며, 일을 의논할 때는 공명정대하여 원칙을 살리기에 힘썼다.

여기서도 알 수 있듯이 황희는 너그러운 듯하지만 내면으로는 원칙을 중시했어. 사소한 일은 그냥 허허 웃으며 덮어 주었지만 중요한 건 작은 일이라도 그냥 넘어가지 않았지.

백두산 호랑이라는 별명을 가진 김종서*가 공조판서로 있을 때 이야기야. 문관이면서 무장이었던 그는 육진을 개척한 공신이었어. 젊고 패기만만하고 아무 두려움이 없었지. 그런 김종서가 하루는 조정 대신들을 위해 점심을 대접했어. 마침 대신들이 일이 바빠 점심을 건너뛴 참이라 김종서가 신임 인사도 할 겸 공조 관부에서 자리를 마련한 거야.

"조촐하지만 노 대감님들을 위해 차린 성의이니 맛있게 드십시오."

김종서가 아랫사람을 시켜 상을 들여놓고는 말했어.

"그 마침 출출한 김에 잘 됐구려. 고맙소, 공판 대감."

맹사성*을 비롯한 몇몇 대감들이 서둘러 음식을 들었어.

영의정 황희는 대신들이 다 먹을 때까지 먹지 않고 있다가 별안간 버럭 고함을 지르지 뭐야.

"나라에서 예빈시*를 의정부 가까이 둔 것은 정승들을 위해서라오. 만일 우리 정승들이 배가 고프면 예빈시에 명해 밥을 준비하면 될 것이오. 그런데 어찌 사사로운 일로 공조의 비용을 쓴단 말이오? 내 이를 임금께 아뢰어

---

*김종서(1390~1453)_ 조선 전기의 문신으로, 자는 국경 호는 절재. 태종 5년(1405)에 문과에 급제하고, 함길도 절제사를 거쳐 우의정을 지냈다. 1433년 야인들의 침입을 격퇴하고 육진을 개척해 두만강을 경계로 국경을 확정했다. 1453년, 수양대군에 의해 두 아들과 함께 죽임을 당하고 대역모반죄라는 누명까지 써 계유정난의 첫 번째 희생자가 된다. 저서에 『제승방략』이 있다.

*맹사성(1360~1438)_ 고려 말 조선 초의 재상으로, 여러 벼슬을 거쳐 세종 때 이조판서로 예문관 대제학을 겸했고 우의정에 올랐다. 『태종실록』을 감수했고, 좌의정이 되고 『팔도지리지』를 찬진했다. 조선 전기 문화 발전에 크게 기여했으며, 향악을 정리하고 악기도 만들었다. 작품에 『강호사시가』가 있다.

벌을 주도록 해야겠소!"

황희의 서릿발 같은 꾸지람에 김종서는 대답을 하지 못했어. 이 모습을 안쓰럽게 여긴 맹사성이 웃으며 참견했어.

"영상 대감, 젊은 공판이 노 정승들을 대접하려는 마음이 앞서 실수를 한 것 같습니다. 그런데 공판이 벌을 받으면 이미 음식을 먹은 우리도 함께 벌을 받아야 하니, 좀 참으시지요."

황희는 부릅뜬 눈으로 거듭 꾸짖었어.

"어찌 한 나라의 대신이 공적인 일과 사적인 일을 구분하지 못한단 말인가? 이는 결코 그냥 넘어갈 수 없는 일이오."

이 같은 황희의 태도에 김종서도 두 눈을 부릅떴어. 하지만 상대가 영의정이라 감히 대꾸는 못한 채 상을 물리라 소리치고는 나가 버렸지.

그 뒤로도 황희는 김종서의 조그만 잘못이라도 그냥 넘기지 않았어. 자기네 종의 아이들이 수염을 잡아당겨도 웃기만 하던 황희가 김종서만 보면 사사건건 트집을 잡고 야단을 치는 거야. 그래서 하루는 좌의정 맹사성이 딱하다는 듯 물었어.

"김종서가 비록 젊기는 하지만 육진을 개척한 어엿한 공신입니다. 게다가 문과에 급제한 문신이고, 학문도 넓고 깊다고 들었소이다. 그런데 영상 대감께서는 어찌하여 김종서만 보면 그토록 야멸치게 구십니까. 혹시 사사로운 감정이라도 있으십니까?"

잠시 생각한 다음, 황희가 근심스러운 표정으로 말했어.

"좌상 대감의 말씀이 지당하십니다. 그런데 이미 늙은 우리가 물러

*예빈시_ 고려·조선시대 때 국빈을 대접하는 음식과 대신들이 먹는 음식을 관장하던 관청인데 갑오개혁 때 폐지되었다.

황희가 관직에서 물러나 여생을 보낸 경기도 파주에 있는 '반구정'

나면 누가 이 나라 조정을 책임지겠습니다. 바로 김종서입니다. 그런데 그는 이따금씩 혈기를 앞세우고, 일을 해내는데 세밀하지 못한 구석이 있습니다. 이를 주의시키느라 틈이 보일 때마다 꾸짖는 것입니다."

듣고 난 맹사성 대감은 크게 고개를 끄덕거리며 웃었어.

"과연 영상 대감이시오. 참새가 붕새의 뜻을 몰라 잠시 오해했습니다 그려. 허허허허!"

그 얼마 뒤 황희의 본심을 안 김종서가 찾아와 용서를 구했어.

"지난 일은 소인이 잘못하였사옵니다."

이번에도 황희는 따끔한 충고를 아끼지 않았어.

"공은 부디 지나친 패기를 숨기시오. 패기는 군사를 다스리는 데는 적합하나, 정치에는 마땅하지 않소이다. 장차 나라의 큰 짐을 맡을 테니 부디 신중하게 처신하시오."

김종서는 기꺼이 충고를 받아들였어. 더욱 학문에 열중하고 나랏일을 돌보는 데도 신중해졌지. 이에 응답이라도 하듯, 뒷날 황희는 정승 자리에서 물러나면서 김종서를 후임으로 추천했단다.

이렇듯 황희는 집안 하인에서부터 아들과 나라의 대신에 이르기까지 두루 품에 안고 다독이며 올바른 길로 인도했어. 그의 가슴은 마치 온갖 쇠를 녹여 새로운 물건을 만들어 내는 용광로와도 같았지. 이러니 조정 대신은 물론 뭇 백성들까지 어버이처럼 따랐어.

황희는 1452년 90세로 숨을 거두었는데, 『조선왕조실록』의 다음 기록은 황희가 얼마나 존경받는 재상이었는지 잘 보여 준단다.

황희의 죽음이 알려지자, 조정에서나 민간에서나 모두 놀라고 탄식하며 슬피 울지 않는 사람이 없었다. 아전들과 여러 관청의 하인들까지 모두 제물을 차려 놓고 제사를 지냈으니, 이는 그 전에 없었던 일이다.

제13장 하늘이 내린 재상 유성룡

유성룡은 타고난 성품이 단정하고 총명했다.
학문을 열심히 익혀 종일 앉아 있어도 몸을 비틀거나 기댄 적이 없다.
남의 말을 귀 기울여 듣고 말수가 적었다.

-『조선왕조실록』

국수와 바보 숙부

　유성룡의 삶을 풀어가기 전에 먼저 『청구야담』*과 『화헌파수록』에 전하는 이야기 하나를 들려 줄게.
　아마 유성룡이 이조판서에 올라 나라 안에서 이름이 뜨르르해졌을 때 즈음일 거야.
　"조카, 바둑이나 한 판 두세."
　바람처럼 나타난 숙부가 뜬금없이 말했어.
　유성룡은 깜짝 놀랐지. 고향 안동에서조차 어디 사는 줄 잘 모르는 숙부가 불쑥 나타난 것도 놀랍지만, 바둑을 두자니 황당할 지경이야. 유성룡은 학문도 나라 안에서 손꼽아 주었지만, 바둑 실력은 조선에서 당할 사람이 없는 국수 바둑계의 고수였거든. 반면에 숙부는 집안에서 거의 바보로 알려져 있었어.
　유성룡의 숙부는 아주 특이한 사람이었어. 생김생김도 꾀죄죄하고, 도통 말이 없었지. 그저 초가집 하나 덜렁 지어 놓고, 과거 시험

*『청구야담』_ 민담과 야담을 소설 형식으로 기록한 조선 후기의 한문 야담집이다. 조선 후기의 사회를 사실적으로 그려 당시 풍속, 언어, 관습 등을 알 수 있다. 작가와 연대는 알려지지 않았으며, 총 6권으로 되어 있다.

과는 아무런 상관도 없는 책이나 읽었어. 그러다가 말도 없이 훌쩍 산으로 들로 떠돌아다니는 사람이었지. 장가도 들지 않고 빈둥대니 집안의 천덕꾸러기 취급을 받았어. 그 소문이 서울까지 퍼질까 봐 집안에서조차 쉬쉬 하는 지경이었지.

그런데 난데없이 나타나 바둑을 두자니 유성룡은 영 찜찜한 거야. 국수가 바보와 바둑을 두었다는 소문이 난다면 웃음거리가 될 게 빤하거든.

"이 사람아, 바둑 한 판 두자니까 뭐하는 건가?"

숙부의 재촉에 유성룡은 하는 수 없이 바둑판을 펼쳤어.

'숙부님이 바둑의 기본 포석이나 아실까?'

이렇게 생각하며 유성룡은 건성으로 바둑돌을 놓아 갔어. 숙부도 대충 두는 것 같았어. 그런데 판이 무르익을수록 유성룡은 이마에 땀이 송골송골 맺혔어. 시간이 갈수록 바보인 숙부에게 몰리는 거야. 게다가 숙부의 바둑 수법은 여태껏 보지도 듣지도 못한 것이었어.

"이럴 수가!"

유성룡은 정신을 바짝 차리고 바둑돌을 놓았지만 결과는 바보 숙부의 승리였어. 두 판을 더 두었지만 유성룡은 연거푸 맥없이 무너지고 말았지.

"용서하십시오. 제가 그 동안 숙부님을 몰라 뵀습니다. 부디 어리석은 조카를 가르쳐 주십시오."

그제야 유성룡은 숙부가 범상치 않은 인물임을 알고는 무릎을 꿇고 가르침을 청했어.

"자네는 이미 한 나라의 재상이고 이름난 학자이니 내가 더 가르칠 것은 없네. 다만 오늘 내가 여기 온 것은 손님을 맞이하기 위해서라네."

숙부는 담담하게 말했어.

"누가 찾아온단 말입니까?"

"저녁 무렵에 금강산에서 어떤 중이 올 걸세. 그러면 절대 집 안에서 재우지 말고 뒷산 암자로 보내야 하네. 나는 거기로 가 있겠네."

바둑에 져서 아직도 얼떨떨한 유성룡은 그저 "예예." 할 뿐이었지.

과연 저녁이 되자 한 중이 찾아왔어. 얼굴이 매우 잘생기고 학문도 높은 중이라 유성룡은 즐겁게 대화를 나누었지. 밤이 깊어지자 중은, 숙부의 말대로 하룻밤 묵고 갈 수 없겠느냐고 물었어.

"마침 오늘 밤 집안에 일이 있으니, 뒷산 암자로 모시지요. 내일 다시 좋은 이야기를 많이 나누십시다."

유성룡의 말에 중은 난처한 표정을 짓다가 내일을 기약하고는 일어섰어. 나이 많은 여종이 중을 데리고 뒷산 암자로 갔지.

"어서 오십시오."

빈 암자에서 숙부 유거사가 중을 맞이했어. 숙부는 이미 술상을 마련해 두고 중을 기다렸던 거야.

얼마간 두 사람은 술을 주고받으며 즐겁게 이야기를 나누었어. 먼 길을 온 중은 곧 술에 취해 곯아떨어졌지. 그러자 유거사는 중의 바랑을 뒤졌어.

"내 이럴 줄 알았지."

바랑 속에는 조선의 성과 길, 군사들의 상황이 적힌 지도가 나왔어. 살아 움직일 듯 날카로운 단검도 들어 있었고. 눈을 부릅뜬 유거사는 곯아떨어진 중의 가슴팍에 올라타고 단검을 겨누었어.

"가등청정*의 졸개야, 네 죄를 네가 알렷다!"

청천벽력 같은 고함에 중은 화들짝 잠에서 깼지. 하지만 꼼짝할 수 없어 버둥거릴 뿐이었어.

"캑캑, 아이고, 왜 이러십니까? 캑캑, 저는 아무 죄도 없습니다."

유거사는 단검을 중의 목에 바짝 대고는 말했어.

"너의 죄는 세 가지다. 세 번씩이나 조선에 들어와 군사 기밀을 빼낸 죄, 이 단검으로 조선의 재상을 죽이고 내빼려 한 죄, 세 번째는 조선을 인물이 없는 나라로 업신여긴 죄니라!"

"잘못했습니다. 캑캑, 저야 시키는 대로 했을 뿐이니, 캑캑, 제발 살려 주십시오."

속내가 환히 드러나자 중은 자신의 정체를 인정했어.

유거사는 그제야 칼을 거두었지.

"한갓 쥐새끼 같은 네 놈을 죽여서 무얼 하겠느냐. 살려 줄 테니 가서 너희 두목에게 똑똑히 전하라."

"예예. 말씀만 하십시오, 도사님."

중은 고양이 앞의 쥐처럼 바들바들 떨었어.

"조선에 7년 대전쟁의 운이 든 것은 하늘이 정한 일이라 내가 막을 수가 없다. 하지만 내 고향 정도는 막을 능력이 있다. 만일 너희

*가등청정(1562~1611)_ 가토 기요마사라고도 하며, 일본의 무장이다. 많은 전투에서 공을 세웠고 임진왜란이 일어나자 함경도 방면으로 출병해 맹활약했다. 도요토미 히데요시와는 6촌간이며, 히데요시가 죽고 벌어진 세키가하라 전투에서 고니시의 우토성을 함락시킨다.

왜놈들이 안동 땅에 발을 들인다면 한 놈도 남기지 않고 쓸어버릴 것이다. 가서 이 말을 꼭 전하라."

"예, 도사님!"

넙죽 절을 한 중은 놀란 토끼처럼 허둥지둥 내뺐어.

과연 그 얼마 뒤 왜구가 쳐들어왔으니, 바로 임진왜란이야. 조선 팔도는 불바다가 되고, 피비린내가 진동했지. 하지만 안동 땅만큼은 전쟁의 소용돌이에 휩싸이지 않았대. 그게 유성룡의 바보 숙부 덕이라는 건 아무도 몰랐는데, 많은 세월이 지난 뒤 야담을 통해 어렴풋이 알려지게 되었지.

이순신과 권율을 추천하다

유성룡은 황해도 관찰사를 지낸 유중영의 아들로 태어났어. 그는 어릴 때부터 머리가 매우 비상해 6세 때 이미 『대학』*을 읽었대. 스무 살이 되자 도산 서원으로 가 이황에게 배웠는데, 스승을 따라다니며 궁금한 것을 꼬치꼬치 물었어. 가르치는 족족 깨닫는 유성룡을 보고 이황은 이렇게 말했어.

"저 아이는 진정 하늘이 낸 사람이로다."

이 말을 들은 김성일과 다른 제자들은 "우리는 일평생 스승을 모셨으나 그와 같은 칭찬을 받은 적이 없다."며 매우 부러워했지.

이황에게 3년간 배운 유성룡은 곧 별시문과에 급제해 벼슬길로 나아갔어. 조정에 나온 유성룡은 닭 가운데 선학처럼 그 모습과 학문이 빼어났다고 해. 그가 얼마나 총명했는지는 『조선왕조실록』에도 기록되어 있단다.

*『대학』_ 유교 경전인 사서(四書)의 하나. 공자의 저서라는 설과 자사 또는 증자의 저서라는 설이 있다. 원래는 『예기』의 한 편이었던 것을 송나라의 사마광이 따로 떼어 『대학광의』를 만들고, 그 뒤 주자가 교정을 했다. 명명덕(明明德)·지지선(止至善)·신민(新民)의 세 강령을 세우고 그에 이르는 수신·제가·치국·평천하 등 8조목의 수양 순서를 들어 해설했다.

유성룡은 여러 책을 널리 보았는데, 구태여 외어 넣는 일이라고는 없었다. 그저 눈으로 한 번 스쳐보기만 하고서도 내용을 환히 꿰뚫고 한 글자도 빠뜨리지 않았다. 처음부터 마감까지 세밀하게 뜻을 알았고, 그것을 설명했을 뿐 아니라, 여러 책들을 들어 증거까지 대니 듣는 사람들이 탄복했다.

유성룡의 뛰어난 재질과 학문은 명나라까지 알려졌어. 1569년, 유성룡은 명나라 임금의 생일을 축하하는 사신의 서장관이 되어 명나라 도성으로 간 적이 있어. 서장관은 정사와 부사를 모시고 실무를 담당한 낮은 벼슬이야.

그 때 유성룡은 명나라 태학의 유생들과 이야기를 나눌 기회가 있었어.

"그대들은 누구를 본보기로 공부하고 있소?"

명나라의 학문을 알아보기 위해 유성룡이 물었어.

"진백사 진헌장 와 왕양명 왕수인 이오."

태학의 유생들이 대답했지.

"백사는 깨달음이 분명하지 못하고, 왕양명은 깊이 생각하라는 선을 주장하나, 이는 모두 정주학 송나라 때 정이, 정호 형제와 주희의 학문 을 주장한 설문청 설선 에도 미치지 못하는 학문이오."

유성룡이 비평을 해 주었어.

유성룡의 말은 간결했지만 핵심을 짚는 힘이 있었어. 그 말에 수백 명의 태학생들은 눈이 휘둥그레지거나 놀라 입을 벌렸지. 자신들 모두가 배움의 방향을 잘못 잡고 있다는 지적이었거든.

그 때 대표 격인 한 유생이 나와 감탄하며 말했어.

"우리 나라의 많은 유생들이 오랫동안 방향을 잃고 방황했습니다. 그런데 오늘에야 올바른 길을 찾아 주시니, 공부하는 선비로서 참으로 행복한 일입니다."

수많은 학생들도 함께 감탄하며 고개를 끄덕였어. 그 후 태학의 유생들은 직급도 낮은 유성룡을 함부로 부르지 않고 '서애_{유성룡의 호} 선생'이라고 높여 불렀대.

이렇듯 유성룡은 학문은 물론 외교 능력도 뛰어났어. 또한 상황을 판단하고 사람을 보는 눈도 남달랐지. 벼슬길도 순탄해 도승지, 대제학, 이조판서 같은 중요한 자리를 두루 거쳤어. 그런 그도 크게 실수한 적이 있단다.

1583년, 여진족인 이탕개가 난을 일으켰거든. 조선으로 귀화해 살던 여진족들이 성을 점령해 백성들을 마구 죽이고 도둑질을 했어. 세종 임금 때 김종서가 육진을 개척한 이래 백 년 동안 조용하던 여진족이 다시 소란을 일으킨 거야.

이탕개의 군사는 몇 개의 성을 차지하는 등 사뭇 기세가 대단했지. 군사를 정비한 조선이 거세게 반격을 했어. 그러자 패배한 여진족은 결국 두만강 너머로 도망을 쳤어.

그 후 병조판서 이이*가 먼 앞날을 내다보고 말했어.

"예로부터 한 번 군사를 일으키면 싸움이

*이이(1536~1584)_ 조선 중기의 학자이며 정치가로 호는 율곡이다. 강원도 강릉 출생으로, 어머니는 신사임당이다. 율곡은 29세에 이르기까지 아홉 차례의 과거에 모두 장원해 '구도장원공'이라 일컬어졌고, 호조·이조·형조·병조 판서 등을 지냈다. 선조에게 '시무육조'를 바치고 '십만양병설' 등의 개혁안을 주장했다. 동인·서인 간 갈등을 해소하기 위해 노력했으며, 지은 책으로 『성학집요』, 『격몽요결』, 『기자실기』 등이 있다.

그치지 않는 법입니다. 지난 백 년 동안 나라가 평안했는데, 비로소 군사를 크게 썼으니 앞으로는 더 큰 전쟁이 있을 것입니다. 청하옵건대 팔도에서 미리 정예병 십만을 뽑아 앞으로 닥칠 재난에 대비하시옵소서.”

율곡이 '10만 양병설'을 주장한 거야.

당시엔 아무도 그 말에 찬성하지 않았어. 군사를 십만 명이나 뽑아 훈련시킨다는 건 백성들에게 큰 부담이었거든. 그 때는 임진왜란 같은 대전쟁이 일어날 걸 누구도 짐작하지 못했겠지. 유성룡조차도 율곡의 뜻에 반대했어. 그러자 율곡은 유성룡을 따로 불러 이렇게 나무랐어.

"세상 물정 모르는 사람이라면 모를까, 서애 자네 같은 사람이 반대를 하다니 참 암담한 일일세."

아쉬움 섞인 한탄을 털어놓은 율곡은 그 이듬해 49세 젊은 나이에 별 까닭 없이 숨을 거두었어.

율곡이 가고 나자 조선에는 전쟁의 기운이 감돌기 시작했어. 왜구들의 노략질이 다시 심해졌고, 흉년과 기근도 이어졌지. 조선의 대신들은 동인과 서인으로 나뉘어 당파 싸움을 하느라 사태를 바로 보지 못했어.

그런 가운데 홀로 전쟁을 대비하는 사람이 있었으니, 바로 유성룡이었어. 1591년, 이조판서에 좌의정까지 겸하게 된 유성룡은 바쁘게 움직였어. 그는 일본의 침략이 다가왔음을 짐작하고 있었던 거야.

그 전에 이미 유성룡은 통신사를 일본으로 보내 그 곳의 사정을 알아 오도록 했어. 그런데 정사 황윤길은 서인이었고, 부사 김성일은 동인이었어. 당파가 달라서인지 이 두 사람은 돌아와 보고하는 내용도

*『징비록』_ 조선 중기 문신인 서애 유성룡이 임진왜란 때의 상황을 기록한 책이다. 여기서 '징비'란 미리 징계해 후환을 없게 한다는 뜻이다. 저술 시기는 정확히 알 수 없으나 유성룡이 관직에서 물러나 향리에서 지낼 때 기록한 것으로 보인다. 내용은 임진왜란 이전의 일본과의 관계, 명나라의 구원병 파견 등이 적혀 있다.

달랐어. 그 내용이 유성룡이 지은 『징비록』*에 자세히 나와.

황윤길은 글을 올려 반드시 왜구가 머지않아 병화(전쟁)를 일으킬 것 같다고 했다. 임금께 나아와 말씀드릴 때도 먼저 보고와 같았다.

그런데 성일은 "신은 그런 기미를 보지 못했습니다."라고 보고했다.

성일은 이어 말했다.

"윤길은 공연히 인심을 동요시키고 있습니다."

이에 조정에서는 윤길의 말을 옳게 여기는 쪽과 성일의 말을 옳게 여기는 쪽으로 의견이 갈라졌다.

"그대 의견이 황사신과 다르니, 앞날에 만일 전쟁이 터지면 어찌 하려 하오?"

나는 성일을 보고 말했다.

"나 역시 왜국이 끝내 군사를 일으키지 않는다는 게 아니오. 윤길의 말이 하도 지나쳐 안팎으로 인심이 혼란스러울까 염려스러워 진정시키려 그런 것이오."

성일이 이렇게 대답했다.

김성일은 조정의 의견이 한쪽으로 치우치는 걸 염려한 거라고 했으나, 서인의 의견에 일단 반대하려는 뜻도 있었어. 그 뒤 조정은 동인과 서인이 서로 자기 주장으로 목소리를 높였어. 유성룡도 김성일과 같이

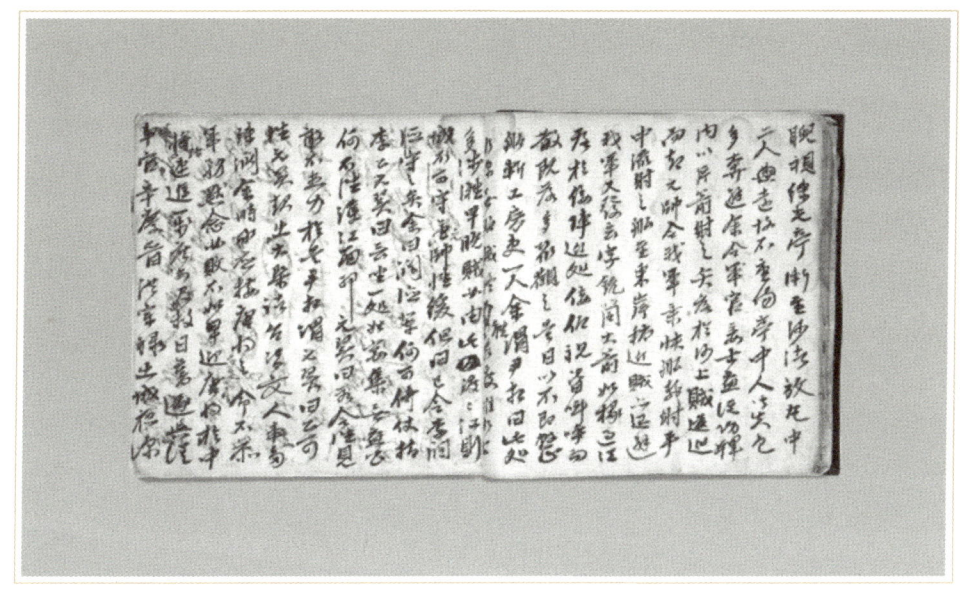

『징비록』

이황에게서 배운 동인이었어. 하지만 그는 전쟁에 관한 한 서인들의 주장이 옳다고 생각했어. 통신사가 가져 온 일본 문서에는 '군사를 이끌고 명나라로 갈 테니 길만 좀 빌리자.'고 되어 있었는데, 그 속내를 알아챈 거야.

"이는 핑계일 뿐이다. 일이 다급하게 되었다."

유성룡은 일본이 곧 쳐들어올 것이라고 생각했어. 그래서 우선 명나라에 사신을 보내 이 사실을 미리 알렸어. 그리고 전쟁을 대비해 장수를 뽑아야 한다고 했지.

"전쟁이 일어난다면 누구로 하여금 나라를 지키게 해야겠소?"

선조의 물음에 유성룡은 미리 준비한 답변을 내놓았어.

"별로 알려지지 않았으나 뛰어난 장수 두 사람이 있사옵니다."

유성룡은 먼저 권율을 추천했어. 권율은 영의정을 지낸 권철의 아들인데 학문과 무예가 두루 뛰어났지만 과거를 볼 생각을 하지 않았어. 조상의 덕으로 주는 음직도 마다할 만큼 벼슬에 뜻이 없었지. 그러던 그가 마흔이 넘어서야 과거에 급제해 벼슬길로 나왔어. 그러나 곧 벼슬을 내놓고 집에서 쉬고 있었는데, 유성룡은 이런 권율을 일단 의주 목사로 추천했다가 다시 전라도 광주 목사로 내려 보냈어.

유성룡이 추천한 다른 한 사람은 바로 이순신이야. 이순신은 47세나 되었는데도 고작 종6품인 정읍 현감 노릇을 하고 있었거든. 이를 유성룡은 무려 7계급이나 승진시켜 전라좌수사 정3품 로 삼고자 했어. 그런 인사 명령이 떨어지자 조정 대신들은 하나같이 목소리를 높였어.

"품계를 일곱이나 뛰어넘는 건 역사상 찾아볼 수 없는 일입니다. 이는 이조판서가 불법을 행한 것이니 물리소서!"

그 전 해에도 유성룡은 이순신을 전라좌수사로 발탁했다가 반대에 부딪혀 물렸거든. 하지만 이번에는 뜻을 굽히지 않았어. 평소에는 고집을 부리지 않는 그에게 찾아보기 드문 모습이었지. 그러자 선조도 결국 대신들의 의견을 물리치고 이순신을 전라좌수사에 임명했어.

육지에는 권율, 바다에는 이순신!

이 두 사람으로 인해 임진왜란이 승리를 거둔 건 잘 알려진 사실이지. 바둑으로 치자면 유성룡은 가장 중요한 포석 두 개를 미리 놔 둔 셈이야.

그런데 좀 이상하지 않니?

유성룡은 율곡이 10만 양병설을 주장할 때만 해도 반대했던 사람이야. 그런 그가 우의정이 되면서부터 갑자기 전쟁을 대비해 홀로 동분서주하기 시작했어. 이로 보건대 유성룡은 전쟁이 날 것도 알았고, 누가 어디서 적을 막아야 하는지도 환히 알았던 것 같아. 유성룡이 스스로 알아 낸 게 아니라면 누군가 알려 주었겠지. 그게 누굴까?

온몸으로 전쟁을 밀고 나가다

마침내 임진년이 되었어.

1592년 4월, 일본은 20만이 넘는 군사를 이끌고 부산포에 상륙했지. 부산포 첨사 정발과 동래부사 송상현이 힘껏 싸웠지만 만반의 준비를 하고 쳐들어온 왜군의 상대가 되지 않았어.

왜군은 네 갈래로 나누어 서울을 향해 물밀 듯이 쳐들어왔어. 아무런 준비도 없던 조선은 새로운 무기인 조총을 쏘며 올라오는 왜군을 당할 수가 없었지. 이일 장군이 상주에서 무너지고, 탄금대에서 배수진을 쳤던 신립 장군도 패배해 스스로 강에 몸을 던지고 말았지.

신립의 패전 소식에 선조는 서울을 버리고 몽진 임금이 피난하는 것 길에 나섰어. 영의정 유성룡은 임금을 모시고 밤에 서울을 빠져나갔지. 그날의 광경을 『조선왕조실록』은 다음과 같이 전한단다.

이 날 큰 비가 종일 퍼부었는데, 임금과 세자는 말을 타고 왕비는 지붕이 있는 가마를 탔다. 숙의 이하는 홍제원까지 이르러 비가 너무 세차게 퍼붓는 통에 가마를 버리고 말을 탔다. 궁녀들은 모두 통곡하면서 걸어갔으며, 따라 가는 종친과 문관과 무관의 수는 백 명도 되지 못했다.

비가 억수같이 쏟아지는 한밤에 임진강을 건넌 선조와 신하들은 간신히 개성에 다다랐어. 이 때는 호종피난 시에 임금을 모시며 따르는 일 신하가 급격히 줄어들어 조정 구성이 안 될 정도였지. 왕이 끼니를 거를 정도로 다급한 몽진이었으니 신하들조차 제 살길을 찾아 도망친 거야.

대간*에서는 사태가 이 지경에 이르도록 방치한 책임을 물어 영의정 이산해를 탄핵했어. 선조는 이산해를 파직하고, 유성룡을 영의정으로 삼았던 거야. 하지만 또 대간들이 유성룡마저 탄핵해 파직시키고 말았지. 이렇듯 조선 조정은 몽진의 와중에도 난을 수습하기보다는 책임을 묻는 싸움을 벌였어.

고니시*가 이끄는 일본군 제1번대가 서울을 점령한 건 5월 2일이야. 이튿날 가토의 부대가 들어왔는데, 부산에서 서울까지 채 20일이 안 걸린 행군이었지. 아무 저항도 받지 않고 그냥 걸어온 것과 다름없었어.

"어쩌다 이 지경이 되었는가? 도대체 조선의 대신과 장군들은 무얼 했으며, 대체 과인은 어디로 가야 한단 말인가?"

개성마저 위험해지자 선조는 한탄을 쏟아 냈어.

"의주에 머물다가 팔도가 왜군의 손에 들

*대간(臺諫)_ 관료를 감찰·탄핵하는 임무를 가진 대관(臺官)과 국왕을 간쟁(어른이나 임금에게 옳지 못하거나 잘못된 일을 고치도록 간절히 말함)하는 임무를 가진 간관(諫官)을 합쳐 부른 말이다.

*고니시(?~1600)_ 고니시 유키나가는 일본의 무장으로, 임진왜란 때 선봉장으로 조선에 출병해 평양까지 침공했으며, 도요토미 히데요시가 죽은 뒤 도쿠가와 이에야스와 싸우다 패해 살해되었다.

제13장 • 하늘이 내린 재상 유성룡

임진왜란 당시 동래성에서 순절한 부사 송상현과 군민들의 항전 내용을 묘사한 '동래부순절도'

어가면 명나라로 가야 합니다."

도승지 이항복이 말했어.

"아니 되옵니다. 차라리 산세가 험한 함흥으로 갔다가, 북쪽으로 넘어가는 게 좋겠습니다."

좌상 윤두수가 주장했지.

선조는 아무런 결정도 내리지 못하고, 신하들은 갈팡질팡했어.

이 때 유성룡이 소리쳐 말했어.

"상감께서는 한 발이라도 나라를 떠나서는 아니 되옵니다. 아직 동북쪽의 여러 도가 끄떡없고, 각 지방에서 뜻 있는 선비들과 백성들이 대항해 일어날 것입니다. 그런데 임금이 나라를 떠나면 백성은 누구를 위해 목숨 바쳐 싸우겠습니까?"

유성룡은 이렇게 말하고 섣불리 명으로 피하자고 말한 이항복을 꾸짖었어. 선조는 유성룡의 주청을 받아들여 평양으로 갔어. 평양은 강과 벼랑으로 막힌 요새이고 백성의 기개도 충일해 지킬 만한 곳이었거든.

여기서 유성룡은 다시 한 번 탄핵의 위기에 몰렸어. 개성에서부터 백의종군 벼슬 없이 군대를 따라 싸움터로 감 한 이산해를 탄핵해 평해로 귀양 보낸 대간들이 유성룡까지 귀양을 보내려 했던 거야. 이 소식을 들은 병조판서 이항복은 부제학 홍군서를 만나 소리쳤어.

"오늘 전임 유재상을 논죄한다 하니 공께서 반드시 막으셔야 합니다. 이 일은 만대가 우러러볼 만큼 중요하니 공께서 전력하지 않는다면 나는 감히 공과 관계를 끊겠습니다."

이항복은 전에 유성룡에게 크게 책망을 들었으나 오히려 그 때 유성룡의 진면목을 알아본 거야. 그는 유성룡이 아니고는 전란을 수습할 재목이 없다고 강조했어. 홍군서도 동감을 표시하고 기꺼이 대간들의 모임에 나가 강경한 어조로 논의를 중단시켰어.

그러나 평양에도 오래 머물 수가 없었어. 벌써 왜군의 선발대가 대동강 건너편까지 온 거야.

어디로 가야 할지 선조는 막막했겠지. 더욱이 백성들이 어가_{임금이 타던 수레}가 성을 빠져나갈 것을 염려해 난동까지 피우니 진퇴양난이었어. 중신들은 평양을 떠나 산세가 험악한 함경도로 갈 것을 제의했어. 그러나 유성룡은 소리 높여 반대 의견을 내놓았지.

"어가가 서쪽으로 몽진_{임금이 난리를 피해 안전한 곳으로 떠남}한 것은 본래 명군에 의지해 회복을 도모하기 위함이었습니다. 그런데 지금 북도로 깊이 들어가면 적병에게 차단되어 명군이 와도 소식이 두절되니 어떻게 회복하겠습니까? 또 왜군이 북도까지 쳐들어와 사세가 궁해지면 오랑캐 땅으로 넘어가야 하는데, 이는 온당치 않습니다. 마땅히 서쪽으로 옮겨 명군을 맞아 중흥을 도모해야 할 것입니다."

이번에도 선조는 유성룡의 의견을 따라 영변을 거쳐 의주로 갔어.

평양을 점령한 일본군은 더 이상 진군하지 않았어. 도성을 접수하고 평양마저 뺏은 일본군은 전쟁을 다 이긴 듯 기고만장이었지.

그러나 이 시점을 고비로 전황은 서서히 바뀌어 갔어. 유성룡이 예견했던 것처럼 전국에서 의병이 일어나기 시작한 거야. 의령 사람 곽재우를 선두로 고경명, 김천일, 조헌 등이 일어났고, 그 여파는 산 속

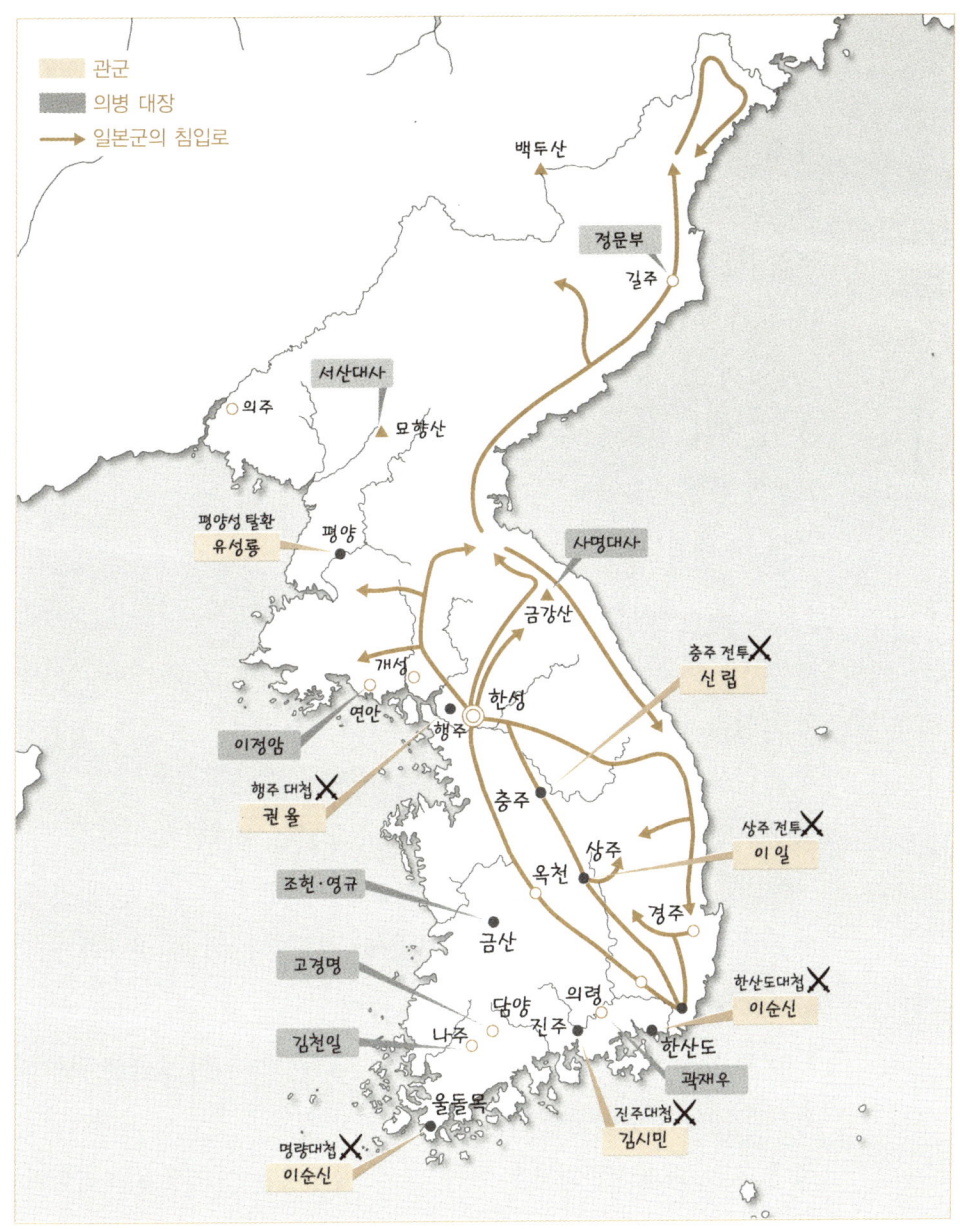

조·일 전쟁 당시 의병 및 관군의 항전

제13장 • 하늘이 내린 재상 유성룡

까지 미쳐 장차 승병들까지 가세했어.

일본이 더 진군할 수 없는 이유는 또 있었어. 군량과 무기를 싣고 와야 할 증원군이 오지 않는 탓이었지. 그들의 해군이 보급품을 싣고 서해안을 따라 올라오기로 되어 있었거든. 그리하여 요동 쪽으로 가 명군의 개입도 미리 막고, 해군과 육군이 합세해 진격할 참이었어. 그런데 두 가지가 모두 진척되지 않았어.

평양의 일본군이 원군과 군량을 고대할 때 한 가지 놀라운 소식이 날아들었어. 일본에게는 치명타요, 조선에는 반전의 분수령이 되는 획기적인 전황 보고였어.

한산도대첩!

1592년 7월 6일, 이순신의 수군이 와키자카, 구키, 가토가 이끄는 일본의 주력 함대를 대파한 거야. 거북선을 앞세운 조선 수군은 견내량 안쪽에 정박해 있던 일본 수군을 한산도 앞바다로 유인해 백여 척을 격침시키고 수십 척을 노획했어. 그런데도 조선 함정은 단 한 척도 피해를 입지 않았으니 세계 해전 사상 유래 없는 통쾌한 승리였지.

한산도 해전을 분수령으로 전황은 조선군에게 유리하게 변해 갔어. 겨울이 되자 일본군은 추위와 굶주림에 시달렸어. 이 때 명나라가 장군 이여송을 앞세워 4만 대군을 보내 왔어.

이 때 유성룡은 병을 앓고 있었는데도 접반사가 되어 명군을 맞이해 조선과 명나라 연합군을 만들었어. 그리고 평양을 공격해 고니시군을 쫓아 내고 평양성을 되찾은 거야. 그 뒤 유성룡은 영의정에 복귀했어. 다시 조선 조정의 중심이 되어 전쟁을 지휘하게 된 거야.

거침없이 북진했던 일본군은 퇴각하기 시작했어. 그들을 맹추격한 이여송은 벽제관*에서 일본군을 쳤는데, 결과는 어이없는 대패였어. 명군의 오만함이 자초한 일이었지. 도

*벽제관_ 경기도 고양시 벽제에 있던 조선시대 역관이다. 중국으로 왕래하던 사신들이 서울에 들어오기 전에 쉬는 곳이기도 했다. 임진왜란 때 이 근처에서 명나라군과 왜군 사이에 대격전이 벌어졌는데 이것을 벽제관 전투라 한다.

망치던 일본군은 다시 사기가 충천했고, 겁을 먹은 명군은 개성으로 퇴각하려 했어. 이에 유성룡이 이여송을 설득했어.

"승부에서 지고 이기는 일은 병가지상사 兵家之常事 인데 어찌 경솔히 움직이려 하십니까? 대군이 한 번 퇴각하면 적군이 더욱 교만해 질 것이니 조금 더 머물러 사세를 보아 결행하도록 하십시오."

처음에 이여송은 들은 체도 하지 않다가 유성룡이 다시 설득하니 파주에 진을 치고 머물렀어. 하지만 그 뒤로는 가급적 싸우지 않고 화의를 하려고만 애썼지.

기세가 오른 일본군은 서울에 집결해 역전을 노렸어. 그런데 이를 가로막는 방어벽이 있었으니, 바로 고양 행주산성에 진을 친 권율이었어.

1593년 2월 12일, 일본의 선봉대 고니시의 부대가 행주산성을 향해 개미 떼처럼 몰려왔어. 광주 목사를 거쳐 전라 감사가 된 권율은 이미 이현과 수원 독산성에서 왜군을 크게 무찌른 적이 있었거든. 일본군은 그 보복을 하고자 더욱 가열하게 덤벼들었어.

흙 언덕과 목책으로 방어벽을 구축한 조선군은 화차, 진천뢰, 수석차포, 강궁 등을 앞세워 맹렬히 저항했지. 무기가 떨어지면 돌로 싸웠는데, 이 때 부녀자들이 앞치마에 돌을 담아 날라 주어 행주치마의 유

래가 된 거란다.

　권율은 손수 물을 떠 병사들에게 먹이면서 격려했어. 벼슬에 있지 않던 그의 형까지 나서서 전투를 지휘했고, 처영이 이끄는 승군도 몸을 아끼지 않았지.

　일본은 맹장들이 여러 번 나누어 공격해 왔어. 1차 공격에 나선 고니시가 패하고, 구로다가 패하고, 풍신수길의 양자인 우키다도 무너졌어. 권율의 지휘로 조선은 정병 2,300명과 승병 천 명에 백성들까지 포함해 약 1만의 병력으로 일본의 3만 정예 군단을 참패의 늪으로 몰아넣은 거야.

　그 뒤 일본은 점점 밀려 남쪽으로 내려갔어. 하지만 명나라는 빨리 추격하지 않고 화의를 통해 전쟁을 끝내려고만 했어. 결국 일본은 진주성에서 한 판 크게 싸운 뒤 자기 나라로 물러갔지. 그 사이 유성룡은 훈련도감*을 설치해 군사력을 키우고, 조령에 성을 쌓아 재침에 대비했어.

***훈련도감**_ 조선시대에 수도의 수비를 맡아 보던 군영으로, 훈국이라고도 한다. 1593년(선조 26년) 유성룡의 주장과 명나라 장수 낙상지의 권유에 의해 명나라의 훈련법을 습득하기 위해 조직되었다. 처음에는 낙상지의 지휘 아래 절강병으로부터 기술을 배우게 하다가 뒤에 훈련도감을 설치했다. 병사는 포수·사수·살수의 삼수병이었으며, 1882년(고종 19년)까지 존속한다.

사람은 죽었을 때 그 진가를 안다

지루하게 끌던 화의는 결국 깨졌어.

정유년 1597에 일본이 다시 쳐들어온 거야. 하지만 임진년처럼 그리 만만하진 않았어. 한때 이순신이 적의 계략으로 백의종군하는 바람에 수군이 크게 패하긴 했으나, 이순신이 복귀해 명량대첩*을 승리로 이끌면서 전세는 조선 쪽으로 기울어졌어.

1598년에 전쟁의 원흉 도요토미 히데요시*가 죽자 일본군은 싸울 기력을 잃고 돌아가려 했지. 하지만 이순신이 바닷길을 열어 주지 않으니 마음대로 돌아갈 수조차 없었어. 결국 몰래 도망치는 일본의 500척 대함대는 이순신과 진린이 이끄는 조·명 연합 수군의 공격을 받아 거의 전멸됐어. 이 노량해전을 끝으로 잔인하고 혹독했던 전쟁은 막을 내렸지.

*명량대첩_ 조선 선조 30년(1597) 정유재란 때 이순신이 이끄는 수군이 명량에서 왜선을 쳐부순 싸움으로, 12척의 전선으로 적 함대 133척과 맞서 싸워 31척의 적선을 격파해 이겼다. 이순신은 명량이 수로가 협소하고 조류가 국내에서 가장 빠른 점을 이용했는데, 그 결과 조선 수군은 단 1척도 피해를 입지 않았고, 전사자 2명과 부상자 2명만 발생했을 뿐이었다. 이 싸움으로 조선은 해상권을 회복했다.

*도요토미 히데요시_ 일본의 무장이며 정치가다. 오다 노부나가가 죽자 실권을 장악하고 일본을 통일한다. 중국 대륙 정복을 시도하면서 조선에 협조 요청을 했는데 실패하자, 1592년 조선을 침공해 임진왜란을 일으킨다. 겨울이 되면서 전쟁의 어려움이 가중되자 명나라와 평화 교섭을 벌였지만 실패한다. 이로 인해 이듬해인 1597년에 정유재란을 일으켰고, 전쟁 중 자신의 죽음을 알리지 않고 질병으로 사망했다.

임진년부터 시작된 7년 대전쟁을 통해 보여 준 유성룡의 활약은 참으로 대단했어. 그는 마치 전쟁을 치르기 위해 재상이 된 사람처럼 움직였어. 통신사를 보내 적의 사정을 알아 내고, 명나라에 미리 전쟁이 일어날 것을 알렸어. 명나라 군사가 오자 그가 직접 대접하며 싸움을 이끌었어. 또한 전쟁 중에 임금을 굳건히 지키고, 백성들의 힘을 북돋아 의병이 일어나게끔 했지.

유성룡의 가장 돋보이는 점은 무엇보다도 인재를 알아보고 알맞은 자리에 보낸 일이야. 그는 권율과 이순신을 추천해 전쟁에 대비했지. 그 결과는 대성공이었어.

권율은 승리를 거듭해 도원수가 되었고, 바다에서는 이순신이 싸우는 족족 승리를 거두어 삼도 수군통제사가 되었잖아.

7년 동안의 긴 전쟁에 지친 명나라 군사들은 하루 빨리 고향으로 돌아가고자 했어. 그래서 결국 일본과 화의를 하고 말았는데, 유성룡도 화의에 동의했지. 무려 7년 동안 농사도 못 지었으니, 군사들도 백성들도 모두 굶어 죽을 지경이었거든.

그런데 전쟁이 끝나자 조정의 권세는 홍여순, 남이공, 이이첨 같은 북인에게 돌아갔어. 북인들이 화의에 대한 책임을 물어 유성룡을 탄핵했지. 끝까지 싸워 왜군의 항복을 받아야 했다는 거야.

하지만 이러한 것이 대부분 무고임을 『연려실기술』*은 밝히고 있어. 좌의정 이원익은 유성룡이 파직된 것을 보고 상소를 올렸어.

*『연려실기술』_ 조선 정조 때 이긍익이 펴낸 역사책으로, 조선 태조부터 현종까지의 중요한 역사적 사실을 400여 가지에 달하는 야사에서 자료를 수집하고 분류해 엮었다. 59권 42책으로 되어 있다.

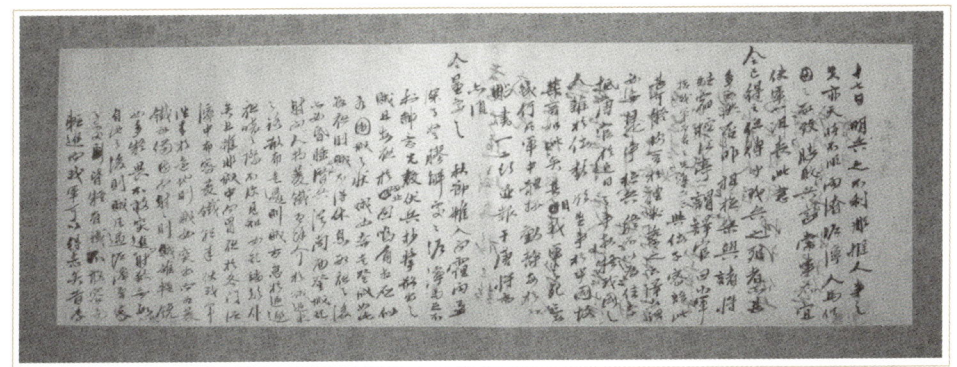

임진왜란 때 유성룡이 작전을 지시한 내용이 구체적으로 기록된 서찰

유성룡은 청렴하고 지극한 정성으로 나라를 걱정했는데, 이제 전하께서 홍여순 등의 참소를 쫓아 어진 이를 끝까지 쓰지 못하고, 일시의 착한 무리를 유성룡의 당이라 멀리하시니, 신은 여기에서 다시 사림의 화禍가 일어날까 두렵습니다.

이원익은 차라리 자신이 정승 자리를 내놓을 테니 유성룡을 들어 쓰라고 간청하기도 했지. 우의정 이항복도 유성룡이 화친을 주장했다면 자신도 그 무리라며 스스로 죄를 청하기까지 했어. 하지만 결국 북인의 기세를 꺾지 못해 유성룡은 파직되고 말았어.

"이제 내 할 일은 끝났다."

유성룡은 미련 없이 벼슬을 내놓고 고향 안동으로 내려갔어. 그는 원래 안동 하회 마을 근처 서애 서쪽 바위 벼랑에 도산 서원 같은 학교를 짓고 제자들을 가르치며 학문을 연구하고 싶어했어. 하지만 나라가 부르니 그걸 못해 호를 서애로 삼고 아쉬움을 달랬는데, 다 늙어서야 돌아가 글을 쓰고 공부를 하게 된 거야.

2년 뒤 선조는 다시 벼슬을 주어 유성룡을 불렀지만 그는 나가지 않았어. 그리고 죽으로 끼니를 때우는 가난 속에서 조용히 살았지. 더 이상 벼슬살이는 마음에 없었던 거야. 그러고 보면 그는 임진왜란을 위해 태어난 재상임에 틀림없는 듯하지.

이런 유성룡에 대해 『조선왕조실록』에서 사관들은 다음과 같이 평가했단다.

유성룡은 타고난 성품이 단정하고 총명했다. 학문을 열심히 익혀 종일 앉아 있어도 몸을 비틀거나 기댄 적이 없다. 남들을 대할 때는, 남의 말을 귀기울여 듣고 말수가 적었으나 우유부단하고 줏대가 없어 대신으로서 체통을 지키지 못했다. 나라의 뜻이 정해지지도 않은 때에 화의를 한 것은 원수를 잊게 하고 부끄러움을 참게 만든 죄이다.

이 평가는 마치 북인이 남인인 유성룡을 일부러 나쁘게 평한 듯한 느낌을 주지. 사관도 사람이니 당파가 있을 수 있고, 유성룡의 깊은 마음을 다 헤아리지 못했을 수도 있어. 하지만 북인의 주장처럼 과연 끝까지 왜군과 싸웠더라면 좋은 결과만 있었을까는 더 생각해 볼 문제야.

사람은 죽었을 때 비로소 그 진가를 안다는 말이 있는데, 유성룡이 바로 그랬어. 1607년, 유성룡은 고향에서 숨을 거두었어. 그가 남긴 것은 임진왜란에 대한 기록인 『징비록』과 몇 권의 책뿐이고, 장례 비용조차 없었어.

이 소식이 알려지자 사방에서 백성들이 몰려들었어. 그들은 삼베, 쌀, 돈을 형편대로 가져왔어. 그리고 다들 힘을 모아 자기 집안일처럼 정중히 장례를 치렀어. 서울의 빈 집에도 늙은 아전들과 백성들이 몰려와 빈소를 차려 놓고 소리 높여 울었지. 유성룡은 대신들에게는 탄핵을 받고 쫓겨났지만, 백성들에게는 나라를 구한 영웅으로 인정받은 셈이지.

뒷날 허목은 『미수기언』*에서 「서애유사」를 지어 다음과 같이 칭송했어.

공은 나라가 위태로운 시기에 장상의 중임을 한몸에 받아 의를 밝게 살펴 일에 임했으며, 충성을 다해 어려움을 사양치 않았다. 공의 행사를 살펴볼 때, 요점은 시종 도덕의 바른 입장으로 귀착되니 공이야말로 덕과 지혜와 술수와 지략을 지니고 예악으로 문식文飾한 분이라 하겠다. 온 힘을 다해 위태한 나라를 붙들어 세워 끝끝내 왕업을 안정시키고, 백성들의 부모형제를 보존케 해 지금까지 의식을 즐기고 편안히 살며 본업을 즐기게 한 것이 그 누구의 힘이겠는가?

유성룡의 묘지는 현재 안동 풍산읍 수이리 뒷산에 있으며, 그가 살았던 집도 그대로 하회 마을에 보존되어 있단다.

*『미수기언』_ 조선 숙종 15년(1689) 왕명으로 허목이 편찬한 문집이다. 원집·속집·습유·자서·자서속편·별집으로 구성되었다. 내용은 당시 정치와 사상의 중심이었던 성리학을 비판한 것으로, 이것은 이익의 학문으로 이어져 실학 발전의 토대가 되었다. 정치적으로는 서인 중심의 북벌론을 비판했다. 93권 25책으로 되어 있다.

제14장
길은 달라도 마음은 하나
최명길

그대의 마음은 돌 같아
끝내 돌이키기 어렵지만
내 마음은 둥근 고리 같아
때로는 돌아서 간다오.

– 최명길의 시

병자호란

"오래 평화롭다가 한 번 군사를 쓰기 시작하면 전쟁이 그치지 않는다."

율곡 선생의 이 말은 참으로 옳은 듯해. 조선은 임진왜란이 끝난 지 채 30년이 되지 않아 다시 큰 전쟁을 만났거든. 정묘년 1627에 여진족인 후금이 3만 군사를 몰고 쳐들어온 거야. 바로 정묘호란이지.

임진왜란의 상처가 채 아물지도 않은 때라 조선은 후금의 상대가 되지 못했어. 인조는 서울을 떠나 강화도로 피했고, 조선은 결국 후금과 형제 관계를 맺고 화의를 했어.

그 후 후금은 세력이 더욱 커졌지. 중국 대륙의 북부를 다 차지한 그들은 명나라를 압박할 정도가 되었어. 그러자 오만해져서는 조선과 형제 관계를 깨고 군신 관계를 맺자는 거야. 용골대와 마부태 같은 장수들이 사신으로 와서는 조선더러 신하 나라가 될 것을 요구했지. 명나라를 섬기던 조선은 그 요구를 들어 줄 수 없다며 거부했어.

그 해 4월, 드디어 후금은 나라 이름을 청淸으로 바꾸고 황제의 나라임을 선포했어. 청 태종의 즉위식에 외교 관계상 조선의 사신들도 참석했어. 그 자리에서 청 태종은 이렇게 협박했어.

"조선의 왕자를 볼모로 보내지 않으면 대군을 일으켜 쳐들어가겠다!"

당시 조선 조정은 척화파와 주화파로 나뉘어 있었어. 척화파는 명나라를 상국으로 여기고 청나라를 오랑캐로 배척했어. 예조판서 김상헌을 주장으로 윤집, 오달제, 신익성, 정온 같은 대신들이었지.

주화파는 청나라의 세력을 인정하고 그들과 평화롭게 지내자는 무리야. 주화파의 주장은 최명길이었고, 따르는 사람은 얼마 되지 않았어.

당시 조선 조정은 척화파의 세력이 훨씬 드셌어. 삼사의 대간들과 성균관 유생은 물론 조선 유림 대다수가 척화파를 지지했거든. 임진왜란 때 도와 준 명나라를 배신할 수 없고, 청나라는 여진족 오랑캐이므로 상국으로 인정할 수 없다는 주장이었지. 그들은 매일같이 주화파를 처단하고 청나라와 싸우자고 목청을 높였어.

이런 와중에서도 최명길은 초지일관 주화파의 깃발을 내리지 않았어. 청나라에 대항했다가는 나라는 물론 민족이 멸망할지도 모른다며, 그들을 대항하는 건 힘을 기른 다음이라고 주장했지. 척화파는 명분을 앞세웠고, 주화파는 실리와 현실을 앞세운 거라고 볼 수 있지.

이런 다툼 속에서 인조는 결단을 내리지 못하고 미적거리기만 했어. 최명길은 외롭게 주화를 주장하며 사신을 보내 청나라를 달래려 했어. 하지만 청나라의 대답은 더욱 거칠어졌어.

"왕자를 볼모로 보내고, 척화론자들은 결박해 보내라. 그렇게 하지 않으면 바로 공격하겠다!"

하지만 척화파가 드센 조선 조정은 청의 요구를 묵살해 버렸지. 그 결과 1636년 겨울에 청나라가 대군을 몰고 쳐들어오니 곧 병자호란이야.

이 때 조선의 유일한 희망은 임경업* 장군이었어. 의주 백마성에 진지를 구축하고 적의 공격로를 막고 있었지. 임경업은 대단한 용맹과 기지를 가진 장수였어. 그는 군사 1만 명만 주면 청의 수도 심양을 공격해 점령하겠다고까지 했어. 하지만 조선 조정은 그의 말을 듣지 않았어. 결국 임경업은 군사가 모자라 허수아비를 세워 위장을 하고는 적을 기다렸어.

*임경업(1594~1646)_ 조선 인조 때의 명장으로, 이괄의 난 때 공을 세우고, 병자호란 때 중국 명나라와 합세해 청나라를 치고자 했으나 뜻을 이루지 못하고 김자점의 모함으로 죽었다.

그런데 청나라 군대는 임경업의 용맹을 겁냈는지, 다른 길로 돌아 쳐들어왔어. 그 곳에 있던 군사들은 지레 겁을 먹고 내빼 버렸지. 그렇게 싸움도 없이 물밀듯 거세게 밀고 들어왔어. 압록강을 건넌 그들이 서울에 이르는 데는 고작 닷새밖에 걸리지 않았어.

침략군의 빠른 남하에 조정은 불난 집처럼 혼란에 휩싸였어. 우선 조정은 정묘년처럼 임금을 모시고 강화도로 들어가려 했어. 그러나 남대문을 나서자마자 급보가 날아와 길을 멈춰야 했어.

"적군이 이미 고양을 지나 홍제원*까지 이르렀고, 마부태가 강화로 가는 길목인 양천으로 부대를 보냈습니다."

*홍제원_ 국영 여관으로, 서울에서 의주로 가는 길목에 설치했다. 이 곳은 중국의 사신들이 서울 성 안에 들어오기 전 임시로 묵던 곳으로 고종 32년까지(1895)까지 건물이 남아 있었다.

정탐 전령의 보고로 인해 성내는 초상집인 듯 울음소리가 가득해졌어. 워낙 급속한 침략군의 남하에 아무도 피난 준비를 못했거든. 다급해진 인조와 중신들은 남대문 누각에서 대책을 논의했어.

"일이 화급을 다투니, 장차 어이 할꼬?"

인조가 한탄했어. 이에 전 철산부사 지여해가 칼을 움켜쥐고 나와 사생결단의 의지로 아뢰었어.

"적은 서둘러 침략해 몹시 지쳤을 것입니다. 신에게 포병을 포함한 오백 정병을 주시면 그들의 선봉을 저지하겠습니다."

고작 오백 군사로 대군의 진격을 막다니, 계란으로 바위치기나 다름없었지. 최명길이 지여해를 저지하고 나섰어.

"종묘사직의 존망이 호흡지간_{아슬아슬한 순간}에 달렸는데 어찌 오백 명으로 적을 시험할 겨를이 있겠습니까? 청컨대 신이 홀로 달려가 적장을 만나 보고 쳐들어온 까닭을 물으며 진격을 늦추어 보겠습니다. 신은 적장이 죽이면 죽으려니와, 서울 근교에 방어할 만한 땅은 남한산성밖에 없으니 전하께서는 수구문_{광희문}을 통해 속히 입성하셔 사태를 살피소서."

최명길은 동중추 이경직을 부사로 삼아 스스로 호랑이 굴로 뛰어들고자 한 거야. 인조는 이를 윤허하고 왕의 호위대인 금군 20명을 붙여 주었어. 하지만 지레 겁을 먹은 금군은 도망치고 이경직과 비장 한 명만이 최명길을 따랐지.

최명길은 술과 안주를 간단히 준비해 홍제원으로 갔어. 적장 마부태는 최명길을 보자마자 국왕을 만나게 해 줄 것을 요구했어. 최명길은

남한산성

이미 임금이 남한산성에 입성해 당장은 만나 볼 방법이 없다고 둘러 댔지.

이렇게 시간을 버는 사이 인조는 송파 나루를 건너 무사히 남한산성으로 들어갔어. 저녁이 다 되어 이를 안 마부태는 최명길을 참수하려고 칼을 빼 들었어. 그 때 다른 장수가 황급히 말리고 나섰어.

"화친이 이루어지지 않은 때 이 사람을 죽이는 건 불가하오."

이리하여 구사일생으로 사지를 빠져 나온 최명길은 곧바로 남한산성으로 갔어. 인조는 무사히 돌아온 최명길의 손을 잡고 눈물을 글썽였어.

"저들의 목적은 오로지 화친하는 데 있습니다. 왕자와 척화하는 대신을 보내면 즉시 돌아가겠다고 합니다."

최명길이 아뢰었어.

척화파가 대부분인 조정에서 이 말이 받아들여질 리 없었지. 조정은 청나라와 싸우기로 작정했어. 훈련대장 신경진이 동쪽 성곽을 책임지고, 이영달은 중군을 맡고, 총융사 구굉은 남쪽을 지키고, 어영대장 이서는 북쪽을, 수어사 이시백은 서쪽을 담당케 해 결전에 대비한 거야.

이 때 남한산성에는 군병이 1만 3천이었고, 군량은 50일 분 정도 되었어. 탄천에 진을 친 청군은 20만 대군이었는데, 이미 남한산성을 포위한 그들은 민가의 짐승과 곡식을 빼앗아 군량을 확보했지. 그들이 얼마나 그악스럽게 노략질을 했는지, 백성들은 임진왜란 7년 전쟁보다 병자호란 45일이 더 견디기 힘들었다고 할 정도였어.

혹독한 남한산성의 겨울

청나라 군사들은 남한산성을 겹겹이 에워싸고 항복하라고 소리쳤어. 조선군은 기회를 보아 나아가서는 한바탕 싸우다 들어오기를 반복했고. 성 안에서는 청나라와 화해를 할지, 끝까지 싸울지에 대해 말다툼이 한창이었어.

"저 여진족들은 우리에게조차 조공을 바치던 오랑캐요. 그런데 어찌 저들을 황제의 나라로 섬길 수가 있겠소? 이는 나라와 조상을 모독하는 일이요. 목숨을 걸고라도 끝까지 싸워야 하오!"

예조 판서 김상헌은 '주전론전쟁하기를 주장하는 이론'을 내세우며 목소리를 높였어.

임금과 신하들은 주전론에 고개를 끄덕거릴 수밖에 없었어. 그들은 청나라와 가까이 하려던 광해군*을 몰아 내고 정권을 잡았거든. 더구나 임진왜란 때 많은 군사를 보내 도와 준 명나라를 배반한다는 건 의리를 저버리

*광해군_ 조선 제15대 왕(재위 1608~1623년)으로, 임진왜란 기간 동안 나라를 위해 많은 공을 세워 전쟁이 끝난 뒤 왕이 되었다. 서적 편찬, 대동법 등을 실시했고, 명과 후금의 양면외교정책을 펴 난국에 대처했다. 당쟁에 휩쓸려 임해군과 영창대군을 죽이고 인목대비를 유폐했으며, 뒤에 인조반정으로 폐위되었다.

남한산성 남문(왼쪽)과 연주봉옹성(오른쪽)

는 일이었어.

하지만 현실은 달라졌어. 명나라조차 청나라에 밀려 위태로운 지경이었고, 조선은 청나라 대군과 싸울 힘이 없었거든.

"우리는 지금 성 안에서 버티고 있지만, 성 밖의 백성들은 하루하루 노략질을 당해 죽어 가고 있습니다. 우리도 얼마나 더 버틸 수 있을지 모릅니다. 어서 화해를 해 더 큰 희생을 막아야 합니다."

'주화론 전쟁을 피하고 화해하거나 평화롭게 지내자고 주장하는 이론'을 주장하는 이는 이조판서 최명길이었지. 그도 광해군을 몰아 내는 데 힘을 보탠 반정 공신이었어. 하지만 외교에서는 광해군의 현실적인 외교 노선을 따랐어. 그는 처음부터 싸움보다는 화해를 이루려 무던히 애를 썼지. 정묘호란 때도 그가 나서서 화해를 성공시켰어. 이번에도 전쟁을 막는 데 온 힘을 기울이는 참이었지.

하지만 주전론자들의 주장은 점점 드세졌어.

"사람 치고 죽지 않는 이가 없고, 나라 치고 망하지 않는 나라는 없소이다. 죽기를 각오하고 싸워야 합니다. 어떻게 짐승 같은 오랑캐의 뜰에 무릎을 꿇고 부끄러움을 당한단 말이오!"

김상헌이 최명길을 벌레 보듯 하며 꾸짖었어.

"이미 대항할 힘이 없는데 화친을 하지 않는 건 멸망을 재촉하는 일입니다. 모두가 명분 놀음에 빠져 싸울 것을 주장하나, 저는 나라와 백성을 위해 감히 강화 싸움을 멈추고 평화 조약을 맺는 것 가 옳다고 여깁니다."

최명길은 주장을 굽히지 않았어.

인조 임금은 이러지도 저러지도 못했어. 명분으로 따지면 김상헌의 주장이 옳지. 김상헌은 이참에 청을 쳐부수고 만주와 요동 땅까지 되찾아야 한다고 주장하면서 주화론자들의 목을 베야 한다고 소리를 높였어.

"하늘에는 두 해가 없고, 나라에는 두 임금이 없는 법입니다. 그런데 최명길은 여진족 추장을 임금처럼 여기니 마땅히 역적으로 다스려야 합니다."

"최명길의 목을 베고 김상헌을 재상으로 삼으면 군사들도 힘을 내 싸울 것입니다."

주전론자들은 최명길과 몇 안 되는 주화론자들을 죽이려 했어. 이런 경황 중에도 최명길은 묵묵히 청나라 진영을 드나들며 강화 회담을 한 거야.

때는 한겨울이었어. 남한산성에는 눈보라가 살을 에듯 몰아쳤지. 양식은 떨어져 가고, 병사들은 지쳐 갔어. 워낙 다급히 피난 오느라 임금이 덮을 이불조차 없어 동상에 걸릴 지경이었어. 팔도에서 조선의 군사들이 달려왔지만, 들려오는 소식은 졌다는 소식뿐이었지.

반면 탄천에 진을 친 청나라 군사들은 더욱 늘어나 30만 명이나 된다며 큰소리를 쳤어. 그들은 포위망을 풀지 않은 채 조선 백성들에게 온갖 나쁜 짓을 저질렀어. 산성에서 보면 오랑캐가 마을에 불을 지르고 노략질하는 모습이 환히 보였어. 사신을 통해 남한산성으로 협박 편지를 보내기도 했어. 그 편지들 가운데 『조선왕조실록』에 전하는 하나를 간추려 소개해 볼게.

너그럽고 온화하며 어질고 현명한 청나라 황제는 조선의 관리와 백성들에게 지시를 내려 알린다.

내가 이번에 원정을 나온 것은 원래 사람을 죽이기 즐겨 해서가 아니다. 나는 귀국을 원수처럼 보아 온 일이 털끝만큼도 없었다. 귀국이 명나라와 합하여 우리를 쳤을 때도 나는 오히려 가벼이 군사를 출동시키지 않았다.

그런데 우리가 요동 땅을 차지한 뒤에 귀국은 명나라를 도우면서 양식까지 대 주고 우리를 멸망시키려 하니 몹시 노한 것이다. 이는 내가 바라는 바가 아니라, 너희 스스로 재앙을 불러 온 것이다.

그러니 너희들은 집에서 편안히 지내면서 일이나 잘 할 것이지, 망령되이 날뛰다가 우리의 칼날에 맞지 말지니라. 우리에게 대드는 사람은 죽이고, 도망치는 사람은 사로잡을 것이나, 귀순하는 사람은 털끝만큼도 해치지 않고 잘 돌보아 줄 것이다. 그러니 너희들은 이를 모든 백성에게 알려 잘 알아듣게 하라.

조선에서는 이 편지를 두고도 답장을 하니 마니 다투었어. 그 사이 조선 백성은 수없이 죽어 갔고, 성을 지키던 군사들도 슬금슬금 도망쳤지. 그러자 인조는 마침내 항복을 결심하기에 이르렀어.

"항복 문서를 만드시오."

인조가 눈물을 흘리며 말했어.

장군들조차 청나라와 싸우는 건 '달걀로 바위치기'라며 항복을 권유하니 어쩔 수가 없었던 거야.

홍서봉과 최명길은 명을 받아 항복 문서를 썼어. 이 모습을 바라보던 주전론자들은 분노에 치를 떨었지.

"차라리 칼을 물고 죽을지언정 항복이 무슨 말이오!"

이를 갈던 김상헌이 달려들어 항복 문서를 낚아채서는 북북 찢어 버리고 주저앉아 소리 높여 울었어. 임금도 울고 많은 신하들도 눈물을 지었지. 다만 최명길은 조용히 찢어진 문서를 주워 모으며 말했어.

"그대는 참으로 의로운 사람이오. 하지만 지금 이 나라에는 문서를 찢는 신하도 필요하고, 나처럼 주워 붙이는 신하도 있어야 합니다."

신하들의 다툼을 보고는 인조가 눈물을 흘리며 말했어.

"위로는 종묘와 사직을 위하고, 아래로는 부형과 모든 관리들을 위해 할 수 없이 이러한 조치를 내리는 것이다. 경 김상헌의 말이 옳기는 하나 어쩔 수가 없구나."

청나라는 인조를 자기들의 진영으로 나와 용서를 빌라고 했지. 차마 그럴 수는 없다고 버티자 청나라는 남한산성 안으로 대포를 쏘며 협박했어.

"왕이 성에서 나오지 않을 테면 다시는 사신도 보내지 마라!"

이에 결국 조선은 국왕이 직접 나가 항복하기로 했지. 이 소식을 들은 이조참판 정온이 시를 지었어.

> 사방에서 울리는 포성 우레처럼 진동하고
> 외로운 성 함락되자 군사들 사기 떨어졌건만
> 늙은 신하만은 태연히 그 소리 들으며
> 초가에 누워 조용히 목숨을 끊으려 하노라.

시를 지은 정온은 스스로 칼로 배를 찔렀는데, 목숨이 끊어지지는 않았대. 이처럼 많은 관리들이 목숨을 걸고 왕의 항복을 막으려 했어. 김상헌은 차라리 자신을 죽이고 항복하러 가라고 눈물로 아뢰었지. 그러나 비운의 그 날은 오고야 말았어.

1637년 1월 30일, 인조는 임금 옷마저 벗고 남한산성을 나와 청나라의 진영으로 갔어. 그 참담한 광경을 『조선왕조실록』에는 다음과 같이 기록해 놓았단다.

> 임금이 남색 빛깔로 물들인 옷을 입고, 백마를 타고, 의장병은 죄다 물리치고 시종 50여 명을 거느리고 서쪽 문으로 하여 성 밖으로 나갔는데, 세자도 뒤를 따랐다. 뒤에 떨어져 있는 여러 관리들이 가슴을 치며 통곡했다.

이렇게 인조 임금은 직접 삼전도*로 나가 절을 하고 항복 문서를 바

서울 송파구 석촌동에 위치한 삼전도비(왼쪽)와 삼전도 수난 동판(오른쪽)

쳤단다. 청나라는 조선에 11가지 요구를 하고 항복을 받아들였는데, 그 내용을 간추리면 다음과 같아.

조선은 명나라와 국교를 끊고 청나라에 신하의 예를 다할 것, 청나라가 전쟁을 하는 데 군사와 물자를 보낼 것, 조선의 왕자를 볼모로 보낼 것, 조공을 바칠 것 등이었어.

조선은 요구를 고스란히 받아들일 수밖에 없었지. 청나라는 소현세자와 봉림대군을 비롯한 왕족들과 삼학사*를 비롯한 주전론자들을 잡아갔어. 백성들도 50만 명이나 끌고 갔지.

주전론자의 대표 격인 김상헌은 심양으로 잡혀 가면서 시조 한 수를 읊었단다.

*삼전도_ 조선 세종 21년(1439)에 세워진 나루로, 당시 서울과 광주에 있던 남한산성을 이어 주었다. 송파 쪽으로 흐르는 강수가 많아서, 1950년대 말까지 나룻배가 다녔다. 지금은 잠실대교가 놓여, 나루터의 모습은 찾아볼 수 없다.

*삼학사_ 조선시대 병자호란 때 청나라와 화의를 반대한 세 학사인 홍익한, 윤집, 오달제를 말한다. 삼학사는 당시 결사 항전해야 한다고 주장했는데 남한산성이 함락되자 심양(선양)에 잡혀가 참형되었다.

가노라 삼각산아, 다시 보자 한강수야.
고국산천을 떠나고자 하랴마는
시절이 하 수상하니 올동 말동 하여라.

새재 **성황신**의 예언

　병자호란은 조선 역사상 가장 참담한 패배였어. 겨우 나라와 왕실은 지키게 되었지만, 그 상처는 오래도록 지워지지 않았지. 인조는 청나라에 항복 문서를 바칠 때 머리를 땅에 찧으며 절을 했어. 우리 역사상 다시 없는 부끄러운 일이었지.
　전쟁이 끝나자 이 치욕스런 패배에 대한 책임을 최명길이 덮어쓰게 되었어. 백성들도 대신들도 손가락질을 하며 욕을 퍼부었지.
　하지만 최명길은 아무런 불평도 변명도 하지 않았어. 그나마 임금은 최명길의 마음을 알아 주어 그를 영의정으로 삼아 전후 처리를 맡겼어.
　그런데 참으로 이상한 일이야.
　왜 최명길은 처음부터 그토록 주화론을 강하게 주장했을까?
　그 이유는 우선 가치관의 차이에서 찾을 수 있어. 김상헌과 최명길은 같은 유학을 공부했지만, 그 갈래가 달랐어.
　김상헌은 대의명분을 중요하게 여기는 주자학*자였어. 그는 광해군을 몰아 내는 일에도 직접 참여하지 않았어. 신하 된 자가 임금을 몰아

*주자학(성리학)_ 중국 송·명나라 때 학자들에 의해 성립된 학설. 북송의 정호가 논한 천리, 정이가 논한 성즉리 그리고 주돈이, 장재, 소옹 등의 학설을 남송의 주희가 정리해 체계를 세운 것이며 성리학이라고도 한다. 성리학은 이·기의 개념을 설명하고 우주의 생성과 구조, 인간 심성, 인간의 자세 등에 관해 깊이 사색함으로써 여러 분야에서 새로운 유학사상을 수립했다. 내용은 태극설·이기설·심성론·성경론으로 나뉜다.

*양명학_ 중국 명나라 때 양명 왕수인이 이룩한 새로운 유교 학설을 말한다. 양명은 주자의 유학에 회의를 느껴 심즉리·지행합일 등을 주창했는데, 이는 인식과 실천이 둘이 아니라 하나임을 강조한 것이다. 주학파의 비판에도 불구하고 조선시대 장유, 최명길, 정제두 등이 연구했으며 특히 일본에 많은 영향을 주었다.

낸다는 건 의리에 어긋나거든. 그런 그가 명나라를 배반하고 오랑캐로 여기던 여진족인 청을 섬긴다는 건 받아들일 수 없었지. 그래서 목숨을 걸고 주전론을 펼친 거야.

반면에 최명길은 현실을 중요하게 여기는 양명학*자였어. 한때 오랑캐라고 업신여기던 여진족이지만 큰 힘을 갖게 된 걸 인정해야 한다고 믿었지. 그래서 기울어 가는 명나라보다는 청나라와 잘 지낼 것을 주장한 거야.

그러므로 주전론과 주화론은 명분과 현실의 대립이라 할 수도 있어. 당시 학자들은 대부분 주자학을 받들었으므로 주전론이 우세했지. 하지만 결국 인조는 명분보다는 현실을 선택해 항복하고 말았어.

그런데 아무리 현실이 어렵다 하더라도 최명길의 태도는 지나친 데가 있었어. 정묘호란 때부터 제대로 싸워 보지도 않고 화해부터 내세웠거든. 그가 온갖 욕설과 오해를 감수하면서 외롭게 주화론을 펼친 까닭은 무엇일까? 뭔가 다른 이유가 있을 것도 같지 않니?

*『대동기문』_ 1925년, 서울의 한양서원에서 강효석이 편찬한 조선시대의 인물들에 얽힌 일화를 모은 책이다. 조선 태조 때의 일부터 을사조약 후 민영환의 자결에 이르는 총 716항의 사건이 각 왕대별 순서에 따라 수록되어 있으며, 부록으로 고려 말에 절개를 지킨 인물들에 대한 98항이 실려 있다. 4권 1책으로 되어 있다.

야담집 『대동기문』*에 실린 다음 이야기는 그 까닭을 푸는 실마리를 제공해 준단다.

최명길이 아직 벼슬을 하지 않았던 젊은 시절이야. 그는 안동부사인 외숙에게 가느라 문경새재를 넘는 중이었어. 고갯마루에 이르렀을 즈음, 한 여인이 나타나 앞서 가기도 하고 뒤처지기도 하며 최명길의 눈을 홀리지 뭐야. 붉은 치마를 입고 엷게 화장을 한 어여쁜 여인이었어.

몇 번이나 앞을 스쳐 지나가자 최명길이 물었어.

"대체 그대는 누구이기에 내 앞을 왔다 갔다 하는 거요?"

여인은 바짝 다가와 조용한 목소리로 말했어.

"나는 이 새재의 성황신이오. 어떤 사람이 나를 위해 치마저고리 한 벌을 지어 사당에 걸어 두었소. 그런데 안동의 좌수 한 사람이 그 옷을 걷어 가 자기 딸에게 입혔다오. 하도 괘씸해 그 딸을 죽이고 옷을 도로 찾아오려고 가는 중이오."

최명길이 깜짝 놀라며 말했지.

"안동은 내 외삼촌이 다스리는 곳이오. 내가 그 옷을 찾아 돌려 드릴 테니 그만 좌수의 딸을 용서해 주시구려."

"나도 굳이 사람을 죽이고 싶지는 않으니 그렇게 해 주신다면 은혜로 여기겠습니다."

이렇게 말하고 그 여인은 안동 땅에 들어서자마자 사라져 버렸어.

최명길은 급히 그 좌수의 집으로 달려갔어.

"아이고, 아가야! 이게 웬 날벼락이냐!"

최명길이 대문을 들어서자 안방에서 울음이 터져 나왔어. 좌수의 딸이 까닭도 없이 갑자기 넘어져 숨이 끊어졌다는 거야.

방으로 들어선 최명길은 깜짝 놀랐어. 성황신이라는 여인이 좌수의 딸을 올라타고 가슴을 짓누르고 있었거든. 다른 이의 눈에는 보이지 않는데 최명길은 볼 수 있었지.

"성황당에서 가져 온 옷을 불에 태우고 성황신에게 용서를 비시오."

최명길의 말에 따라 좌수는 급히 옷을 불에 태웠지. 그러자 숨이 넘어갔던 좌수의 딸이 간신히 숨을 쉬기 시작했어. 최명길이 보니 성황신은 이미 연기처럼 사라지고 없었고, 좌수 가족은 최명길한테 입이 닳도록 감사 인사를 했지.

그런데 최명길이 볼일을 마치고 다시 새재를 넘어 돌아오는 길에 보니 성황신이 새재 마루에서 기다리고 있지 뭐야.

"일이 아주 다급하게 되었습니다."

성황신의 말에 최명길은 무슨 일이냐고 물었지.

"지금 만주에서 천자天子가 막 태어나려는 중입니다. 옥황상제께서 모든 성황신더러 천자를 보호하라는 명을 내리셨기에 지금 거기로 가는 참입니다."

"천자가 누구요?"

"성은 애신愛新:청나라 태종을 말함인데, 이 사람이 태어나면 명나라는 반드시 망할 것입니다. 천자가 훗날 조선을 칠 것인데, 그 때 반드시 화친을 주장해야 나라를 지킬 수 있습니다. 공은 부디 이 일에 힘쓰기 바랍니다."

말을 끝낸 성황신은 어디론가 사라져 버렸단다.

이 이야기에 따르면 명나라가 망하고 청나라가 강국이 되는 건 이미 정해진 일임을 알 수 있어. 그리고 조선은 결코 청나라를 이길 수 없다는 거지. 최명길은 일찍이 그 사실을 알았으므로 주화론을 펼쳤다는 말이야.

물론 야담을 그대로 믿을 수는 없어. 야담은 대개 백성들이 지어 내거나 덧붙인 이야기이기 십상이거든.

그런데 이런 이야기가 떠돌았다는 건 무얼 뜻할까? 명예와 체면을 소중하게 여기는 사대부와 벼슬아치들은 최명길을 비겁한 사람이라 욕했지만, 백성들은 오히려 은인으로 생각한 건 아닐까? 결국 명나라까지 무너뜨린 청나라와 끝까지 싸웠다면 조선의 역사는 그 때 끝났을지도 모를 일이야.

돌 같은 마음, 고리 같은 마음

 최명길은 누가 뭐라든 자신이 맡은 일에만 열중했어. 영의정이 된 그는 쑥대밭이 된 나라를 일으켜 세우기 위해 온 힘을 쏟았지. 나라가 안정되고, 힘을 길러야 다시 삼전도에서 겪은 부끄러움을 되풀이하지 않을 테니까. 그런데 최명길도 결국 청나라의 감옥에 갇히는 신세가 되고 말았어.

 1642년, 청나라는 명나라를 치기 위해 조선의 군사를 보내라고 했거든. 조선은 임경업 장군에게 6천 병사와 무기, 식량을 주어 보냈어. 이 때 임경업은 명나라와 싸우지 않고 미적거리다가 명나라로 망명하고 말았어. 영의정인 최명길은 이 일에 대한 책임을 지고 청나라로 가 감옥에 갇히게 된 거야. 사실인지 확인할 수는 없지만, 최명길이 임경업더러 명나라와 싸우는 척하다가 기회를 보아 명과 함께 청을 치라고 했다는 거야.

 "그토록 애써 주화론을 펼친 결과가 이것이란 말인가!"

 최명길이 감옥에 들어가자 옆방에 있던 사람이 엄하게 꾸짖었어. 바로 청음 김상헌이었어. 그는 이미 몇 해 전에 잡혀 와 감옥살이를 하고 있었던 거야.

청음 김상헌과 지천 최명길.

두 사람에게는 오래 묵은 감정이 응어리가 되어 쌓여 있었어. 김상헌은 최명길을 의리도 없고 비겁한 겁쟁이라 생각했고, 최명길은 김상헌을 명분만 앞세우며 턱없이 명예만 바라는 사람으로 여겼지.

감옥살이를 하는 동안 두 사람은 서로의 진실을 알게 되었어. 주전론과 주화론으로 뜻이 달랐지만, 나라와 백성을 위하는 마음은 똑같다는 걸 알게 된 거야.

김상헌은 오래 묵은 감정을 풀고 시 한 수를 지었어.

이제야 서로의 우정을 되찾으니
문득 백년 의심이 풀리는구나.

최명길도 시로 답을 했지.

그대의 마음은 돌 같아
끝내 돌이키기 어렵지만
내 마음은 둥근 고리 같아
때로는 돌아서 간다오.

이렇게 두 사람은 화해를 했는데, 이경여가 이를 두고 시를 지었대.

두 어른의 다툼은 각기 나라를 위한 것인데
하늘을 떠받드니 큰 절개요,
한 시대를 건져 내니 큰 공적일세.
이제야 원만히 마음 하나를 이루는 곳
감옥 안의 두 사람은 이미 백발이 다 되었네.

김상헌은 의리와 명분을 지켰고, 최명길은 현실을 직시해 나라를 멸망의 위기에서 구했다는 말이니 참 그럴듯하지?

1645년, 김상헌과 최명길은 함께 조선으로 돌아왔어. 두 사람은 나란히 정승이 되어 남은 생을 나라를 위해 바쳤단다.

삼전도의 항복은 조선 역사상 가장 치욕적인 일로 기록되었어. 이 일이 이루어지기 전까지 참 다툼도 많았지. 척화파와 주화파는 설전과 드잡이를 하면서 서로의 주장을 굽히지 않았어.

그런 가운데 최명길은 줄곧 주화의 입장을 내세워 나라를 구했어. 하지만 그 공은 인정받지 못하고 나라를 부끄럽게 한 죄인이라는 오욕을 덮어쓰고 살았어. 그 역시 주화의 길이 역사에 이름을 더럽히는 결과가 올 줄 모르지는 않았을 거야. 명분과 명예보다는 현실을 택해 고스란히 오욕을 받아들인 거지. 난세를 당해 누군가 그 악역을 담당할 수밖에 없는 역사가 그는 한탄스러웠을 거야. 말년에 그가 지은 다음 시는 그러한 심경을 절절하게 노래하고 있단다.

산성에서 죽지 못한 것이 모두 죄이러니
춘풍을 보고 울며 두견에게 절하노라.

제15장
다시 피는 꽃
채제공

채제공은 여러 세대를 통틀어 보기 드물게 기품이
뛰어난 사람이다. 그는 타고난 성품이 걸걸하고 기백이 있어
무슨 일이 눈앞에 닥쳐도 겁내거나 흔들리지 않았다.

-『조선왕조실록』

눈 내린 산의 호랑이

하늘도 청명한 어느 가을날이었어. 멀리서 절간의 풍경소리가 은은히 들려 오고, 바람이 불 때마다 오색 단풍잎들이 우수수 떨어져 맑은 물을 타고 흘러갔지. 그런 계곡 너럭바위에 열 명 남짓한 젊은이들이 조촐한 잔치를 벌였어.

"이제 곧 산사에는 겨울이 오겠지요. 봄에 이 산에 들어와 한솥밥을 먹은 우리가 이제 헤어질 때가 되었습니다. 그 동안 부지런히 과거 공부를 했으니, 각자 시를 한 수씩 지어 나누어 가지도록 합시다."

흥이 무르익자 판서의 아들이라는 사람이 말했어.

"좋소이다. 바람 불 적마다 나뭇잎이 저리 애달프게 지는데, 어찌 이별의 시 한 수가 없겠소."

"그거 재미있는 일입니다. 오늘 시를 보면 장차 누가 장원을 할지 짐작할 수도 있겠지요."

모두들 좋다고 맞장구를 쳤어.

열다섯에서 스무 살 남짓한 그들은 권세 있는 양반집 도령들이었어.

누구는 재상의 아들이고, 누구는 정승 판서의 친척이거나 자제들이었지. 그들은 서로 질세라 재주를 뽐내며 붓을 휘둘렀어. 그런 다음 시를 서로 주고받아 읽고 덕담을 나누는 거야.

그 때 구석에 앉아 있던 한 소년이 볼멘소리로 끼어들었어.

"왜 내 시는 돌려 보지 않는 겁니까?"

소년은 무리 가운데 가장 어려 아직 솜털이 보송보송했어. 야윈 데다 입성도 초라해 마치 도령들의 하인 같았지. 하지만 그도 분명 이 산에 공부하러 온 양반집 아이임에 틀림없었어.

"아하, 그대가 있는 줄 미처 몰랐네 그려. 하도 조용해 없는 줄 알았지 뭔가. 자네도 시를 지었는가? 그럼 직접 소리 내 읊어 보게. 하하하하!"

판서의 아들이 웃자 모두들 덩달아 웃음을 터뜨렸어.

소년은 늘 도령들에게 따돌림을 받았지. 집안도 볼품 없는 데다 가난해서 절에 시줏돈조차 제대로 못 냈거든. 하지만 소년은 언제나 아무렇지도 않은 듯 당당했어. 자신의 시를 읽는 목소리도 가을 골짜기 물소리처럼 낭랑하기만 했지.

가을바람 불어 오니
잣나무엔 매가 새끼를 치고
눈 내려 텅 빈 산에는
호랑이가 정기를 기르도다.

도령들은 시를 이해하지 못해 고개를 갸웃거렸어.

그 때 한 도령이 입을 열었어.

"매와 호랑이의 기상을 본받으려는 건 좋지만, 너무 허황되지 않은가? 참새는 매가 될 수 없고, 강아지가 범이 될 리도 없으니 말일세."

골짜기는 웃음의 도가니가 되었어. 모두들 소년의 볼품 없는 집안을 비아냥거리는 거였지.

그래도 소년은 싱긋 웃을 뿐 얼굴색 하나 변하지 않았어. 그러고는 일어나 공손히 절을 하고 물러가는 거야. 고개를 갸웃거리던 재상의 아들이 소년의 시를 다시 보고는 챙겨 넣었어.

"아버님, 이 시를 좀 보아 주십시오. 뭔가 깊은 뜻이 있는 듯한데, 도무지 알 수가 없습니다."

집으로 돌아온 재상의 아들은 아버지에게 소년의 시를 보여 주었어.

"이게 누구의 시냐?"

재상이 눈을 크게 뜨고 물었어.

"이번에 같이 산사에서 공부한 친구가 이별 자리에서 지은 것입니다."

재상이 크게 고개를 끄덕이며 이렇게 말했어.

"틀림없이 너와 친구들이 그 소년을 놀려 대며 업신여겼겠구나."

아들이 깜짝 놀라 아버지를 바라보았지.

"예. 아직 어리기도 하고, 집안이 볼품 없어 아무도 가까이하지 않았습니다. 그런데 그걸 어떻게 아셨습니까?"

"어리석은 녀석들!"

재상은 혀를 끌끌 차고는 시를 풀이해 주었어.

"매는 가을에 새끼를 치지 않는다. 가을에 태어났다면 추운 데다 제대로 먹지도 못해 용맹스런 매가 되지 못할 테니까. 이는 곧 소년이 자신을 놀려 대는 너희들이 볼품 없는 무리라고 조롱한 것이다."

"그럼 다음 구절은 무슨 뜻입니까?"

"생각해 보아라. 눈 덮인 산에서 호랑이가 홀로 달빛을 받으며 기개를 기르는 모습을. 이는 어떤 어려움에도 굽히지 않는 대장부의 호연지기*를 말하는 것으로, 곧 자기 자신을 나타냄이다. 그 아이 이름이 무엇이더냐?"

"충청도 홍주 지금의 홍성 사람인데, 관심을 두지 않아 이름은 잊었습니다."

"너는 참으로 아까운 벗을 놓쳤구나. 이 아이는 장차 크게 될 인물임이 분명하거늘. 쯧쯧."

재상이 무릎을 철썩 치면서 말했어.

인물은 역시 인물을 알아보는 법인가 봐. 재상은 시만 보고도 가난한 소년이 장차 크게 되리라는 걸 알아차렸어.

눈 덮인 산에서 호연지기를 기르는 호랑이 같은 그 소년의 이름은 채제공이었단다.

채제공은 숙종 말년인 1720년에 지중추부사 응일 膺一의 아들로 태어났어. 효종 시절에 대제학을 지낸 채유후의 방계 5대손으로 본관은 평강이며 자는 백규 伯規, 호는 번암이야.

*호연지기_ 맹자(孟子)의 가르침인 인격의 이상적인 기상이다. 당시엔 사람의 몸에는 생명 원소인 기(氣)가 활동한다고 생각했고, 이것을 수련하는 여러 가지 기술이 성행했다. 맹자는 이 '기'가 도의와 조화됨으로써 의기 당당한 활동이 가능하다고 했다. 이 호연지기란 말은 유가의 실천행위의 기본구조를 나타낸 것이며, 송대 학자들의 존양설, 정기 등으로 발전된다.

만만찮은 내력을 가진 집안임에도 불구하고 그의 생활은 매우 어려웠던가 봐. 『대동기문』에는 위의 일화와 더불어 또 한 가지 재미난 이야기를 들려 준단다.

불과 15세에 향시에 입격한 채제공은 그 후 수 년 동안 성균관에서 공부에 전념했어. 그러다 스물세 살에 대과大科를 보려는데, 마침 학자금이 바닥이 나 새 지필묵을 마련할 길이 없는 거야. 생각 끝에 그는 명망 있는 한 재상의 집을 찾아갔어.

"십오에 초시를 한 이후 대학에서 칠팔 년 정진하다가 한 번 재주를 시험코자 하나 지필묵이 없어 각하閣下의 도우심을 입고자 합니다."

기운 자국이 선연한 갓과 도포를 입고 도움을 청하면서도 그는 오히려 당당한 모습이었어. 이에 재상은 흔쾌히 좋은 지필묵을 한 짐이나 주었어. 그럼에도 채제공은 별로 기뻐하지도 않고 가져갈 생각이 없는 듯 지필묵 보따리를 바라보고만 있었어. 재상이 의아한 표정을 짓자 채제공이 이렇게 말했어.

"소인이 비록 가난하고 의지할 데가 없다고 하지만, 각하께선 선비로 하여금 이 물건을 손수 지고 가게 하시렵니까?"

"어허, 이런! 내가 실례를 했구먼."

채제공의 당돌함에 재상은 서둘러 사과하고는 하인을 시켜 지필묵 보따리를 져다 주라고 명했어. 그제야 채제공은 감사 인사를 하고는 재상의 방을 나왔지.

그런데 방문을 나설 때 낡은 도포 속에 입었던 구피狗皮가 툭 떨어지는 거야. 구피는 개가죽인데 가난한 상민들이나 입는 것으로 솜옷 대신 추위를 막는 내의였어. 그게 떨어졌으니 속옷이 드러난 것과 다름없고, 가난함이 한눈에 드러나고 만 셈이었지. 양반 체면이 말이 아니게 된 거야. 하지만 채제공은 담담하게 재상 댁 하인에게 명했어.

"여보게, 구피가 떨어지지 않게 잘 꽂아 주게."

하인이 구피를 다시 야무지게 매어 주는 동안에도 채제공은 아무 일 없는 듯 표정이 똑같았어.

"가히 재상감이로다!"

차가운 겨울바람을 헤치며 가는 채제공의 뒷모습을 보며 재상이 감탄 어린 말을 흘렸지.

과연 그 길로 채제공은 문과정시에 급제하니, 1743년이었어.

조선 후기 **문예부흥**의 주역

영조와 정조가 다스리던 때를 역사가들은 흔히 '조선의 르네상스_{문예부흥기}'라고 해. 수많은 책이 출간되었고 학문, 과학, 역사, 예술, 농업 거의 모든 분야에서 큰 변화와 발전이 이루어졌거든.

돌이켜보면, 조선의 문화는 세종~성종 때에 가장 찬란하게 꽃피었어. 하지만 연산군 이후로는 그 빛을 잃었지. 여러 번에 걸친 사화_{士禍: 선비들이 무더기로 죽거나 귀양 간 사건}가 일어났고, 선조 이후로는 당파 싸움으로 조정은 편할 날이 없었어. 게다가 임진왜란과 병자호란은 조선을 황무지로 만들어 버렸지.

그러나 조선은 다시 일어났어. 청나라로 끌려가 온갖 모욕을 당했던 효종의 노력 덕분이었지. 효종은 훈련도감을 강화하고 왕실의 병력을 크게 늘렸어. 병자호란 때 당한 복수를 하고 말겠다며 북벌의 꿈을 키웠지. 훈련대장 이완을 앞세워 군사를 훈련시키고, 새로운 무기도 개발했어.

그러나 효종은 41세 젊은 나이로 숨을 거두고 말았지. 비록 북벌의 꿈은 이루어지지 않았지만, 그 덕에 조선은 다시 강해졌고 청나라도 조선을 가벼이 보지 못했어. 바로 이 힘이 바탕이 되어 영조, 정조 때 문화가 꽃필 수 있었던 거야. 그리고 그 시대의 한복판에 채제공이 있었어.

승문원권지부정자로 벼슬살이를 시작한 채제공은 예문관사관을 거쳐 대사간, 도승지, 예문관제학, 한성판윤을 지냈어. 그리고 병조, 호조, 예조의 판서를 맡은 다음 우의정, 좌의정, 영의정까지 두루 역임했지.

채제공의 학문은 이황에게 뿌리를 두고, 위로는 허목, 아래로는 정약용에게로 이어졌어. 그는 성격은 침착하고 이해심이 넓었지. 남인 학자면서도 그 어떤 당파도 크게 적대시하지 않았어. 당시에는 이단으로 취급했던 고증학*도 받아들였고, 서학천주교조차 학문의 한 갈래로 여겼어. 그런 까닭에 탕평책*을 썼던 영조와 정조의 두터운 총애를 받았던 거야.

정조는 특별히 채제공을 믿고 의지했어. 물론 채제공의 학문이 뛰어난 덕이었지만, 정조는 개인적으로 채제공을 좋아했어. 채제공은 정조의 아버지 사도세자가 폐위될 때 목숨을 걸고 막은 인물이었거든. 결국 사도세자는 노론의 모함을 받아 쌀통인 뒤주에 갇혀 죽었지만, 훗날 임금이 된 정조는 그의 공로를 높이

*고증학_ 중국의 명나라 말과 청나라 초에 일어난 실증적 고전 연구의 학풍 또는 방법을 말한다. 고증학은 현실 문제는 접어 두고 공허한 형이상학, 이른바 송학(宋學)에 대한 반발과 시대의식 등이 복합적으로 작용해 일어났다. 송학이란 이름에 맞서서 한학(漢學)이라고도 불렸으며, 학문 방법은 매우 치밀하고 꼼꼼하게 음과 뜻을 밝히고 고서(古書)를 두루 참고해 확실한 실증적, 귀납적인 방법을 사용했다. 고증학은 훈고학, 음운학, 금석학, 잡가, 교감학으로 분류하며, 영·정조 때 일어난 실학에 직접적인 영향을 주기도 했다.

*탕평책_ 조선 후기 때 영조가 당쟁을 해소하고 당파 간의 정치세력 균형을 위해 고르게 인재를 등용한 정책을 말한다. 영조의 탕평책에도 불구하고 당파의 대립은 그 기세가 꺾이지 않고 사도세자 사건을 계기로 시파와 벽파로 나뉘게 된다. 영조를 이은 정조도 탕평책을 계승해 출신을 가리지 않고 등용하는 등 적극적으로 탕평책을 썼다.

인정했어.

정조는 사도세자의 아들로 여덟 살에 세자로 책봉되었어. 노론은 그가 임금이 되도록 내버려 두지 않았어. 정조도 여러 번 죽을 고비를 넘겼어. 그 때마다 세자의 측근인 설서 홍국영이 목숨을 걸고 지켜 주었지.

정조는 정치엔 관심이 없는 듯 공부에만 열중했어. 그러다가 25세에 조선의 22대 임금이 되었어.

정조는 서서히 왕권을 강화했어. 먼저 규장각을 세워 인재를 뽑아 노론 당파에 맞설 세력을

채제공

길렀어. 정조는 자신의 기반이 튼튼해지자 사도세자를 죽게 한 책임자들에게 심판의 칼을 겨누었어. 이 때 채제공은 형조판서 겸 판의금부사가 되어 그 처리를 맡았어. 이 때문에 채제공은 노론으로부터 여러 번 참소남을 헐뜯어 죄 있는 것처럼 꾸며 고하여 받침를 받게 되었지.

정조가 임금이 되자 가장 큰 권력을 쥔 이는 홍국영이었어. 도승지가 된 그는 숙위대장을 겸했고, 자기 누이를 정조의 후궁으로 시집 보냈어. 그리하여 인사, 재정, 군사에 대한 권력을 송두리째 쥐었지. 정승,

*세도 정치_ 왕실의 근친이나 신하가 강력한 권세를 잡고 온갖 정사를 마음대로 하는 정치를 말한다. 조선 정조 때 홍국영에서 비롯해 순조·헌종·철종의 3대 60여 년 동안 왕의 외척인 안동 김씨, 풍양 조씨 가문에 의해 이루어졌다.

판서들도 홍국영의 눈치를 봐야 할 지경이었어. 이 때 '세도 정치*'라는 말이 처음 생겼는데, 그만큼 홍국영의 힘은 대단했어.

하지만 홍국영은 지나치게 욕심을 부리다가 4년 만에 쫓겨났어. 이 때 노론 대신들은 채제공이 홍국영과 친했다는 이유로 탄핵했어. 겉으로는 홍국영 탓을 했지만, 실은 사도세자의 일을 심판한 일로 앙금이 있었던 거지.

그 바람에 채제공은 벼슬에서 물러났어. 그리고 서울 명덕산에서 8년간이나 학문을 닦으며 지냈지. 높은 벼슬에 있던 그로서는 참으로 외롭고 괴로운 시기였을 거야.

그러나 정조는 채제공을 잊지 않았어. 1788년 정조는 채제공에게 몸소 글을 써 우의정 벼슬을 내렸어. 이 때 채제공은 나라를 잘 다스리는 비책 '6조 진언'을 올렸는데, 간추리면 다음과 같아.

1. 임금이 나라를 다스리는 도리를 바로 세울 것.
2. 탐관오리를 벌 줄 것.
3. 세상에 의리를 올바르게 세울 것.
4. 당파 싸움을 없앨 것.
5. 백성의 어려움을 돌볼 것.
6. 권력 기강을 바로잡을 것.

정조는 '6조 진언'을 기꺼이 받아들였어. 그리고 남인 학자와 북학

경기도 수원시 장안구에 있는 화성의 북문인 '장안문'. 화성은 정약용이 설계하고 채제공이 중심이 되어 만든 뛰어난 과학 구조물이다.

파를 중심으로 개혁 정치에 박차를 가했지. 이 때 정약용, 이가환, 박제가, 유득공, 이덕무 등의 인재들이 발탁되어 크게 활약했어. 채제공은 그들의 수장으로서 성종 이후 퇴락했던 조선 문화를 다시 화려하게 꽃피웠지.

학문에 관한 한 영·정조 시절은 세종조의 시절을 능가하는 바가 있었어. 반계 유형원과 이수광으로부터 시작된 실학은 영정시대에 이르러 이익, 홍대용, 홍만선 등이 화려하게 꽃 피웠지. 삶에 실질적인 이익이 되게 활용하고자 하는 실사구시 학풍은 서유구, 정약용 등에게로 이어졌어. 또한 박지원, 박제가, 박세당 등 북학파는 학문의 폭을 넓혀 그 정신을 박규수, 김옥균을 비롯한 개화당에게 전해 주었어. 또 역사학자 안정복, 이긍익, 한치윤, 유득공 등이 조선사를 새로운 각도에서 정리해 장차 신채호 같은 대단한 역사학자를 낳게 했지. 이 모든 문화적 성과가 영·정시대에 이룩되었고, 그 중심에 채제공이 서 있었던 거야.

그 공로로 채제공은 3년간 나라에 정승이 혼자뿐인 독상獨相시대를 누리기까지 했단다.

다시 피는 꽃

채제공은 1793년에 영의정이 되었는데, 다시 노론 대신들의 탄핵을 받아 그만두었어. 그리고 수원성 짓는 일을 감독하다가 나이가 많아 벼슬에서 아주 물러났지.

그 뒤에도 노론은 오래도록 채제공을 괴롭혔지만, 정조의 신임은 늘 한결같았어. 『조선왕조실록』 정조 23년 1월 28일의 기록을 볼까?

이 대신채제공은 여러 세대를 통틀어 보기 드물게 기품이 뛰어난 사람이다. 그는 타고난 성품이 걸걸하고 기백이 있어 무슨 일이 눈앞에 닥쳐도 겁내거나 흔들리지 않았다. 내가 왕위에 오른 다음에 사실에도 없는 참소가 여기저기서 튀어 나왔으나, 준마처럼 멀리 달리려는 그의 뜻은 꺾이지 않아, 하찮은 관리로 뽑혀 정승까지 올랐다. 규장각 관리를 거쳐 기로소늙은 대신들이 쉬는 곳에 들어갔을 때는 나이 80살이 되었으므로, 나는 그에게 지팡이를 주려고 했다.

정조

이 기록은 채제공의 부고를 듣고 정조가 한 말이야. 정조는 무척 슬퍼하며 승지를 보내 장례를 돕게 했어. 그만큼 두 사람은 학문과 정치적 동반자로서 사이가 두터웠던 거지.

『대동기문』에는 채제공과 정조 사이에 얽힌 재미있는 이야기 한 편이 실려 있어.

정조는 왕실 도서관인 규장각에 많은 인재들을 불러 모아 학문을 연구하고 책을 펴내게 했지. 그리고 정조 자신도 규장각 선비들 못지않게 열심히 공부했고, 학문도 깊었어. 그런 정조는 종종 문제를 내 규장각 선비들의 재주를 가늠하기를 즐겼어.

그러던 어느 날 정조는 한 가지 아주 기발한 문제를 만들어 냈어. '화부화 花復花: 꽃이 진 그 자리에 다시 피는 꽃'란 제목으로 글을 짓게 하고 싶은 거야. 이는 어느 책에도 나오지 않는 말이라 어지간한 학문으로는 답도 써 내지 못할 것 같았거든. 그런데 막상 문제를 내려니 마음에 걸리는 사람이 있었어.

'아마 채제공은 알 거야.'

좀더 완벽하게 문제를 내고 싶었던 정조는 일을 뒤로 미루었어. 그리하여 1799년 채제공이 죽은 다음에야 써먹게 된 거야.

'화부화花復花.'

과거장에 제목이 걸리자 선비들은 모두 고개를 갸우뚱거렸어. 유교 경전만 달달 외던 선비들에게 '화부화'란 듣지도 보지도 못한 제목이었거든. 모두들 "화부화가 대체 무슨 꽃이야?" 하며 우물쭈물하고 있는데, 경상도에서 온 한 선비는 자신만만하게 글을 지어 제출하는 거야.

물론 장원은 그 선비 차지였지. 답안을 보고 깜짝 놀란 사람은 문제를 낸 정조였어. 채제공이 죽고 없으니 아무도 답을 모르리라 여겼는데, 이름 없는 시골 선비가 정확하게 알고 있었거든.

"누가 이 제목의 뜻을 가르쳐 주던가?"

미심쩍은 마음에 정조가 선비를 불러 물었어.

선비는 자신이 과거 보러 오는 길에 겪은 일을 털어놓았어.

선비가 용인의 어느 산마루를 지날 때 날이 저물었대. 그 때 마침 한 노인이 나타나 자기 집에서 묵고 가라는 거야. 그리고 이런 말을 넌지시 던지지 뭐야.

"이번 과거의 제목은 '화부화'일 테니 미리 대비하시오."

노인의 말에 선비는 고개를 갸우뚱거리며 물었대.

"화부화가 무슨 뜻입니까?"

"풀이하면 '꽃이 진 그 자리에 다시 피는 꽃'이라는 뜻이오."

"처음 듣는 말인데, 대체 어느 책에 나오는 구절입니까?"

"그 어떤 책에도 나오지 않소. 그러나 어렵게 생각할 것 없소. 우리네 삶에서 쉽게 찾아볼 수 있는 아주 흔한 꽃이라오. 바로 목화 꽃이랍니다."

그제야 선비는 고개를 끄덕거렸지.

"그 노인의 생김생김이 어떠하던가?"

이야기를 다 듣고 난 정조는 문득 의심이 생겨 물었어.

"얼굴이 길고 갸름하고, 키는 훌쩍 컸으며, 코도 크고 입술은 두툼했습니다."

채제공의 모습이 틀림없었어. 그 노인을 만났던 장소를 확인해 보니, 바로 채제공의 무덤 근처지 뭐야. 이에 정조가 감탄할 수밖에.

"번암이 죽어서도 재주를 부리는구나!"

정조가 만들어 냈다는 '화부화'란 제목은 참으로 그럴듯해. 세종~성종 때 활짝 피었던 조선의 문화가 영조~정조시대에 다시 꽃핀 것이니, 곧 '화부화'라 할 수 있잖아. 이는 르네상스 문예부흥 라는 말보다 훨씬 사실적이고 멋들어진 말 같지 않니?

정조가 이 말을 만들어 내고, 채제공이 홀로 이 뜻을 알고 있었어. 새로운 세계를 이루려는 두 사람의 마음이 하나로 통했다는 것도 넉넉히 짐작이 가는 일이지.

제16장
황혼녘의 마지막 영의정
김홍집

수신사 김씨는 매우 침착한 인물로
학문이 뛰어나고 글씨와 문장도 훌륭하다.
단정한 모습에 인품은 온화하며
이목구비가 빼어난 귀공자다.

- 일본 신문에서

大朝鮮國大君主此回送大文類韓約手書謹函首
繁奉接所送一冊可據行為此記念全為圖實
主筆行妥何類給信
大朝鮮國開國四百九十

외세의 해일 속에서

　1800년 6월, 정조가 붕어임금이 숨을 거둠했어. 49세로 아직 한창 일할 때였는데, 참으로 갑작스러운 일이었지. 이로써 강한 왕권을 바탕으로 이루어져 가던 개혁 정치와 문예부흥도 막을 내리고 말았어. 외세의 소용돌이가 해일처럼 밀려오는 19세기는 이렇게 시작되었단다.

　왕위는 정조의 둘째 아들이 이으니, 곧 순조야. 장남 문효세자가 일찍 숨을 거둔 탓에 갓 11세 된 아이가 임금이 된 거지. 순조가 나랏일을 돌볼 수 없으니 영조의 계비인 대왕대비 정순왕후가 수렴청정垂簾聽政：임금을 대신해 나랏일을 돌보는 일에 나섰지.

　정순왕후는 사도세자를 죽게 한 노론 벽파의 후원자였어. 그러니 노론 벽파가 권세를 얻는 건 당연한 일이었지. 권력을 쥔 벽파는 시파나 남인을 무자비하게 짓눌렀어.

　이에 희생된 대표적인 학자가 정약용 형제야. 정약용 형제를 비롯한 남인들은 천주교와 관계를 맺고 있거나, 천주교를 학문으로 연구했거든. 그런데 정순왕후는 권력을 잡자마자 천주교도를 핍박했어. 천주교가 유교 국가인 조선의 토대를 흔든다고 본 거지. 백성들이 천주교를 믿지 못하도록 서로서로 감시하게 했고, 믿는 것이 드러나면 온 가족을 벌 주었어. 이런 와중에 남인 학자들도 죽거나 귀양을 가 힘을 잃게 된 거야.

하지만 벽파의 권력은 오래 가지 못했어. 순조가 15세가 되자 정순왕후는 수렴청정을 거두어들였고, 그 이듬해 숨을 거두었거든. 이 때부터 벽파는 힘을 잃고 시파의 세상이 되었어.

시파의 중심인물은 순조의 장인 김좌근이었어. 그는 권력을 잡자 자기 집안인 안동 김씨 사람들을 중요한 자리에 앉혔어. 늑대가 가고 나면 범이 온다지. 바야흐로 조선은 기나긴 당파 정치의 막을 내리고, 한 집안이 권력을 송두리째 쥐고 흔드는 세도정치가 시작된 거야.

임금이 힘이 없으니 벼슬아치들은 제 멋대로 백성들을 괴롭혔어. 세금을 높게 매기고, 함부로 재산을 빼앗기도 했지. 그렇게 마련한 돈으로 안동 김씨들에게 더 높은 벼슬을 사기도 했어. 나라는 점점 어지러워지고, 견디다 못한 백성들은 관가를 습격하는 등 난리를 일으키기에 이르렀어.

이렇게 나라가 혼란할 때 김홍집은 1842년, 서울 용산에서 태어났어. 그의 집안은 대대로 벼슬을 해 온 명문가였어. 할아버지는 충주 목사를 지냈고, 아버지 김영작은 개성부 유수였고, 어머니는 조선 초기 대학자 성혼의 자손이었지.

김홍집은 이런 배경 덕에 어려서부터 학문에 전념할 수 있었어. 그러다가 26세인 1867년 과거에 급제해 벼슬길로 나섰지. 김홍집이 처음 벼슬을 받는 날, 아버지가 그를 불러 앉혀 놓고 말했어.

"너는 오늘부터 나라의 녹을 먹게 되었으니, 그 책임이 얼마나 무겁고 귀한 것인지 한시도 잊어서는 안 된다. 나랏일에는 온 정성을 다할 것이며, 언제나 백성을 우러러보아야 할 것이다."

김영작은 그 당시 벼슬아치 가운데 드물게 청렴결백했어. 김홍집도 그런 아버지를 본받아 깨끗한 관리가 되고자 다짐했지.

"위로 나라와 조상을 받들어 결코 부끄러운 짓은 하지 않겠습니다."

일본에 사신으로 갔을 때의 김홍집

김홍집은 이 말을 잘 지킨 것 같아. 그는 벼슬살이하는 동안 한 번도 가난에서 벗어나 보지 못했거든. 물가는 나날이 오르고 쥐꼬리만 한 녹봉조차 제때 나오지 않았어. 이런 사정을 핑계로 많은 관리들이 나쁜 짓을 일삼았지만, 그는 한 번도 부정한 짓으로 돈을 모으지 않았지. 그의 아내가 시집올 때 가져 온 패물을 팔아 끼니를 이을 정도였어. 심지어 그의 아내는 머리에 꽂은 비녀까지 팔고는 나무 비녀를 꽂기도 했단다.

지독한 가난을 빼면 김홍집의 벼슬살이는 순탄한 편이었어. 성격은 부드럽고 자상해 누구에게도 원한을 사지 않았고, 어떤 당파에도 속하지 않아 사심이 없었지.

1880년 김홍집이 수신사가 되어 일본에 갔을 때, 일본 신문에서는 그를 이렇게 평가했어.

수신사 김씨는 매우 침착한 인물로 학문이 뛰어나고 글씨와 문장도 훌륭하다. 단정한 모습에 인품은 온화하며 이목구비가 빼어난 귀공자다.

이런 그였지만 동양과 서양이 뒤엉키는 소용돌이 속에서 홀로 자유로울 수만은 없었어. 그도 어느새 역사의 강줄기 한가운데 서게 된 거야.

1875년, 일본의 군함 운요오 운양 호가 강화도로 쳐들어와 개항을 강요했거든. 안동 김씨 60년 세도를 꺾고 권력을 쥔 대원군은 강하게 반대했지. 하지만 그는 며느리인 왕비 민씨와 권력 싸움에서 밀려나고 말았어.

그 이듬해 강화도 조약은 결국 이루어졌는데, 그 내용은 매우 불평등했어. 일본의 상품에는 세금을 붙이지 않고, 일본인은 죄를 지어도 조선에서 간섭할 수가 없다는 거야.

김홍집이 일본에 간 이유는 이런 조약을 고치기 위해서였어. 하지만 결국 일본의 무성의로 아무런 성과도 거두지 못한 채 돌아오고 말았는데, 아주 소득이 없는 건 아니었어. 김홍집은 서구 문물을 일찍 받아들인 일본에서 많은 것을 배워 돌아온 거야. 연기를 뿜어 대는 일본의 공장과 의욕에 가득 찬 근로자들은 새 세상 같았지. 종두법을 써 천연두를 막는 것도 신기하기만 했고. 또 청나라 외교관인 황준헌과 깊이 사귀어 그가 지은 『사의조선책략』이라는 논문을 받아 왔어.

『사의조선책략』에는 조선의 외교 방향을 가르쳐 주는 매우 중요한 내용이 들어 있었어. 그 내용을 간추리면 다음과 같아.

조선이 독립을 유지하려면 청나라와 친하고, 일본과는 평화를 지키고, 미국과 관계를 맺어야 한다.

"바로 이것이오. 이렇게 해야만 우리 조선이 많은 강대국 틈바구니에서도 나라를 지킬 수 있을 것이오!"

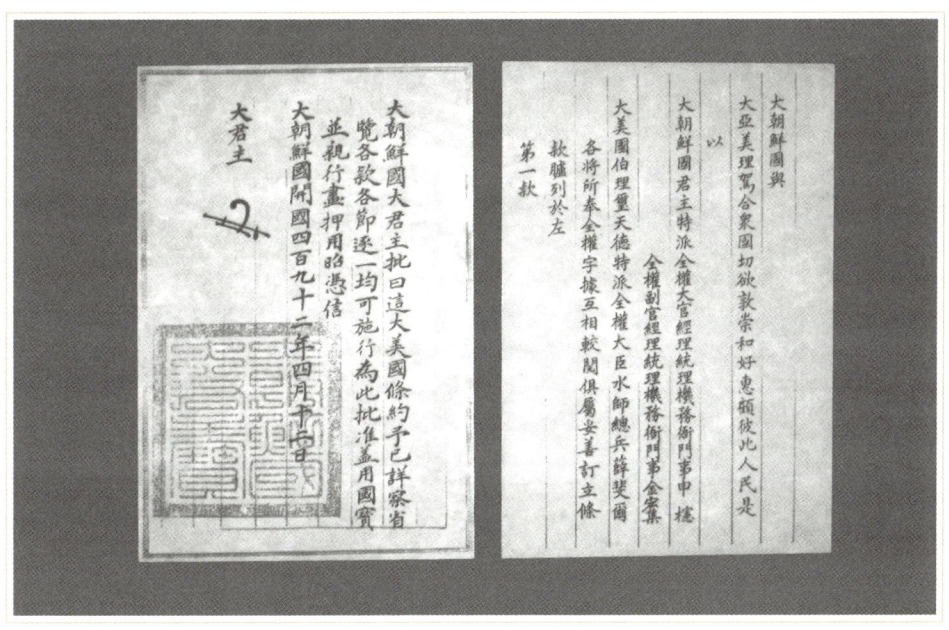

조미수호통상조약 영인본

왕비 민씨는 비로소 길을 찾았다는 듯 이 논문을 인쇄해 널리 퍼뜨렸어. 개방과 개화를 주장하는 많은 젊은이들도 고개를 끄덕였어. 그 덕에 김홍집은 예조참의에서 참판으로 승진했지.

이 때부터 김홍집의 활약은 더욱 두드러졌어. 신식 군대인 별기군을 만들게 하고, 지석영으로 하여금 종두법을 널리 퍼뜨리도록 했어. 일본의 발달된 문물을 배우기 위해 신사유람단도 만들어 보냈지. 『사의 조선책략』에 적힌 대로 여러 나라와 수교를 맺었어. 조선이 일본과 청나라에만 매이지 않기 위해서였지.

1882년 3월, 조선은 미국과 수교 조약을 맺었어. 곧이어 영국, 독일을 비롯한 유럽 여러 나라와도 조약을 맺었고. 이 일은 모두 김홍집이 맡아 해낸 거야. 외교에 관한 일은 조선에서 그를 따를 사람이 없게 되었지.

외교의 달인

1882년 6월, 임오군란이 터졌어. 군인들이 폭동을 일으킨 거야. 신식 군대보다 못한 대우를 받는 데다, 월급조차 1년이 넘도록 주지 않는 것에 항의해 들고 일어난 거지.

군인들은 탐관오리로 소문난 민겸호, 김보현, 이최응을 죽였어. 왕비까지 죽이려고 경복궁 안으로 쳐들어갔지. 왕비 민씨는 궁녀 차림으로 가까스로 궁궐을 빠져 나가 위기를 넘겼어.

이 사태는 쇄국 정책*을 주장하던 대원군 이하응을 다시 돌아오게 했어. 구식 군인들은 개방 정책을 반대했거든. 민씨 정권 아래서 출세를 한 김홍집에게도 큰 위기였지.

*쇄국 정책_ 다른 나라와 통상과 교역을 금지하는 정책을 말한다. 나라의 이익이나 국가 안보를 위해 문호를 개방하지 않는 것이다. 이 같은 흥선대원군의 통상수교거부 정책은 우리 나라의 근대화를 지연시켰다.

하지만 대원군도 김홍집을 벌 주지는 않았어. 공사관 습격을 따지는 일본 정부에게 그를 내세워 회담을 하게 했어. 그만큼 김홍집의 실력은 인정받고 있었고 당파가 없었던 거지.

민씨 일파를 몰아 내고 사태를 수습하던 대원군의 노력은 한 달 여

만에 물거품이 되고 말았어. 청나라 군대가 몰려와 대원군을 청나라로 납치해 가 버렸거든. 장호원에 숨어 있던 민씨가 청나라와 손을 잡고 저지른 일이었지.

다시 궁궐로 돌아온 민씨는 개방 정책을 펼쳤어. 이번에는 일본을 경계하면서 청나라와 가까이했지. 조선을 집어삼키려는 일본의 욕심을 알아챈 거야.

그런데 이는 고양이에게 생선 가게를 맡긴 거나 다름없는 일이었어. 왕비 민씨가 믿고 있는 청나라가 일본보다 더욱 빠르게 조선을 삼키려 했거든. 임오군란을 군사력으로 누른 청은 군사를 물리지 않았어. 그 힘을 바탕으로 그들은 조선 조정에 사사건건 간섭하는 거야. 청나라와 친하지 않은 개화당을 모조리 몰아 내고는 국방, 외교, 재정까지 자기들 마음대로 주물렀어. 이참에 청나라는 조선을 아예 속국으로 만들려고 하지 뭐야.

그러니 다시 정권을 잡은 민씨가 개방 정책을 추진하려 해도 뜻대로 될 리 없었지. 원세계, 오장경 등 청나라 장수들이 왕비 민씨의 개방 개혁 정책을 수행하던 개화당의 인재들을 숙청하고 탄압했거든. 이미 청의 요구를 물리칠 수 없게 된 민씨가 아무런 손을 쓰지 못했고, 그저 자신의 권력을 지키려는 수구파로 변해 갔지. 이에 김옥균을 중심으로 한 개화당은 청의 속방화 정책에 무장 정변으로서 맞설 계획을 세우기에 이르렀어.

김옥균, 박영효, 서광범 등은 비밀리에 군대를 훈련시키며 기회가 오기를 기다렸어. 그리고 마침내 그 기회는 찾아왔어. 임오군란을 진

서울 종로구 견지동에 위치한 우정총국 한국 최초의 우편행정관서로, 1884년(고종 21년) 근대적 통신제도의 운영을 위해 설치했다. 12월 4일 개업축하연에서 벌어진 갑신정변으로 12월 9일 폐쇄되었으며, 1895년 우체사가 설치될 때까지 10년 동안 다시 역참에 의한 통신방법이 계속되었다.

압한 청군은 총 3천 명이었는데, 그 중 절반이 1884년 5월에 안남으로 이동한 거야. 그리고 그 얼마 뒤, 안남에서 청나라와 프랑스 간에 전쟁이 벌어졌어.

"청나라는 프랑스를 상대하느라 조선을 돌아볼 겨를이 없을 것이다. 바로 지금이 절호의 기회다!"

마침내 개화당은 정변을 결단했어. 1884년 12월 4일, 나라의 통신 업무를 맡은 우정총국이 생겨 낙성식건축물의 완공을 축하하는 의식을 하게 되었는데, 그 자리에서 일을 벌이기로 한 거야. 당시 우정총국의 총판은 개화당 홍영식이었으므로 거사하기에 안성맞춤이었지. 일본의 지지와 군사 지원까지 약속받은 개화당은 마침내 거사를 일으켰어.

"불이야!"

나라 안팎의 귀빈이 참석한 행사가 진행되는 도중에 뒤 곁에서 연기가 솟았고, 삽시간에 행사장은 엉망이 되었어.

"청군이 분란을 일으켰습니다."

*경우궁_ 조선 후기 23대 임금인 순조의 생모 수빈 박씨(정조의 후궁)의 사당이다.

김옥균은 이렇게 둘러대며 고종 임금과 왕비 민씨를 경우궁*으로 모셨어. 그리고 현장의 친청파의 거두들을 죽이고, 참석하지 않은 대신들은 왕명으로 불러 처치했어. 한규직, 이조연, 윤태준, 민태호, 민영호, 조영하 등이 모두 비명에 갔지.

대세를 장악한 개화당은 새 정부를 구성한 다음 고종의 재가를 받아 공포했어. 그리고 갑신혁신정강을 발표했는데, 80개 항에 이르렀다고 하니 거사 준비가 치밀했음을 알 수 있지.

그러나 청나라와 밀통한 왕비 민씨는 청군의 진압이 유리하도록 넓은 장소로 이동을 요구했고, 고종은 그에 따랐어. 김옥균은 반대했으나 일본 공사 다께조는 자신들의 병력으로 충분히 청군을 막을 수 있다고 장담하는 거야. 그래서 결국 창덕궁으로 옮겼는데, 그게 치명적 실책이었어.

청군이 총공격을 개시했어. 정변에 가담했던 조선군 7백여 명이 맞섰으나 패해 흩어지고 말았지. 그러자 제2선 방어를 책임졌던 일본 군병 150명은 싸우지도 않고 피해 버렸어. 갑작스런 배신과도 같았지.

수비 제3선은 서재필이 이끄는 사관생도를 포함한 충의계 50명뿐이었어. 이들로 청군의 공격을 막아 내는 건 불가능했지. 그리하여 개화당은 피눈물을 머금고 퇴각해 일본으로 망명하고 말았어. 선각자들의 혁명이었던 갑신정변은 '3일 천하'라는 말을 남기며 이렇게 막을 내렸단다. 조선의 자주적인 개혁과 독립도 개화당의 망명과 함께 현해탄을 건너간 셈이었지.

이 때 김홍집은 어떤 태도를 취했을까?

당시 김홍집은 예조판서에 외무독판을 겸한 정가의 실력자였어. 하지만 개화당은 그를 처단하지도 않았고 신정부에 끼워 주지도 않았지. 김홍집의 한계와 특징이 고스란히 드러나는 부분이지. 그는 개화 의식은 강했지만 혁명적 실천에는 이르지 못했어. 유교적 봉건사상의 틀을 벗어던지지는 못했던 거야. 그를 굳이 분류하자면 온건한 중도 개혁론자 정도 될 거야. 그런 그는 다시 갑신정변의 책임을 추궁하는 청과 일본의 공세에 맞서 협상을 벌이는 임무를 맡았어.

김홍집은 갑신정변의 뒤처리를 한 공로로 우의정을 거쳐 좌의정까지 승진했어. 그리고 그 이듬해 일본과 한성조약*을 체결한 일을 끝으로 정가 일선에서 물러났어. 그는 판중추부사로 좌천되었고, 이어 수원 유수로까지 내려갔어. 청·일의 압박에 밀려 조선에 불리한 조약을 체결한 데 대한 책임을 진 거지. 그 뒤 10년 동안 김홍집은 뚜렷한 활약 없이 조용히 지냈어.

*한성조약_ 고종 21년(1884)에 갑신정변의 뒤처리를 마무리하기 위해 일본과 맺은 조약이다. 당시 일본은 여러 가지 요구를 강하게 했고, 대부분 그 요구대로 협상이 이루어졌다. 일본은 조약을 체결함으로써 정변 과정에서 일본이 입은 피해를 보상받았고, 가해자를 처벌토록 하는 데 성공했다. 그리고 청나라로 인해 작아졌던 조선에서의 세력도 회복했다.

마지막 영의정의 최후

갑신정변이 일어난 10년 뒤인 갑오년, 조선은 새로운 변화의 물결을 맞았어. 일본의 주도 아래 조선이 갑오경장을 선포한 거야. 이 때부터 조선은 차차 근대 국가로 탈바꿈하기 시작했어. 갑오경장의 주요 내용을 살펴볼까?

- 양반, 상민이라는 계급을 없애고 인재는 신분에 관계 없이 뽑는다.
- 한 사람의 죄를 가족과 친척들에게까지 묻는 연좌율을 없앤다.
- 과부의 재혼은 본인의 뜻에 맡긴다.
- 남녀의 너무 이른 결혼을 금지하되 남자는 20세, 여자는 16세에 이르러 결혼을 허락한다.
- 노비법을 없애고 사람을 팔고 사는 일을 금지한다.

  (생략)

이 개혁을 실천하기 위해 조정에서는 '군국기무처*'를 만들었어. 그리고 다시 돌아온 영의정 김홍집이 그 책임을 맡았지.

***군국기무처**_ 갑오개혁 때 핵심적인 역할을 담당했던 기관으로, 지방행정을 비롯한 행정·사법에 관한 모든 규칙·교육·재정·상업 등 모든 사무를 심의했다. 심의를 모두 거쳐야 했기 때문에 왕권이나 정부의 권력보다 더 큰 세력을 가지게 되었다. 청과의 조약은 일체 폐기하고, 문벌·노비를 없애고, 조혼을 금지하며, 여성의 권리 신장, 과거제와 연좌제 폐지 등의 개혁이 이루어졌다.

갑오경장은 3차에 걸쳐 개혁이 이루어졌는데, 1차 개혁 때 조정 부서의 이름이 모두 바뀌었어. 500년을 넘게 이어 오던 6조 이, 호, 예, 병, 형, 공를 내무, 외무, 법무를 비롯한 8개 아문으로 바꾸었어. 정승 셋과 좌찬성 우찬성, 좌참찬 우참찬으로 이루어진 의정부도 없어졌어. 총리대신 한 사람이 모든 일을 감독하고 책임지게 한 거야. 김홍집은 그 첫 번째 총리대신이 되었는데, 이를 '1차 김홍집 내각'이라고 해. 이로써 김홍집은 우리 역사상 마지막 영의정이자 초대 총리대신이 된 거지.

갑오경장을 통해 조선은 빠르게 변해 갔어. 양반 중심 사회에서 모든 백성이 주인이 되는 나라로 탈바꿈해 갔지. 누구나 교육을 받을 수 있었고, 관리가 될 수도 있었으며, 마음대로 직업을 가질 수도 있었어. 화폐와 도량형을 통일하고, 세금을 공평하게 내게 해 백성들의 삶을 안정시키려 했지.

조선은 근대 국가로 새롭게 태어나기 위해 기초를 착실히 다져가는 중이었어. 이는 갑신정변을 일으켰던 급진 개화파가 꿈꾸던 새 나라이기도 했어.

하지만 갑오경장에는 한계가 있었어. 이는 청·일 전쟁에서 이긴 일본이 조선을 다스리기 쉬운 나라로 만들기 위해 강요한 것이었거든. 그러나 김홍집을 우두머리로 한 박정양, 김윤식, 유길준 등은 자주적

독립 국가를 만들기 위해 온 힘을 기울였어.

그 결과 일본도 놀랄 만큼 빠르게 나라가 변하며 안정되어 갔어. 조선은 곧 튼튼한 나라가 될 것만 같았지. 그러자 일본은 군국기무처를 해산해 버렸어. 급진 개화파에서 친일파가 되어 버린 박영효를 앞세워 김홍집을 견제하고 나선 거야. 이를 '2차 김홍집 내각' 또는 '김홍집·박영효 연립 내각'이라고 해.

이 때 대원군은 청나라에서 돌아와 있었어. 그는 왕비 민씨와 여전히 권력 다툼이 치열했지. 일본을 등에 업은 박영효는 민씨와 손을 잡았어. 박영효는 대원군이 동학 농민군과 내통했다는 누명을 씌워 공격하기도 했어. 그러자 김홍집은 대원군 편을 들며 그런 사실이 없다고 반박했어. 그 바람에 일본과 왕비 민씨의 압력에 밀려 총리대신에서 물러나고 말았지.

국제 정세는 숨가쁘게 돌아갔어. 청나라를 누른 일본은 무서울 것이 없었어. 아시아 최강국이었지. 그런데 뜻하지 않게 유럽 여러 나라들이 조선으로 힘을 뻗쳐 오기 시작했어. 일본은 러시아, 프랑스, 독일 세 나라의 간섭에 밀려 청나라한테 뺏은 요동 반도를 돌려 주었어.

조선 조정은 이 틈을 이용해 러시아와 가까워졌어. 친일파는 힘을 잃었고, 박영효는 다시 일본으로 망명을 떠나야 했어. 그러자 김홍집은 다시 총리대신이 되어 돌아왔지.

조선에서 힘을 잃은 일본은 다시 힘을 되찾기 위해 수작을 부렸어. 이 일을 맡은 사람은 이노우에 공사 대신 온 미우라 고오로야. 미우라는 군인 출신으로 매우 악질이었어. 그는 조선에서 일본의 힘을 되찾기 위해 엄청난 일을 계획했어.

미우라는 왕비 민씨를 죽이고자 작정한 거야. 그의 지시를 받은 일본 낭인 불량배들이 조선 옷을 입고 한밤에 경복궁 담을 넘었어. 그들은 왕비 민씨를 칼로 베고 시체를 불에 태워 버렸지. 역사상 다시 없이 잔인한 이 일을 '을미사변 1895년'이라고 해.

다시 조선에서 영향력을 갖게 된 일본은 고종을 협박해 친일 내각을 세웠어. 이번에도 김홍집은 총리대신으로 임명되었는데, 김홍집은 한사코 사양했어.

"그대가 아니면 누가 이 어지러운 사태를 수습하겠소."

고종 임금이 눈물을 흘리며 일을 맡아 줄 것을 부탁했어. 김홍집은 이를 자신의 유고집에서 다음과 같이 밝혔어.

상감 고종께서 밤새 조르시니 어찌 내 한 몸의 안전만을 위해 간청을 거절할 수 있으랴. 죽음을 각오하고 상감의 간청을 받아들이고 나왔다.

아마 이 때 김홍집은 자신의 죽음을 짐작했는지도 몰라. 친일 내각에서 총리를 하면 결국 매국노가 될 테고, 그 최후가 비참하리라는 건 뻔하잖아.

그는 친일파란 소리를 들으면서도 소신껏 나라를 위해 일했어. 그러던 1896년 2월, 김홍집에게 운명의 날이 닥쳐왔어. 조선에서 일본에게 밀리던 러시아는 고종 임금을 러시아 공사관으로 납치해 버린 거야. 그리고 친러 내각을 만들도록 강요했는데, 이를 아관파천이라고 해.

이 일을 꾸민 사람은 친러파인 이완용, 이범진 등이었지.

뒤늦게 소식을 들은 김홍집은 부랴부랴 러시아 공사관을 향해 인력거를 몰았어. 광화문 네거리에는 이미 그가 올 줄 알고 기다리는 사람들이 있었어. 수백 명의 보부상들이 몽둥이를 들고 달려들었지.

"매국노 김홍집이다!"

"친일파를 죽여라!"

이즈음 백성들은 친일파에게 이를 갈고 있었어. 일본이 왕비 민씨를 처참하게 죽였고, 동학 농민군을 수도 없이 죽였으며, 또한 단발령까지 내린 상태였거든. 그런데 몽둥이를 들고 달려오는 그들은 보통 백성이 아니었어. 바로 친러파 대신들이 보낸 폭력배들이었지.

"저기 일본 군대가 있습니다. 저리로 피하시지요!"

"나는 조선의 총리대신이다. 차라리 내 백성들에게 맞아 죽을지언정 어찌 남의 나라 군대로 피하겠느냐?"

위험을 느낀 부하들과는 달리, 김홍집은 태연하게 말했어.

달려온 보부상들은 김홍집을 끌어내려 마구 짓밟았어. 광화문 앞에 늘어선 순검(경찰)들은 말리지도 않고 구경만 했고. 그들은 이미 친러파 내각의 지시를 받고 있었거든. 일본 군인도 마찬가지로 강 건너 불구경하듯 지켜보기만 했어. 이를 『조선왕조실록』에는 다음과 같이 간단하게 써 놓았어.

전 내각 총리대신 김홍집, 전 농상공부대신 정병하가 백성들에게 살해되었다.

이것뿐이야. 자세한 설명도 없고, 죽은 사람들에 대한 애도의 말도 없어. 한 나라 총리대신의 죽음에 대한 기록치고는 너무나 간략하지 않니? 이는 「고종실록」이 한일합방이 된 다음, 일본인에 의해 씌어졌기 때문이야. 또 이 일을 저지른 이완용 무리가 기록을 제대로 하게 내버려 두었을 리도 없겠지.

조선의 마지막 영의정이자 첫 번째 총리 김홍집은 이렇게 비참한 최후를 맞이했어. 아마도 이 죽음보다 더 견디기 어려웠던 것은 친일파라는 누명이었을 거야.

하지만 그는 결코 친일파는 아니었어. 김옥균 같은 열정적인 혁명가는 아니었지만, 유교적 도리에 충실한 충신으로 봐야 할 거야. 결국 고종의 권유를 뿌리치지 못하고 총리대신을 맡은 걸 보면 잘 알 수 있지.

그는 어느 쪽으로도 쏠리지 않고 말없이 나라와 백성을 위해 일한 애국자였어. 러시아에 붙었던 이완용이 훗날 다시 일본에 붙어 나라를 팔아먹은 것을 비교해 보면 그의 충정은 더욱 빛나지.

이를 증명하듯 조선 왕조는 망하기 직전에 김홍집에게 대제학 벼슬과 충헌이라는 시호를 하사했어. 그리고 그의 죽음과 함께 조선 왕조도 서서히 막을 내리게 되었단다.

찾아보기

10만 양병설_271, 275
17등급_66, 71
2차 김홍집 내각_350
3성 6부_129
4군 6진_255
4대불가론_206
6조_6, 349
6조 진언_328
6좌평_75

ㄱ

가등청정_266
갈사부여_14
감사요약_224, 234
갑오경장_348~349
강감찬_135, 158
강여상_46
개경파_143~145, 147
개화당_330, 344~346
거칠부_59, 61, 64~69, 71
견훤_117~118, 120~121
경대승_164
경덕궁_237
경순왕_120~122, 136
경애왕_115~117
경우궁_346
경제문감_224, 234
경회루_228
계림_66
계백_79~80, 84, 88, 97
계수_40~41
고구려_6, 13~14, 16, 20~29, 31~34, 39~43, 53~59, 61~62, 64~65, 68~69, 76~82, 84, 89, 90, 97, 101, 128, 143~145, 148, 152~153, 180, 205, 228~229
고구려 5부_13, 22
고구려 본기_21, 39, 52

고국천왕_39~46, 50~58
고니시_266, 277, 282~284
고려도경_137
고려사_113, 127, 129, 139, 151, 174~175, 185, 188, 191, 199, 214, 224, 234
고복장_16~18, 20
고종실록_353
고중학_326
고추가_13, 22
골품제_66, 110, 124
공민왕_167, 188, 196~200
공손도_41
공양왕_167, 208, 223
과거제_124, 136, 138, 158, 349
관세음보살상_118
광덕산_238
광해군_250, 299~300, 307
광화문_171, 352
구삼국사_153
귀주대첩_135
국사_66, 68, 70~71
국자감_138
군국기무처_348~350
권부_178
권율_268, 274, 283~284, 286
권철_274
권토중래_110
권훤_178
귀토지설_82
금(나라)_142, 144
금성_67
금화_85~87, 89, 91
김경조_212~213
김균정_103, 106~108
김돈중_159~160, 162
김득배_197~198
김명_103~108

김민주_109
김봉휴_121
김부_118
김부식_133, 136~141, 143~144, 147~148, 150~154, 159~160
김상헌_294, 299, 301, 303~305, 307, 313~314
김성일_268, 271~272
김양_99, 101, 103~111
김영작_338~339
김옥균_330, 344, 346, 353
김용_197~198
김우징_103, 105~108, 110
김유신_79~80, 84~85, 87, 89, 95, 97~98, 111
김의종_107
김종서_254, 256~259, 270
김좌근_338
김춘추_80~84, 89, 95
김충만_120
김충온_151
김품석_80
김헌창의 난_107
김홍집_335, 338~340, 342~343, 347, 349, 350~353
김홍집·박영효 연립 내각_350

ㄴ

낙랑공주_121
낙화암_97
남무_39
남은_200, 207~209, 231, 233
남인_288, 326, 328, 337~338
남한산성_296~305
낭가사상_128, 131, 143~144
내각책임제_225
노량해전_285
노비안검법_124, 128

찾아보기

논어_122, 224
농사직설_254

ㄷ

단발령_352
단심가_205, 211
대간_277, 279~280, 294
대동기문_308, 323, 332
대아찬_66~67
대원군_340, 343~344, 350
대위_145
대종교_56
대학_268
대화궁_142
도산 서원_268, 287
도요토미 히데요시_266, 277, 285
동래부순절도_278
동문선_154, 133
동예_73, 76~78, 128
동옥저_14
두문동_237~245, 249
두문동 72현_243~244
두문불출_243

ㅁ

막근 태자_15~16, 20
막덕_20
만권당_182
만적_172
망해정_85, 89
맹사성_256~258
명(나라)_198~206, 209, 217~218, 222, 227, 229, 269, 272~273, 279, 282~286, 293~295, 299~300, 302, 305, 308, 310~312, 326
명량대첩_285
명림답부_11, 23~35, 39~40
명종_163, 167~168, 170

몽골족_177, 197
몽란_194
몽룡_194~195
묘청_142~148
묘청의 난_128, 142, 145~146, 148, 150, 158
무신 집권기 민란 봉기지_166
무신난_163
무왕_78, 195, 234
무인정사_230~231
문성왕_110
문효세자_337
미수기언_289
미우라 고오로_350
미유_14, 20
민란_166, 173
민애왕_108~110

ㅂ

박승종_140
박연_253
박영효_344, 350
박지원_185, 330
반구정_258
발기_39~40
방번_231
방석_229, 231, 233
배훤백_104~105, 110
백강_96
백고_15, 24, 26
백마강_96
백면서생_240
백의종군_279, 285
백제 본기_152
법흥왕_66
벽제관_283
벽파_326, 337~338
병가지상사_283

보제사_167
보현원_161~163
본조편년강목_188
봉사십조_170
북문두_75~76, 79
북인_286~288
북학파_185, 328, 330
불가사리_86
불씨잡변_224

ㅅ

사비성_93, 96~98
사의조선책략_341~342
산상왕_58
산해경_165
삼국사_153~154
삼국사기_11, 21~22, 34, 37, 39, 41, 52, 56~59, 76, 82, 91, 93, 98~99, 101, 106, 150~154
삼군부_231~232
삼별초_177
삼봉_217
삼봉재_218
삼봉집_233
삼전도_304~305, 312, 314
삼전도비_305
삼충사_88, 98
삼학사_305
상대등_6, 61, 71, 75, 101~103, 106, 108
상좌평_75, 79, 87, 89, 93
상평창_55
서거정_154, 249
서경파_143~145, 147~150, 158
서긍_137
서애_270~272, 287
서애유사_289
서장관_199~200, 269

찾아보기

서학_326
서희_158
선도해_82
선조_136, 270, 273~274, 276~277, 279~280, 284~285, 288, 325
선죽교_212~213
선지교_211, 213
성균관_76, 138, 178, 217, 219, 237, 239, 241, 243~244, 294, 323
성리학_178, 188~189, 191, 198, 200, 214, 224, 289, 308
성종_126, 129~131, 154, 170, 249, 254, 325, 329, 334
성충_73, 76~93, 96~98
성혼_338
세도정치_338
세자우정자_244
세종_246~247, 251~255, 257, 270, 305, 325, 329, 334
소도경전본훈_56
소식_137
소정방_97
소철_137
송도감로사_133, 154
송인_143
쇄국 정책_343
수두 문화_128
수렴청정_337~338
수사 제도_128
수성_14~20, 23~24
수신_250~251
수원성_331
숙종_136, 254, 289, 322
순조_328, 337~338, 346
승통_70
시무 28조_113, 126~127, 129, 130~131, 158
시무책_126, 129, 170

시파_326, 337~338
신검_121
신권주의_230
신대왕_11, 26, 28~29, 31, 34~35, 39~41
신돈_208
신무왕_110
신시이화_57
신종_170, 173, 208
신진사대부_200, 208, 217~218, 222
신채호_76, 87, 128, 143, 148~149, 151, 330
심양_295, 305
쌍기_124~125

ㅇ

아관파천_351
안류_44~46, 48, 53, 57
안악 3호분_42
양녕_244~248
양명학_308
어비류_42
어우야담_250
어지류_14, 24~25
어촌 낙조_184
여진족_137, 142, 254, 270, 293~294, 299, 301, 308
역옹패설_188
연개소문_79, 81~82, 89, 98, 153
연나부_23~26, 40, 42
연려실기술_286
연암집_185
연주봉옹성_300
열전_59, 98~99, 101, 106, 113, 127, 129, 175, 188
예빈시_256~257
예종_136~138, 144, 149
오병수박희_161

왕건_118, 120~123, 126, 128, 157, 179
왕권주의_230, 248
왕비 민씨_340, 342~344, 346, 350~352
왕수인_269, 308
왕양명_269
외래파_143
요동 정벌론_205~206
용검_121
우소_40
우정총국_345
원봉성_123
위화도 회군_189, 207~209, 222, 241
유몽인_250
유성룡_189, 261, 263~280, 282~284, 286~289
유정현_248
유중영_268
육진_254, 256~257, 270
윤관_137~138, 142, 144, 158
윤언이_138, 144, 150
윤충_80, 84, 87~88
율곡_271, 275, 270, 293
은문상국_169, 173
은제도금장도집_160
을미사변_351
을소_45, 53
을파소_37, 39, 45~58
음서제_136
응일_322
의원내각제_225
의자왕_78~80, 84~91, 93~97
의종_107, 158~164
의창_55
의천_135, 137
이경여_313
이고_159, 160~162
이곡_188~189

찾아보기

이노우에_350
이무_231
이방원_213, 226, 230~232
이색_188~189, 198, 200, 217
이성계_189, 200, 202, 206~213, 220~223, 226~227, 229~234, 237~238, 244
이순신_268, 274, 282, 285~286
이완_325
이완용_352~353
이원익_286~287
이의민_164~165, 167~168, 180
이의방_159~161, 164
이이_270
이자겸_138~142, 151, 158
이제현_175, 178~189
이지영_165, 167
이하응_343
이항복_279~280, 287
이홍_106~108
이황_268, 273, 326
익양공_163
익재_181~183
익재난고_188
인조_249, 293~297, 299, 300, 303~304, 307~308
인조반정_299
인종_136, 138~147, 151, 158~160, 180
임견미_203
임경업_295, 312
임오군란_343, 344
임자_85, 87, 89, 96
임진왜란_167, 228, 237, 266~267, 271~272, 274, 277~278, 283, 285, 287~288, 293~294, 298~299, 325
입성책동_185~186

ㅈ

장보고_102~103, 107~111
장안문_329
장영실_253, 254
장호원_344
장화부인_102, 104
재상연표_225
절노부_13, 22~23, 25
정도전_200, 208, 209, 215, 217~234
정도전의 난_230
정몽주_191, 197~202, 204, 206, 208~214, 217~218, 220, 222, 229
정묘호란_293, 300, 308
정병하_352
정사암_75
정세운_197
정순왕후_337~338
정습명_151
정약용_326, 329, 337
정온_294, 304
정운경_217, 219
정운관_195
정조_243, 286, 325~329, 331~334, 337, 346
정주학_269
정중부_159~165, 177
정지상_143~145, 147, 150
정창군_208
정초_254
제1차 왕자의 난_230
제륭_103~105
조광_145, 147
조미수호통상조약_341
조민수_207
조선경국전_223~225, 234
조선사연구초_76, 148
조선상고사_73, 76, 82
조선왕조실록_213, 215, 219, 230, 233, 235, 255, 259, 261, 268, 276, 288, 302, 304, 317, 331, 352
조위총의 난_165
조의_22, 25
조의선인 제도_128
조조_41
존화사대사상_144
좌가려_42~43
좌물촌_45~46, 48
좌원_11, 34, 41
좌원대첩_28
주역_138
주원장_197~199, 203~205, 227~228
주자학_307~308
주전론_299~305, 308, 313
주체파_143
주화론_300~301, 307~308, 311~313
주화파_294, 314
중방_163
중생사_117~119, 122
중용_186
지증왕_66
진감여_183
진강후_155, 169, 173
진대법_55
진백사_269
진지왕_71, 75
진평중_203
진헌장_269
진흥왕_66~70, 79
진흥왕순수비_67
짐승얼굴무늬 수막새_21
집토기_54
징비록_272~273, 288

ㅊ

차대왕_20~27, 40
참전계경_56~57

찾아보기

창왕_208, 223
채유후_322
채제공_317, 322~324, 326~334
척준경_141
척화파_294~295, 298, 314
천개_145
천주교_326, 337~338
천태종_135
철령위_205~206
청(나라)_185, 200, 294~295, 298~312, 325~326, 340~342, 344~347, 350
청구야담_263
청야전술_32
청해진_103, 107~108, 111
최명길_291, 294, 296~298, 300~301, 303, 307~314
최승로_113, 119, 122~131, 158, 170
최영_198, 200, 205~208, 220
최은함_117~119, 122
최충_135
(최)충수_165~168, 170~172
최충헌_155, 165, 167~173, 177
최홍재_159
충녕_246~248
충렬왕_178~179
충선왕_179~188
충숙왕_182
충혜왕_187
친러파_352
친명파_200, 206, 208, 217, 222
친원파_200, 205, 218, 222
침현_91
칭제건원론_150

ㅌ
탄현_91, 96
탕평책_326

ㅍ
팔관회_128, 144
패자_24, 26, 42
평량공 민_170
포석정_115~117
포은_202, 209, 211, 214
표전문_227~229
표절사_243
필원잡기_249

ㅎ
하여가_205, 211
한(나라)_11, 14, 29~34, 40~41, 43, 139, 151, 227
한림학사_124, 136
한사군도_30
한산도대첩_282
한성조약_347
행도천법_254
행주산성_283
허목_289, 326
현왕_170
혜량_62~65, 69~70
호연지기_322
호족_124~125, 128, 157
호종_277
홍건적_197~198, 203, 206, 220
홍국영_327~328
홍군서_279~280
홍사범_199~200
홍영식_345
홍제원_276, 295~296
화랑도_128
화부화_332~334
화성_329
화헌파수록_263
환나부_22, 24
환단고기_56~57

황룡사_70
황산벌_97
황윤길_271~272
황희_235, 242, 244~245, 247~259
효령_246~247
효종_254, 322, 325
후백제_117~118, 120~121
후한서_13
훈련도감_284, 325
흥덕(대)왕_99, 101~107
흥수_84~85, 88, 89~91, 96~97
희강왕_105~106, 108

참고 도서

강효석, 『조선왕조 오백년의 선비정신 - 대동기문』, 화산문화, 1997
김대문·조기영, 『화랑세기』, 장락, 1997
김동욱, 『국역 기문총화』, 아세아문화사, 1996
김동욱, 『동패낙송』, 아세아문화사, 1996
김동욱, 『재미있게 간추린 한국 인물 탐사기』, 오늘, 1996
김부식·최호, 『삼국사기』, 홍신문화사, 1997
김용만, 『지도로 보는 한국사』, 수막새, 2004
김종서, 『고조선과 한사군의 위치 비정 연구』, 중앙대학교 대학원, 2005
박영규, 『한 권으로 읽는 고구려왕조실록』, 웅진, 2004
박영규, 『한 권으로 읽는 고려왕조실록』, 웅진, 2004
박영규, 『한 권으로 읽는 백제왕조실록』, 웅진, 2004
박영규, 『한 권으로 읽는 신라왕조실록』, 웅진, 2004
박영규, 『한 권으로 읽는 조선왕조실록』, 웅진, 2004
북한사회과학원, 『고려사』
북한사회과학원, 『조선왕조실록』
서의식·강봉룡, 『뿌리 깊은 한국사 샘이 깊은 이야기』, 솔, 2002
송정민 외 역 『금계필담』, 명문당, 1985
신채호, 『조선상고사』, 일신서적, 1995
유몽인 저, 이월영·시귀선 역 『어우야담』, 한국문화사, 1996
이경·엄애경·김재선, 『한글 동이전』, 서문문화사, 1999
이민수, 『한국의 역사 사상』, 삼성출판, 1985
이월영·시귀선 역, 『청구야담』, 한국문화사, 1995
이이화, 『이야기 인물 한국사』, 한길사, 1996
일연·최호, 『삼국유사』, 홍신문화사, 1997
임승국, 『한단고기』, 정신세계사, 1995
한국역사연구회, 『한국사 강의』, 한울, 1997
한국정신문화연구원, 『한국민족대백과사전』, 1997

사진 제공 및 자료 출처

경주시청 p70 황룡사지, p116 포석정 터/ **국립전주박물관** p160 은제도금장도집/ **국립중앙박물관** p21 짐승얼굴무늬 수막새, p54 집토기, p202 정몽주 영정, p233 『삼봉집』/ **남한산성도립공원** p300 남한산성 남문과 연주봉웅성 **서울시 송파구청** p305 삼전도비와 삼전도 수난 동판/ **엔사이버** 88p 삼충사, 104p 흥덕왕릉, p228 경회루, p258 반구정, p329 장안문, p345 우정총국/ **연합뉴스** 97p 낙화암, p212 선죽교/ **외교 사료관** p341 조미수호통상조약 영인본/ **육군박물관** p278 동래부순절도, p287 유성룡 간찰/ **이재호** p119 중생사 관음보살상/ **전북 진안군청** p245 황희 영정/ 『**한국민족대백과사전**』 p339 김홍집 사진/ **효행기념관** p332 정조 영정

*이 책의 사진은 저작권자의 허락을 받아 게재했습니다. 저작권자를 찾지 못해 게재 허락을 받지 못한 사진은 저작권자가 확인되는 대로 사용료를 지불하겠습니다.